TONI VON ATENS

EIN ANGSTHASE IN PERU

W0332038

TONI VON ATENS

EIN ANGSTHASE IN PERU

GRUPPENREISE IN DAS LAND DER INKAS

(MIT ABSTECHERN NACH CHILE UND BOLIVIEN)

Über das Buch

„Was, du fährst nach Peru? Oh, wie toll! Das muss ein Traum sein!! Dann musst du aber hinterher ganz genau erzählen, was du da so alles erlebt hast!"
Also packte Toni von Atens ein dickes Notizbuch ein, trug es in ihrer Umhängetasche immer griffbereit bei sich und schrieb an Ort und Stelle sofort auf, was gerade eben passiert war. So ist ein absolut authentisches Tagebuch entstanden, das den Leser mit ins ferne Peru nimmt und ihn teilhaben lässt an den Begegnungen mit dem fremden Land und seiner Kultur, seinen Einheimischen und den bisweilen nicht weniger befremdlichen eigenen Mitreisenden und Reiseleitern.
Dieses Buch ist kein Reiseführer im klassischen Sinne, sondern ein höchst subjektives Reisetagebuch, bei dem die Erlebnisse um das Thema „Gruppenreise" im Mittelpunkt stehen.
Die Namen der Personen wurden geändert. Der Rest ist (leider) wahr.

Über die Autorin

Norddeutsche, Hundeliebhaberin, Weizenbiertrinkerin, Ex-Anwältin, Biografin, lebt und schreibt in Berlin, Oldenburg und auf Norderney. Und liebt ihre Reisen in alle Welt – zumindest rückblickend, wenn sie wieder in Sicherheit auf dem heimischen Sofa sitzt…

Impressum
1. Auflage 2024
Copyright © 2024 Toni von Atens
Covergestaltung: Casandra Krammer, www.casandrakrammer.de
Covermotiv: © – depositphotos.com, pawopa3336, Smirno
Alle Rechte vorbehalten.

Toni von Atens
c/o AutorenServices.de
Birkenallee 24
36037 Fulda

Von Frankfurt nach Santiago de Chile
Oder: Auf nach Südamerika! 7

Von Santiago de Chile nach Lima
Oder: „Café mit Beinen" 22

Von Lima in die Oase Huacachina
Oder: Knochen über Knochen 40

Von Huacachina nach Nazca
Oder: Linien über Linien 51

Von Nazca nach Puerto Inka
Oder: Wüstensand und Meeresrauschen 64

Von Puerto Inka nach Corire
Oder: Flusskrebse und frittierte Schweinehaut 73

Von Corire nach Cabanaconde
Oder: Höhenluft in den Anden 84

Von Cabanaconde nach Arequipa
Oder: K wie Kondor und Kamera 96

Von Arequipa nach Cusco
Oder: Hexenmarkt und Froschsaft 118

Von Cusco nach Ollantaytambo
Oder: Willkommen bei den Inkas 135

Auf dem Inka-Trail
Oder: Mit hochrotem Kopf zum Weltwunder 151

Machu Picchu
Oder: Ein magischer Ort? 164

Cusco
Oder: Endlich mal kein Kofferpacken 178

Von Cusco nach Sicuani
Oder: R wie Reiten und Ruinen 188

Von Sicuani nach Capachica
Oder: Auf zum Titicacasee!......................................204

Von Capachica nach La Paz
Oder: Schwimmende Inseln und Straßenkinder........217

La Paz
Oder: Endlich mal Mittagsschlaf...............................235

Von La Paz nach Uyuni
Oder: Von Erholung war nie die Rede.......................243

Von Uyuni nach Chuvica
Oder: Darf ich bitte sterben?...................................254

Von Chuvica nach San Pedro
Oder: Lagunen, Flamingos und Geysire....................258

San Pedro de Atacama
Oder: Die Täler des Todes und des Mondes.............276

Von San Pedro nach Santiago de Chile
Oder: Es geht wieder retour....................................284

Ankunft in Deutschland
Oder: Nach der Reise ist vor der Reise 292

Von Frankfurt nach Santiago de Chile
Oder: Auf nach Südamerika!

Donnerstag, 1. November

12.40 Uhr

Im Zug nach Frankfurt

„Du bist doch verrückt! Warum buchst du denn so eine anstrengende Reise!? Peru, Bolivien, Chile – drei solche Hammerländer, und das in nur zwanzig Tagen! Und dann seid ihr noch den größten Teil der Zeit auf über zweitausend Metern Höhe unterwegs! Der Titicacasee liegt sogar fast viertausend Meter hoch! Ich glaube, du hast keine Vorstellung, was da auf dich zukommt! Warst du überhaupt schon mal annähernd auf einer solchen Höhe? Nein? Du willst mir jetzt aber nicht ernsthaft erzählen, dass du noch nicht einmal in den Alpen warst!?"

Mehr als kleinlaut schüttelte ich den Kopf, als mein weltenbummelnder Freund Frank aus Berlin so auf mich einschimpfte. Das war Anfang August, drei Wochen, nachdem ich die Reise schon fest gebucht und die erste Anzahlung geleistet hatte.

Tja, und beim Anblick von Franks fassungslosem Gesicht war sie schlagartig wieder da: Meine gute alte Freundin, die Reiseangst. Von der ich gedacht hatte, sie nach meinen vielen und letztlich doch immer gut ausgegangenen Reisen endgültig besiegt zu haben.

Aber nein, da waren sie wieder, diese sorgenvollen Gedanken, die sich nicht ausschalten ließen:

„Was hast du dir denn bloß dabei gedacht, du naives Ostfriesenkind, ausgerechnet so eine Reise auszusuchen? Peru! Nur weil das irgendwie so schön klingt… Warum hast du dir nicht wenigstens die Reisebeschreibung ganz genau durchgelesen und dir bei jedem Punkt darüber Gedanken gemacht, was er in der Realität dann bedeutet? Allein schon dieser irre lange Flug – und dann geht es noch nicht mal direkt nach Peru, sondern über einen gewaltigen Umweg: Zuerst fliegen wir von Frankfurt nach Madrid und nach einem Zwischenaufenthalt dort heißt unser nächstes Ziel Santiago de Chile. Dort angekommen und vermutlich fix und fertig nach insgesamt mehr als sechzehn Stunden Flug ruhen wir uns aber nicht aus, sondern starten sofort zu einer mehrstündigen Stadtbesichtigung. Und am selben Abend noch fliegen wir weiter nach Peru, nach Lima, um genau zu sein. Zeit zum Ausruhen, zum Erst-mal-Ankommen? Fehlanzeige! Denn schon am nächsten Morgen geht es früh los mit einer Stadtbesichtigung, und erst dann kommt der eigentlich anstrengende Teil der Reise. Fast jeden Tag in einem anderen Hotel. Ständig Strecken mit dem Bus von mehr als vierhundert Kilometern. Mehrere Tage und vor allem auch Nächte Aufenthalt auf über zweitausend Metern Höhe. Dann noch ein Inlandsflug. Mehrere Zugfahrten. Eine Fahrt im öffentlichen Bus. Eine Mountainbike-Downhill-Fahrt auf der „gefährlichsten Straße der Welt“. Ein Aufenthalt in der Atacama, der „trockensten Wüste der Welt“.

Und bei näherer Betrachtung sind es nicht nur „drei Hammerländer in nur zwanzig Tagen", wie Frank meinte, sondern strenggenommen sogar vier. Denn die Reiseroute lautet Chile – Peru – Bolivien und zum Schluss wieder Chile, diesmal erreicht auf dem Landwege.

Ehrlich, wie konntest du dir nur eine derartig anstrengende Reise aussuchen?! Nur weil jeder Programmpunkt irgendwie aufregend klingt und du allein schon beim Lesen rote Bäckchen vor lauter Vorfreude bekommen hast. Aber du bist doch ein alter Hase beim Reisen – warum hast du nicht gesehen, dass es einfach zu viel ist, was da in diese knapp drei Wochen gestopft wurde? Und vor allem: Warum hast du Frank nicht VOR der Buchung gefragt, was er von dieser Reise hält? Schließlich ist er der hartgesottenste Weltenbummler, denn du kennst. Hättest du vorher gewusst, dass selbst so jemand wie er dieses Pensum für zu anstrengend hält, du hättest doch niemals gebucht…"

Und dabei kennt Frank noch nicht einmal meine ganz höchstpersönlichen Ängste, die ja immer noch erschwerend hinzukommen. Als da zum Beispiel wäre die Furcht vor den mir unbekannten Menschen der Reisegruppe. Eigentlich meinte ich diesbezüglich inzwischen entspannt zu sein nach der Vielzahl meiner Gruppenreisen. Schließlich war noch jedes Mal jemand dabei, mit dem ich mich wirklich gut verstanden habe, und mit den meisten anderen war es doch zumindest ein freundlich-neutrales Miteinander.

Und tatsächlich habe ich mir über die Gruppe dieses Mal gar keine Gedanken gemacht – bis ich wegen einer anderen Angelegenheit bei meinem Reiseveranstalter „Reise&Erlebe" anrief und mich bei dieser Gelegenheit beiläufig auch nach meinen Mitreisenden erkundigte. Dabei stellte sich heraus, dass wir insgesamt nur acht Leute sein werden. Klingt erst mal gut, so eine kleine Gruppe. Alles geht schneller von der Hand, man muss nicht ewig warten, bis alle von der Toilette zurück sind oder sich endlich mal entschieden haben, was sie denn essen wollen. Mit etwas Glück könnte es sich vielleicht sogar ein bisschen anfühlen wie eine Reise mit ein paar Freunden – wenn man denn so einigermaßen zueinander passt. WENN! Denn das ist in diesem Fall eher unwahrscheinlich: Von den sieben anderen Leute gibt es außer mir nämlich nur eine alleinreisende Person. Der Rest besteht aus lauter Paaren. PAARE! In sich geschlossene Einheiten! Schlimmstenfalls inklusive einer eifersüchtigen Frau! Und ich bin quasi zwangsverpaart mit der oder dem anderen Einzelreisenden. Vor Schreck habe ich nicht mal gefragt, ob diese Person ein Mann oder eine Frau ist, und hinterher noch mal anzurufen und nachzufragen war mir zu peinlich. Es ist ja auch nicht mehr zu ändern. Aber meine Fantasie läuft natürlich mal wieder Amok bei der Überlegung, um was für einen Menschen es sich handeln könnte…

Der eigentliche Grund für meinen Anruf bei „Reise&Erlebe" war da vergleichsweise lächerlich. Ich hatte von meiner zuständigen Ansprechpartnerin Ursula eine Mail bekommen mit der Information, dass sie für die sechs Leute, die ab Frankfurt fliegen, Plätze im Flugzeug reserviert hätte, „damit Ihr zusammen sitzen könnt."

Sicherlich gut gemeint, allerdings so gar nicht in meinem Sinne. Mir erscheint es wirklich nicht sonderlich erstrebenswert, schon vorab mehr als achtzehn Stunden (denn solange sind wir unterwegs, bis wir endgültig in Peru angekommen sind) eng auf eng mit den Leuten zusammenzusitzen, mit denen ich dann noch die nächsten drei Wochen in intensiver Nähe verbringen werde. Aber wenn es denn unbedingt sein müsste, könnte ich schon damit leben. Nicht allerdings damit, durch diese ungefragte Reservierung möglicherweise einen Platz am Fenster oder gar auf einem Mittelplatz zugewiesen zu bekommen. Ich brauche einen Platz am Gang, egal ob links oder rechts, vorne, mittig, hinten, da bin ich flexibel. Aber ich muss zum Schlafen mein Gesicht seitlich in den Gang drehen und einen Fuß rausstellen können, sonst klappt es nicht mit dem Schlaf. Gesicherte Erkenntnis nach vielen Flügen. Und bei der Vorstellung von achtzehn schlaflosen Stunden stellten sich mir die Nackenhaare auf. Ursula konnte mein Anliegen durchaus nachvollziehen, mir aber nicht mehr als zuzusagen, dass sie „gerne versuchen" würde, mir einen Gangplatz zu buchen. Ob es geklappt hätte, würde ich dann am Flughafen beim Einchecken erfahren. Also sitze ich jetzt in einem Zug, der so früh in Frankfurt ankommen wird, dass ich vielleicht noch die Chance habe, vor Ort für meinen Gangplatz zu kämpfen, falls nötig.

Ja, ich weiß, dass andere sagen: „Meine Güte, deine Sorgen möchte ich haben! Sei doch dankbar, dass du eine so tolle Reise machen kannst!" Aber wie sagt man in

Köln so schön: „Jede Jeck is anners". Mich stressen und ängstigen solch ungewisse Situationen nun mal.

Und ja, ich weiß, dass andere sagen: „Meine Güte, dann lass dieses Reisen in die weite Welt doch einfach! Warum setzt du dich diesen Situationen denn immer wieder aus? Fahr doch mal an den Bodensee. Oder ins Allgäu. Da warst du schließlich auch noch nie."

Das ist natürlich richtig, und irgendwann, wenn ich vielleicht körperlich nicht mehr in der Lage sein werde, achtzehn Stunden zusammengepfercht in einem Flugzeug zu kauern, Jetlag zu verkraften und die Nächte in hygienisch fragwürdigen Unterkünften zu verbringen, dann werde ich mich der näheren Umgebung widmen. Aber ich bin einfach so neugierig auf die Welt und möchte von ihr so viel wie möglich sehen. Und diese Neugier ist einfach noch viel stärker als all die kleinen und großen Ängste.

Außerdem möchte ich an dieser Stelle mal etwas zitieren, aus dem Buch „Glück" von Wolf Schneider. Und zwar handelt es sich dabei um eine Bergsteigerweisheit: „Oben zu *sein*, das ist oft nur Plage und Angst. Aber oben *gewesen* zu sein!" Mir schon vor Reiseantritt das Glücksgefühl vorzustellen, wieder zu Hause zu sein und dann auf eine erlebnisreiche Reise zurückblicken zu können, das hilft mir tatsächlich. Außer in der Extremphase – das sind immer die letzten Stunden vor dem endgültigen Verlassen der Wohnung. Reisefieber höchsten Grades! Heute Morgen hatte ich wirklich das Gefühl, meine Angst bis in die Haarwurzeln zu fühlen. So ein Kribbeln auf der Kopfhaut. Von dem Ziehen im

Magen gar nicht zu sprechen. Die Fingerspitzen eiskalt. Und der Körper wie versteift, selbst den Kopf zur Seite zu drehen war anstrengend. Ich fühlte mich wie in einem Tunnel. Dessen Licht am Ende ich aber schon sehen konnte, und das war der Einstieg in den Zug Richtung Frankfurt. Damit war nämlich zumindest einer meiner der ganz großen Angstpunkte abgehakt: Zu spät am Bahnhof anzukommen und damit schon den Beginn der Reise zu verpatzen. Oder sogar die Reise insgesamt platzen zu lassen, weil ich nicht rechtzeitig am Flughafen ankomme. Deshalb nehme ich grundsätzlich einen viel zu frühen Zug und lasse mich dazu auch noch viel zu früh zum Bahnhof bringen. Und stehe dann Ewigkeiten schlotternd am Bahnsteig herum. Aber sobald ich dann eingestiegen bin, die Türen zugehen und der Zug sich in Bewegung, lässt dieses innere Zittern langsam nach, die hochgezogenen Schultern sinken Stück für Stück zurück in Normalposition, und ich fange wieder an zu atmen. Das Reisefieber sinkt von vierzig auf knapp unter achtunddreißig Grad.

Auf normaler Betriebstemperatur laufe ich allerdings erst dann wieder, wenn das Flugzeug abhebt. Wenn es tatsächlich kein Zurück mehr gibt. Wenn ich nichts mehr beeinflussen kann. Dann kann ich endlich loslassen und deshalb auch so gut schlafen während des Fluges – falls ich denn den richtigen Sitzplatz habe.

Aber ich bin zuversichtlich, dass ich das vor Ort noch regeln kann, wenn ich so früh wie geplant am Flugschalter erscheine. Nur noch einmal umsteigen in Hannover, aber das sollte ja wohl gelingen, und von da auf direktem Wege zum Flughafen Frankfurt. Und dann geht es los – das Abenteuer Peru!

13.33 Uhr

Ich fasse es nicht! Ich sitze im falschen Zug!!

Statt nach Frankfurt zu fahren bin ich jetzt auf dem Weg nach München. Ich muss gleich in Kassel wieder aussteigen und es schaffen, dort den richtigen Zug Richtung Frankfurt zu erwischen. Hoffentlich klappt das!

Was für ein Glück, dass ich überhaupt gemerkt habe, dass hier was nicht stimmt. Das habe ich den drei älteren munteren Damen zu verdanken, mit denen ich hier an einem Vierertisch sitze. Wenn die nicht darüber gesprochen hätten, wer von ihnen wann wo aussteigt – nämlich die eine schon in Würzburg, die anderen beiden dann erst in München – dann hätte ich hier wohl ewig gesessen und vor mich hin geträumt.

Dabei hätte ich eigentlich schon viel früher stutzig werden müssen, nämlich als ich einstieg und eine der drei Damen auf „meinem" reservierten Platz saß. Ich zeigte ihr meine Platzreservierung, sie zeigte mir ihre, und tatsächlich hatte man uns beiden den Platz 34 A gegeben. Aber statt mich darüber zu wundern und der Sache vielleicht mal auf den Grund zu gehen, zum Beispiel die Zugtickets noch einmal genauer unter die Lupe zu nehmen, setzte ich mich einfach zu den dreien auf den noch freien Platz und machte mich gemeinsam mit ihnen darüber lustig, dass die Deutsche Bahn mal wieder Mist gebaut hätte.

Nein, tatsächlich kann man der Bahn diesmal nichts vorwerfen – außer ihre ewigen Verspätungen, denn durch eine solche ist mein Fehler entstanden. Als ich in Hannover ausstieg und zu dem Gleis ging, von dem aus mein nächster Zug abfahren sollte, wurde durchgesagt, dass dieser Zug sich um ungefähr zwanzig Minuten verspäten würde. Also ging ich noch nach unten, bummelte dort herum, kaufte mir was Süßes, ging langsam wieder die Treppe hoch zum Gleis und sah dann einen Zug dort stehen, zur Abfahrt bereit. Tja, und da habe ich wohl die Nerven verloren und bin einfach losgespurtet. Geradezu reingesprungen in diesen Zug. Statt meine üblichen Kontrollmechanismen abzuspulen (Anzeigetafel am Gleis gründlich lesen, die Anzeige am Waggon selbst noch mal checken).

Wie gut, dass das Wort „München" in dem munteren Geplauder meiner Sitznachbarinnen so vernehmlich fiel und ich dadurch alarmiert wurde! Wer weiß, wie lange ich hier sonst noch gehockt hätte…

So, jetzt stehe ich lieber schon mal auf und stelle mich an die Tür, damit ich auf jeden Fall aus diesem Zug rauskomme. Die drei Damen jedenfalls drücken mir ganz fest die Daumen, dass alles gutgeht!

14.25 Uhr

Puh, geschafft. Sitze jetzt im richtigen Zug. Bin ganz durchgefroren, es war so kalt in Kassel. Vielleicht ist es aber auch die innere Kälte nach dem Schrecken…

Meine leichte Entspannung von vorhin ist jetzt natürlich perdu, nach diesem Debakel. Ich bin wieder in absoluter Alarmbereitschaft. Aber vielleicht ist ein erhöhter Grad an Reisefieber mit vermehrtem Adrenalinausstoß auch wirklich besser in dieser Phase der Reise, in der noch so viel schief gehen kann aufgrund eigener Schusseligkeit.

Also jetzt zur Sicherheit noch mal die Checkliste durchgehen. Was muss ich noch alles tun, bevor ich endlich in der Sicherheit des Flugzeuges sitze?

Aussteigen am Bahnhof Frankfurt-Flughafen.

Dann den Terminal 2E finden.

Dort dann zum Schalter der chilenischen Fluglinie LAN, Schalter 915-920 gehen.

Einchecken (und eventuell über den Sitzplatz diskutieren).

Auf den Abflug warten, währenddessen etwas essen.

Rechtzeitig zur genannten Boardingzeit am Gate sein.

Einsteigen.

Und dann endlich entspannen.

Ein Hexenwerk ist das alles nicht. Eigentlich ist nur eine Sache wirklich wichtig: Dass ich nicht in der Konzentration nachlasse!

16.50 Uhr

Flughafen Frankfurt, Abflughalle

Gott sei Dank, die Sache mit dem falschen Zug war kein schlechtes Omen! Seit Kassel flutscht es wieder reibungslos. Bis hin zum perfekten Sitzplatz. Ursula hat Wort gehalten und tatsächlich einen Gangplatz für mich gebucht. Jetzt bin ich schon eingecheckt, das Gepäck ist aufgegeben und ich bin schon beim drittletzten Punkt meiner Checkliste angelangt: Auf den Abflug warten und etwas essen.

Ich sitze im Abflugbereich in einem mexikanischen Restaurant. Das kommt von allen Essensangeboten hier kulturell Peru am nächsten – vermute ich jedenfalls. Tatsächlich habe ich mich im Vorfeld mit der peruanischen Küche nicht befasst. Das mache ich generell nicht vor meinen Reisen, ich lasse mich da lieber überraschen. Sollte man vielleicht gar nicht erwarten angesichts meiner sonstigen kleinen und mittleren Neurosen, aber beim Essen bin ich überhaupt nicht heikel. Schon gar nicht bei unbekannten Dingen, da siegt immer die Neugier. Ich kann mich im Moment tatsächlich nicht erinnern, jemals irgendetwas nicht wenigstens probiert zu haben – bis hin zu Pansen und Stinketofu in China. Mein kulinarisches Wissen über Peru beschränkt sich einzig darauf, dass man dort angeblich Meerschweinchen isst. Aber ob es sich damit vielleicht so verhält wie mit dem Essen von Hunden in China? Dass es sich dabei nämlich um ausgewiesene Spezialitäten handelt, die man ganz bestimmt nicht in jedem Restaurant auf der Speisekarte findet und schon gar nicht irgendwo „untergejubelt" bekommt.

Wahrscheinlich ist meine Vermutung, dass mexikanisches und peruanisches Essen irgendwie ähnlich sind, komplett daneben, wenn ich mal so näher drüber nachdenke. Die Entfernung zwischen diesen beiden Ländern dürfte per Luftlinie locker viertausend Kilometer betragen, warum sollte sich da die Küche ähneln?

Aber apropos: In dem Zusammenhang muss ich wieder an die Reaktionen meines Umfeldes angesichts des Vorhabens Perureise denken. Da sagte nämlich einer im Brustton der Überzeugung: „Ah, Peru, jaja, weiß ich, kenn ich, das liegt ja direkt neben Mexiko. Na ja, wenn du meinst – da kriegste bestimmt was mit dem Magen. Montezumas Rache und so…". Darauf habe ich nichts erwidert.

Auch nur mit den Schultern gezuckt habe ich nach folgendem Wortbeitrag: „Peru, hm… Aus Peru kommen doch diese kleinen Männer mit den Ponchos, die immer in der Fußgängerzone im Kreis laufen und Flöte spielen. Und zu denen willst du jetzt?"

Und dann war da noch die enthusiastische Tante aus meinem Verwandtenkreis. „Du fährst nach Peru? Oh mein Gott, wie ich beneide! Ich war ja schon da, so ein UNfassbar herrliches Land. Vielleicht das schönste auf dieser Welt. Ziemlich sicher sogar. Diese Steine! Diese herrlichen Steine! Diese Magie! Du MUSST einfach unbedingt die sagenhafte Spiritualität dieses Landes aufsaugen! Und Machu Picchu – dir werden die Tränen kommen!!" Darauf fiel mir endgültig nichts mehr ein.

19.15 Uhr

Seit einer Viertelstunde sitze ich nun schon im Flugzeug, bis zum Abflug dauert es auch nicht mehr lange, aber die drei Plätze in der Reihe rechts neben mir sind noch leer. Seltsam. Wo sind denn die fünf anderen, die ebenfalls ab Frankfurt fliegen? Wir sollten doch alle zusammensitzen…

Die Leute links von mir, auf der anderen Seite des Gangs, können es nicht sein. Sie gehören zwar offensichtlich auch zu einer Gruppe und scheinen sich gegenseitig noch nicht zu kennen, aber eine der Frauen holte gerade eine Namensliste heraus – und eine solche gibt es bei „Reise&Erlebe" ja gar nicht.

Also, nicht dass ich mich jetzt plötzlich doch nach Gesellschaft sehne, so nach dem Motto „Was interessiert mich mein Geschwätz von vorhin". Ich wundere mich nur…

19.30 Uhr

Wir sind in der Luft. Herrlich, ich liebe es einfach zu fliegen. Vor allem den Start. Flugangst und ich, die sind sich wirklich noch nie begegnet…

Der Sitz direkt neben mir ist leer geblieben, auf den anderen beiden Plätzen sitzt ein altes, spanisch sprechendes Ehepaar. Zumindest bis zur Zwischenlandung in Madrid habe ich jetzt also richtig viel Platz. Wunderbar.

Ich genieße gerade so richtig das – natürlich nur scheinbare – Gefühl, allein zu reisen, und wie schon so oft frage ich mich, ob ich nicht doch mal meinen Mut zusammennehmen und wirklich allein eine Reise antreten sollte. Aber dann vielleicht tatsächlich erst mal ab ins Allgäu, das ist ja für eine gebürtige Ostfriesin auch schon irgendwie exotisch. Und danach vielleicht mal ins benachbarte Ausland. Niederlande zum Beispiel. Da wird es dann immerhin mit der Sprache schon ein bisschen fremdartig.

Ja, ja, ich weiß. Kaum sitzt der Angsthase gut und trocken, da wird er schon wieder übermütig. Erst mal diese Reise gut überstehen…

22.50 Uhr

Flughafen Madrid

Eigentlich hatte ich gedacht, bei Zwischenlandungen würde man einfach sitzenbleiben, wenn man mit demselben Flugzeug weiterfliegt, und es würden eben nur einige Passagiere aussteigen und andere neu hinzukommen. Aber da habe ich mich wohl geirrt. Wir mussten alle aussteigen, und nun laufe ich hier ein bisschen im Flughafen herum. Ist ja auch nicht das Schlechteste, sich ein bisschen die Beine zu vertreten, mindert die Gefahr einer Thrombose (vor der ich übrigens auch keine Angst habe – im Gegensatz zu vielen anderen, die sich kurz vor Flugantritt noch selbst eine Thrombosespritze in den Bauch rammen oder zumindest Unmengen von Aspirin schlucken zur Blutverdünnung). Wenn es nur nicht so wahnsinnig heiß hier wäre. Warum sind Flughäfen immer so dermaßen überheizt?

23.58 Uhr

Wieder in der Luft

Fast wollte ich schon innerlich jubeln darüber, dass der Sitzplatz neben mir auch auf dem nun folgenden langen Flug frei ist. Da kam noch in letzter Minute eine junge Engländerin angehetzt, die sich neben mich quetschte – und bis jetzt noch immer wahnsinnig zappelig ist. Holt das Bordmagazin raus, blättert drin rum, steckt es wieder weg, holt es wieder raus… Jetzt gerade probiert sie die Kopfhörer und die Spielekonsole aus und drückt hektisch überall drauf. Ich hoffe, sie beruhigt sich bald. Neben ihr zwei junge spanisch sprechende Männer. Von meinen Mitreisenden also weiterhin keine Spur.

Die Flugdauer bis nach Santiago de Chile beträgt zwölfdreiviertel Stunden. Also dann, hoffentlich eine gute Nacht!

Von Santiago de Chile nach Lima
Oder: „Café mit Beinen“

Freitag, 2. November

04.55 Uhr (Ortszeit Santiago de Chile)
Noch immer im Flugzeug
Jedenfalls glaube ich, dass es jetzt tatsächlich 4.55 Uhr morgens ist. Im Reiseführer stand, der Zeitunterschied würde sechs Stunden betragen, und dementsprechend habe ich meine Uhr sechs Stunden zurückgestellt. Allerdings sehe ich auf dem Display hier vor meiner Nase, wo unser Flugzeug sich gerade befindet, und demnach ist es nicht mehr sehr weit bis Santiago de Chile. Laut meinem Reiseplan sollen wir dort aber erst um 9.40 Uhr ankommen. Das wären ja noch beinahe fünf Stunden Flugzeit. Da kann ja irgendwas nicht stimmen…

Wie dem auch sei, ich habe sowas von herrlich geschlafen! Noch bevor das Essen serviert wurde, fielen mir ständig die Augen zu, und danach gab es gar kein Halten mehr.

Ah, die Engländerin hat gerade ihren Nebenmann nach der Ortszeit in Santiago gefragt, und er sagte: „Vier Stunden zurück“. Also ist es jetzt sieben Uhr, das passt ja schon besser.

Und ich weiß inzwischen auch, wo mein Fehler lag (ein genauerer Blick in meinen Reiseführer war hilfreich): Es hat zu tun mit der in beiden Ländern praktizierten Zeitumstellung zur Sommerzeit/Winterzeit:

Sechs Stunden Zeitunterschied sind es dann, wenn in Deutschland Sommer und damit zugleich in Chile Winter ist (Chile liegt ja auf der Südhalbkugel!). Im September dann beginnt in Chile die Sommerzeit, und die Uhr wird dort um eine Stunde vorgestellt. Und Ende Oktober stellen wir in Deutschland die Uhren um eine Stunde zurück. Ergibt nur noch vier Stunden Zeitunterschied!

8.30 Uhr

Im Landeanflug auf Santiago de Chile

Wir werden deutlich früher ankommen als vorgesehen. Grund ist: Rückenwind! So sagte der Pilot zumindest gerade durch.

Die Gruppe neben mir reist übrigens zum Bergsteigen nach Chile. Eine kernige Frau, der Rest Männer mittleren Alters. Die reden NUR übers Bergsteigen.

So, jetzt noch mal kurz zu der Frage, warum ich überhaupt nach Chile fliege, wo ich doch vorrangig eine Peru-Reise gebucht habe. Weil die chilenische Fluggesellschaft LAN keine Direktflüge von Europa nach Lima anbietet, sondern eben nur nach Santiago de Chile. Und warum fliegen wir dann überhaupt mit dieser LAN? Es muss doch auch Direktflüge von Deutschland nach Peru geben, mit anderen Fluggesellschaften… „Reise&Erlebe" schreibt dazu in den Reiseunterlagen: „LAN gilt als die beste Airline in Südamerika. Außerdem bietet sie als einzige die Möglichkeit eines Gabelflugs für diese Tour, was uns eine sehr beschwerliche und zeitaufwendige Rückreise nach Lima erspart." Ab dem nächsten Jahr wird das übrigens anders sein, da wird der

Hinflug direkt nach Lima möglich sein und der etwas kräftezehrende Umweg über Santiago entfällt. Erzählte mir Ursula bei unserem Sitzplatz-Telefonat. Eine Information, auf die ich gern verzichtet hätte. Dass ich noch einer der letzten Deppen bin, die die unnötig anstrengende Reise gebucht haben, hätte ich lieber gar nicht gewusst. Aber wer weiß, vielleicht wird dieser Kurzbesuch der chilenischen Hauptstadt ja auch ganz amüsant werden…

09.25 Uhr

Ankunftsbereich Flughafen Santiago de Chile

Ich bin hier. Und wo sind die anderen? Nein, nein, diesmal habe ich nichts falsch gemacht, ich bin zur richtigen Zeit am richtigen Ort. Das „Begrüßungsteam" von „Reise&Erlebe" ist nämlich auch hier und wundert sich, warum der Rest der Gruppe nicht auftaucht – schließlich bin ich hier schon vor mehr als zehn Minuten angekommen, ohne mich besonders beeilt zu haben.

Gleich fünf Leute haben mich empfangen. Als da wären Katharina und Henning vom „Reise&Erlebe"-Büro hier in Santiago, neben ihnen leicht verschüchtert Joaquin, der hiesige Praktikant, und dann noch Konrad und Jutta aus Hamburg, Freunde von Henning, die ihn hier gerade besuchen und die Stadtführung ebenfalls mitmachen wollen.

Oh, jetzt tut sich etwas, dahinten wird schon aufgeregt in unsere Richtung gewunken und ein ganzer Trupp kofferziehender Menschen ist im Anmarsch. Ich glaube, das sind sie allesamt. Sieben auf einen Streich.

Vorneweg eine etwas ältere kleine Frau mit kurzen mittelblonden Haaren, leicht versetzt hinter ihr ein grauhaariger kleiner Mann mit Schnurrbart – mit Sicherheit ihr Mann. Beide machen einen aufgelösten Eindruck. Ob etwas mit ihrem Gepäck schiefgegangen ist? Dann hinter ihnen zwei Männer und drei Frauen, alle so im Alter zwischen dreißig und Mitte vierzig. Wer zu wem gehört, kann ich wirklich nicht sagen. Zumindest aber gibt es eine gewisse Wahrscheinlichkeit, dass es sich um zwei Mann-Frau-Paare handelt und somit eine Frau die andere Einzelreisende wäre. Aber nicht auszuschließen ist natürlich, dass eines der Paare aus zwei Frauen besteht und somit einer der Männer allein unterwegs ist. Ich bin gespannt!

09.50 Uhr

Im Bus Richtung Zentrum

Es wackelt zu sehr, um hier großartig Notizen machen zu können, aber eines kurz vorweg: Die Gruppe scheint insgesamt in Ordnung zu sein. Und die andere alleinreisende Person ist eine Frau, die mir zumindest vom ersten Eindruck her sympathisch ist. Puh! Erleichterung!

10.45 Uhr

Santiago de Chile. Im Café Haiti

Ich muss sagen, dass ich gerade etwas ratlos bin: Soll ich zu dem Ganzen hier eine Meinung haben oder verbuche ich dieses ganze Geschehen hier unter „Andere Länder, andere Sitten“?

Wir befinden uns in einem sogenannten „Café con piernas". „Con piernas" ist der erste spanische Begriff, den ich auf dieser Reise gelernt habe, und er heißt übersetzt: Mit Beinen. Wir sitzen also in einem „Café mit Beinen". Diese Namensgebung bezieht sich aber weder auf das Gebäude noch das Mobiliar oder vielleicht irgendwelche Kaffeespezialitäten – sondern auf die Bedienungen. Hier arbeiten nur sehr junge, bildhübsche Frauen, und alle tragen die gleiche Arbeitsuniform: enge blaue Kleider. Oder besser gesagt: Kleidchen. Wobei selbst das noch übertrieben ausgedrückt ist. Breiter Schal würde es wohl eher treffen. Die Kleider sind so kurz, dass der Po nur noch gerade eben bedeckt ist – zumindest, solange die Frauen aufrecht stehen und sich nicht bewegen. Die Füße stecken in Highheels. Und die Dekolletees lassen auch keine Fragen offen. Die Gäste in diesem Etablissement: Ausschließlich ältere Herren, die allesamt mit Wangenkuss begrüßt werden.

Katharina sagt, wer nicht wenigstens ein Mal in einem „Café mit Beinen" war, der war nicht wirklich in Santiago. Deshalb wurden wir gleich als erstes hierher geführt – schließlich sollen und wollen wir ja Land und Leute kennenlernen mitsamt ihren Traditionen. Und um eine solche handelt es sich laut Katharina bei Cafés dieser Art. Vollkommen harmlos seien sie. Mittags würden sich Geschäftsleute hier treffen, und auch Frauen kämen hierher, um einen „Cortado" zu trinken, wobei es sich um einen Espresso mit aufgeschäumter Milch handelt – der nächste spanische Ausdruck, den ich gelernt habe.

11.10 Uhr

Vor dem Präsidentenpalast La Moneda

Wir stehen vor dem Palacio de la Moneda, dem Amtssitz des chilenischen Präsidenten. Ein prachtvolles Gebäude, das gegen Ende des 18. Jahrhunderts erbaut und der Weltöffentlichkeit bekannt wurde 1973, im Rahmen des Militärputsches gegen den damaligen Präsidenten Salvador Allende durch den späteren Diktator Pinochet.

Und wieder frage ich mich: Soll ich zu dieser Szenerie direkt vor meinen Augen eine Meinung haben? Hier, auf dem Platz vor dem Palast, sitzen auf den Steinstufen viele Menschen und genießen die Sonne. Einheimische, wie ich vermute, ganz gemischt, von jung bis alt, mit Kindern, mit Hunden, ein friedliches Miteinander. Und einer von ihnen, ein junger Mann mit freundlichem Gesicht, gekleidet in Jeans, Turnschuhen, schwarzem T-Shirt und schwarzem Basecap, trägt mit großer Selbstverständlichkeit und unübersehbar am rechten Oberarm eine breite rote Binde mit einem großen schwarzen Hakenkreuz. Niemand scheint sich daran zu stören, auch nicht oder vermutlich sogar erst recht nicht seine hübsche Freundin, mit der er hier sitzt, als einer von vielen.

Ich habe meine Mitreisende Bettina angestupst und mit dem Kopf in die Richtung des jungen Mannes gezeigt, und auch sie fand es „Krass!“.

13.15 Uhr

Plaza de Armas

Der Hauptplatz von Santiago. Er ist auf allen vier Seiten umgeben von Prachtbauten wie der Kathedrale, dem

Rathaus und dem Bischofspalast, dazwischen ragen aber auch moderne Gebäude wie verspiegelte Bürotürme empor. Auf dem Platz selbst stehen Palmen und diverse Denkmäler, unter anderem eine große Reiterstatue.

Katharina sagt, dass uns auf unserer Reise in jeder größeren Stadt solch ein Platz begegnen wird, das sei typisch für Lateinamerika – wie auch für Spanien, wo diese Plätze meist Plaza Mayor heißen.

Ich sitze auf einer Bank und versuche, in unserer Pause von fünfzehn Minuten ein bisschen zu mir zu kommen. Es sind doch sehr viele Eindrücke, die schon jetzt auf uns eingeprasselt sind, und der Tag ist ja längst noch nicht zu Ende. Natürlich ist es schön, die Wartezeit hier in Santiago mit Sightseeing zu füllen, aber für mich ist es ein bisschen zu viel des Guten. Allein der lange Flug, die Zeitumstellung und der Klimawechsel von grauen fünf Grad zu Hause auf strahlend blaue fünfundzwanzig Grad hier wollen ja erst mal verkraftet werden. Dazu all die neuen Gesichter um mich herum, meine sieben Mitreisenden plus die fünf von „Reise&Erlebe“. Dann kaum raus aus dem Flughafen, rein ins Café mit den Minikleid-Mädchen und kurz darauf der Anblick des Hakenkreuz-Mannes, während zeitgleich Katharina die Geschichte des Präsidentenpalastes zum Besten gibt. Und kurz darauf gab es auch noch eine kleine Sporteinheit: Bevor wir zu diesem Platz hier kamen, sind wir nämlich schon auf einen Berg geklettert! Nun ja, ich übertreibe maßlos. Es handelte sich mehr um einen Hügel, mitten in der Stadt gelegen und knapp siebzig Meter hoch. Heißt Cerro Santa Lucia, war mal eine

Festungsanlage mit Wachturm und ist jetzt ein Park – mit toller Aussicht auf das Hochhausmeer der Stadt! Der kleine Aufstieg hat sich wirklich gelohnt.

Aber nun signalisiert mir mein Körper durch leichtes Schwindelgefühl, dass es ihm so langsam reicht und er doch gern erst einmal all diese Reize verarbeiten würde. Doch leider kann ich ihm nicht mehr als die kleine Viertelstunde hier auf der Bank gewähren. Und auch diese kurze Zeit verbringe ich nicht mit geschlossenen Augen, sondern schreibe lieber schnell alles Erlebte in mein Notizbuch. Denn wenn ich das nicht sofort mache, werde ich mich bei dieser Flut an Eindrücken schon heute Abend an vieles nicht mehr erinnern, das weiß ich aus Erfahrung. Die meisten Erlebnisse rauschen dann ungespeichert durch mich hindurch.

Meine Mitreisenden scheinen mein Bedürfnis nach etwas Ruhe übrigens nicht zu teilen. Überall sehe ich sie emsig umherlaufen und die Gebäude und Denkmäler fotografieren.

Apropos Mitreisende: Ich bin schon jetzt vorsichtig optimistisch, dass alle nett und unkompliziert sind. Es ist niemand dabei, der sich schon gleich am Flughafen zum Leithammel aufschwingen musste, niemand, der ständig einen witzigen Spruch raushaut, und die Paare sind allesamt keine Klammeraffen.

Und das Wichtigste: Die andere alleinreisende Person ist passabel. Vielleicht sogar mehr als das, man wird sehen. Es ist die vorhin schon erwähnte Bettina. Sie ist so um die vierzig, vom Typus her kernig-energisch-tatkräftig, kommt aus Frankfurt und hat ein schnelles Mundwerk.

Was ich grundsätzlich schon mal sehr mag. Damit aber nun genug der Vorschusslorbeeren, man soll ja den Tag nicht vor dem Abend loben…

19.10 Uhr

Im Bus. Auf dem Weg zurück zum Flughafen

Gerade mal zehn Stunden sind vergangen seit der Ankunft am Flughafen, aber diese zehn Stunden fühlen sich an wie zwei Tage. Schon verrückt, was man innerhalb so kurzer Zeit alles machen und sehen kann. Ich habe tatsächlich das Gefühl, sagen zu können, dass ich Santiago de Chile kennengelernt habe. Flüchtig, natürlich, aber doch so, dass diese Stadt mir in Erinnerung bleiben wird – und ich den Wunsch habe, noch einmal zurückzukommen mit deutlich mehr Zeit.

Dann würde ich zum Beispiel noch einmal ganz ausführlich den Mercado Central besuchen wollen. Dorthin ging es für uns nach unserer kurzen Pause auf der Plaza de Armas. Der Mercado Central ist eine riesige Markthalle, die es schon seit 1872 gibt. Stände über Stände, Menschen über Menschen – inklusive Taschendieben, wie Katharina uns eindringlich warnte. Sie legte uns dringend ans Herz, unsere Taschen vor dem Körper zu tragen, damit wir sie im Blick haben. Ein Ratschlag, den wir natürlich alle brav befolgten. Und dementsprechend bescheuert aussahen mit unseren Rucksäcken vor der Brust. Wie gepanzert. Und trotz dieser Vorsichtsmaßnahmen – als wir wieder draußen waren, stellte Bettina fest, dass einer ihrer Reißverschlüsse aufgezogen worden war. Aber es fehlte nichts. Falls der

Dieb tatsächlich in die kleine Seitentasche gegriffen haben sollte, wären seine Finger nur auf ein Päckchen Taschentücher gestoßen. Wohl nicht der Entwendung wert.

Im Mercado Central haben wir auch zu Mittag gegessen, in einem Fischrestaurant. Ich hatte Lachs mit Reis und Salat. Der Verzehr von Salat auf Reisen ist ja immer so eine Sache. Der Grundsatz lautet: „Peel it, boil it or leave it!" („Schäl es, koch es oder lass es!"). Speziell Salat soll man eigentlich immer meiden. Mache ich normalerweise auch. Aber Katharina hat so überzeugend gesagt, dass man hier wirklich alles ohne Bedenken essen kann, dass ich es mal gewagt habe. Ich hoffe, für mein Vertrauen in ihre Worte nicht bestraft zu werden. Ein Magen-Darm-Debakel am morgigen Tag mit seinem straffen Programm inklusive einer mehrstündigen Busfahrt wäre verheerend. Aber nein, das wird nicht passieren… Und wenn doch? Sollte ich vielleicht vorsorglich ein paar Kohletabletten nehmen?

Oh je, das Gedankenkarussell dreht sich schon wieder. Ach, wirklich, manchmal verstehe ich mich selbst einfach nicht. Da habe ich vor meinen Reisen immer diese Ängste, versuche alles zu bedenken, um den lauernden Gefahren aus dem Weg zu gehen, kenne alle Gesetze des Reisens bis zum letzten Buchstaben, und dann kommt so eine kleine blonde Reiseleiterin daher, sagt „Ach was" zu meinen geäußerten Bedenken, und schon verstoße ich gegen die oberste goldene Regel, die für mich vorher quasi in Stein gemeißelt war.

Aber jetzt ist mal Schluss mit diesem überflüssigen Herumgedenke! Es gibt ja schließlich noch mehr zu berichten von den heutigen Erlebnissen.

Nach dem Mercado Central ging es weiter auf Santiagos zweiten Berg, den Cerro San Cristobal, und diesmal finde ich die Bezeichnung „Berg“ wirklich angebracht. Er ist stattliche 880 Meter hoch, und dankenswerterweise mussten wir ihn nicht zu Fuß erklimmen, sondern konnten bequem hochgondeln mit einer Seilbahn und später wieder nach unten auf Schienen gleiten mit einer Standseilbahn. Oben auf dem Berg gab es neben dem herrlichen Ausblick eine gewaltige Marienstatue zu bewundern, laut Katharina vierzehn Meter hoch und dreißig Tonnen schwer. In ihrem Sockel befindet sich eine Kapelle, vor der ein reger Betrieb herrschte – weniger, weil so viele Gläubige in die Kapelle strömten, sondern vielmehr, weil alle auf den Stufen davor einen Platz suchten, um die Aussicht zu genießen, auf die Stadt und die angrenzenden Anden (die heute allerdings nur leicht verschleiert zu sehen waren).

Als wir wieder unten angekommen waren, ging es weiter zu einem Café im „Künstlerviertel“ im Stadtteil Bellavista. Mit diesem Begriff „Künstlerviertel“ weiß ich nie so recht etwas anzufangen. Wohnen hier lauter Maler, Musiker und Schriftsteller? Oder war es zumindest in früheren Zeiten so, dass Künstler sich bevorzugt in Nachbarschaft zueinander niedergelassen haben?

Wie auch immer, dort bei diesem Café saßen wir draußen sehr entspannt auf der Terrasse. Ich kann im Moment noch nicht sagen, ob meine Mitreisenden tatsächlich allesamt ziemlich relaxte Personen sind oder ob auch sie vor lauter Reizüberflutung kaum noch reden konnten. Es war jedenfalls sehr ruhig – aber kein unangenehmes Schweigen. Im Laufe des Tages habe ich auch schon in Erfahrung gebracht, wer wer ist, aber dazu später, der Flughafen ist nämlich schon in Sicht…

20.15 Uhr

Abflugbereich Flughafen Santiago de Chile

Wir sind mehr als pünktlich hier am Flughafen angekommen und müssen nun noch eine ganze Weile bis zum Weiterflug warten. Zeit, um mich mal näher den anderen Mitreisenden zu widmen, die hier alle um mich herum sitzen. Oder zum Teil auch dösend auf ihren Stühlen hängen. Ganz spurlos ist der anstrengende Tag offensichtlich auch an ihnen nicht vorbeigegangen. Bei mir macht sich die Überreizung inzwischen in der Form bemerkbar, dass ich mich dauerhaft fühle wie auf einem schwankenden Schiff.

Also, fang ich mal mit dem ersten Pärchen an: Ellen und Martin. Ich schätze die beiden auf Mitte dreißig, auf jeden Fall gleichaltrig, denn sie sind schon zusammen zur Schule gegangen und auch seitdem schon ein Paar. Allerdings leben sie im Moment aus beruflichen Gründen wochentags in unterschiedlichen Orten. Er ist Toningenieur in Düsseldorf und sie Apothekerin in irgendeiner Kleinstadt (sie hat den Namen gesagt, aber ich hab ihn direkt vergessen). Die größte Diskrepanz zwischen den beiden: Er ist bekennender Karnevalist, sie bekennende Karnevalshasserin. Aber ansonsten machen sie einen sehr harmonischen Eindruck und passen auch optisch perfekt zueinander. Wie aus einem Guss.

Was man von dem nächsten Paar nicht unbedingt sagen kann. Die beiden wirken eher wie Mutter und Sohn. Nicht, weil sie objektiv so viel älter aussieht als er (sie dürften beide Mitte vierzig sein), sondern weil er so ein jungenhaft-verpeilter Typ ist und sie ihn immer wie einen bockigen Teenager antreiben muss: „Nu komm doch endlich!“, begleitet von Stöhnen und Augenverdrehen. Sie heißt Birgit, kommt aus Ost-Berlin und ist nach eigenen Worten „Mädchen für allet“ in einem Malerbetrieb. Und er heißt Tomas – „Ohne h!“ –, stammt ursprünglich aus Leipzig, ist KfZ-Mechaniker und redet nicht viel.

Das dritte Paar ist wieder Harmonie pur: Jakob und Magda, das ältere Ehepaar. Wobei ich die beiden altersmäßig nicht wirklich einschätzen kann. Aber auf jeden Fall müssten sie über sechzig sein. Vielleicht sogar weit über sechzig? Interessanter als das Alter ist aber ihre Herkunft: Jakob und Magda kommen nämlich aus Ungarn. Dort handeln sie mit Akazienhonig. Und jetzt kommt der Knaller: Die beiden sind noch nie zuvor in ihrem Leben geflogen. Sie waren überhaupt noch nie irgendwo außerhalb von Ungarn. Nicht einmal innerhalb Ungarns sind sie bisher gereist – nur zu ihren offensichtlich zahlreichen Verwandten, bei denen sie dann auch übernachtet haben. In einem Hotel geschlafen haben sie noch nie. Als sie das erzählten, in dem Café in Bellavista, waren alle sprachlos, und mein Eindruck war, dass jeder von uns anderen dasselbe dachte wie ich:

„Warum muss es denn dann gleich eine so dermaßen anstrengende Reise sein?“

Apropos anstrengend, um mal kurz etwas anderes einzuschieben: Der vor uns liegende Flug wird noch einmal gute drei Stunden dauern. Ich war von nur zwei Stunden ausgegangen, habe dabei aber den Zeitunterschied zwischen Santiago und Lima nicht bedacht.

Wieder zurück zu Jakob und Magda. Beide sprechen sehr gut Deutsch, zwar mit starkem Akzent, aber man versteht sie bestens und muss mit ihnen auch nicht langsamer oder deutlicher reden. Aber woher ihre Sprachkenntnisse kommen, weiß ich nicht. Vielleicht wird das ja noch mal Thema im Laufe der langen Zeit, die wir alle miteinander verbringen werden.

Und zu guter Letzt noch mal kurz zu Bettina. Sie ist Steuerberaterin und tatsächlich so tatkräftig, wie ich sie eingeschätzt haben. Im Café in Bellavista ließ sie einen von ihr schon vorsorglich mitgebrachten Umschlag herumgehen – um Trinkgeld für unsere Reiseleiterin in Santiago einzusammeln, das sie dann bei unserer Verabschiedung überreichte.

So, unser Flug wird aufgerufen!

21.05 Uhr

Im Flugzeug

Also, das war ja wohl wieder unglaublich! Die wollten uns nicht ins Flugzeug einsteigen lassen!! Obwohl wir ja schon in Frankfurt unsere Bordkarten für diesen Weiterflug bekommen haben und dort niemand auch nur den Hauch einer Andeutung gemacht hat, dass wir hier in Santiago noch irgendetwas tun müssten. Aber die unfreundliche Dame vom Bodenpersonal machte uns klar, dass jeder von uns zuerst noch dreißig Dollar Flughafengebühr bezahlen müsste. Wir waren allesamt baff.

Martin zog flugs seine Reiseunterlagen heraus, um nachzusehen, ob dort nicht vielleicht doch an irgendeiner ganz versteckten Stelle etwas über diese Zahlung stand, aber es war nichts zu finden. Das konnte doch einfach nicht sein! „Reise&Erlebe“ hätte diese Gebühr doch auf jeden Fall mit in die Infos aufgenommen – wenn sie denn wirklich anfallen würde. Und so wollten wir gar nicht einsehen, jetzt diese unerwartete Summe zahlen zu müssen.

„Die wollen uns doch verarschen“, war unsere einhellige Meinung, auch wenn wir diese nur leise und hinter vorgehaltener Hand untereinander austauschten. Zu der unfreundlichen Dame selbst sagten wir nur, dass hier doch wohl ein Irrtum vorliegen müsse.

Daraufhin gab es ein ellenlanges Hin und Her, auf unserer Seite angeführt von der aufgebrachten Bettina, bis die besagte Dame eine Kollegin hinzu rief, die uns zumindest den Grund für die geforderte Zahlung nennen konnte: Schuld war ein Stempel in unseren Pässen. Den hatte man uns allen vorhin kurz nach Betreten des Flughafens verpasst, an irgendeinem Schalter, an dem wir zum Vorzeigen der Pässe aufgefordert worden waren, was wir natürlich brav befolgt hatten.

Als wir nun alle verständnislos diesen Stempel in unseren Pässen betrachteten, stellte sich allerdings heraus, dass Jakob und Magda diesen Stempel gar nicht bekommen hatten – dementsprechend mussten sie nun auch diese Gebühr nicht zahlen und durften schon einsteigen, während wir anderen fünf erst zu einem anderen Schalter zum Zahlen dackeln mussten. Dort zog die Sache sich dann noch ewig hin aufgrund der sehr tiefenentspannten Arbeitsweise des jungen Mannes an diesem Schalter.

Als wir dann wieder bei der unfreundlichen Dame angekommen waren und erneut unsere Bordkarten vorzeigten, gab sie uns noch belehrend mit auf den Weg – vielleicht fürs nächste Mal? – dass wir den Flughafen gar nicht hätten verlassen dürfen, denn nur darum hätten wir diesen Stempel bekommen. Was bei mir gleich zwei Fragen aufwirft.

Frage 1: Wenn dieser Stempel mit nachfolgender Flughafengebühr jedem erteilt wird, der den Flughafen verlässt und anschließend wieder betritt – warum sagt „Reise&Erlebe“ das nicht im Vorfeld? Schließlich haben sie diesen Reiseverlauf mit der Stadtbesichtigung in Santiago doch schon seit Jahren im Programm.

Frage 2: Warum haben Jakob und Magda diesen Stempel nicht bekommen? Sie haben doch alles genauso gemacht wie wir.

Nun ja, Schwamm drüber, jetzt sitze ich ja endlich auf meinem Platz. Und habe auf diese Weise immerhin mal am eigenen Leib erfahren, wie es sich anfühlt, als allerletzte Person das Flugzeug zu betreten und so richtig böse Blicke der anderen Passagiere zu ernten, die auf uns warten mussten. Auch ein Erlebnis.

23.55 Uhr

Lima. Im Hotel

Also, ich möchte es mal so ausdrücken: In punkto Qualität der Unterbringung ist noch deutlich Luft nach oben. Einfacher formuliert: Was ist das für eine trostlose Schmuddelbude! Dazu noch brutal hellhörig, ich kann jedes Wort von Tomas und Birgit im Zimmer nebenan verstehen. Genauer gesagt jedes Wort von Birgit. Tomas scheint nie zu antworten. Das Ganze garniert von Musik von irgendwo draußen und Hundegebell in allen Stimmfarben.

Der erste Eindruck von Lima ist auch nicht gerade überwältigend. Während der Busfahrt vom Flughafen zum Hotel sahen wir jede Menge Müll auf den Straßen liegen – und das, obwohl sich laut unserem Reiseleiter das Müllproblem in dieser Stadt mit seinen achteinhalb Millionen Einwohnern seit Amtsantritt des neuen Bürgermeisters schon deutlich verbessert habe; früher hätte sich der Müll überall zu Bergen aufgehäuft, der jetzige Zustand sei schon die reinste Wohltat.

Ansonsten kam es mir so vor, als würden überall finstere Gestalten in den Ecken herumlungern. Jedenfalls würde ich für kein Geld der Welt jetzt noch mal nach draußen gehen. Vielleicht liegt es aber auch einfach an der Dunkelheit, dass alles so gruselig wirkt.

Gar nicht gruselig dagegen ist unser Reiseleiter, Eduardo. Der ist eher putzig. Klein, rundlich, mit runder Brille und ziemlich jung. Und ziemlich aufgeregt. Vielleicht sind wir seine erste Reisegruppe? Zumindest scheint er ganz neu bei „Reise&Erlebe“ zu sein. Auf deren Internetseite war er jedenfalls unter den dort aufgeführten Reiseleitern nicht abgebildet. Eduardo hat ein paar Jahre in Deutschland gelebt und dort Bergbau studiert, und dementsprechend gut ist sein Deutsch.

Ganz besonders aufgeregt ist Eduardo übrigens wegen des Wetters. Das ist ihm nämlich unbegreiflich. Den ganzen Tag über hätte es genieselt – aber das dürfte zu dieser Jahreszeit überhaupt nicht so sein. Eigentlich würde im November immer die Sonne scheinen. Immer.

„Also, ich verstehe einfach nicht, was da los ist!!", so sein fassungsloser Kommentar.

Unser Busfahrer heißt Walter. Ein stämmiger Mann mittleren Alters, der ausgesprochen freundlich und vor allem besonnen wirkt. Sein Anblick hat mich sehr beruhigt, denn inzwischen ist für mich der jeweilige Busfahrer die wichtigste Person auf meinen Reisen. Schließlich vertraue ich ihm mein Leben an! Und gerade auf dieser Reise mit den langen Fahrstrecken durch die Anden ist es wichtig, dass ein erfahrener, belastbarer und zuverlässiger Mensch am Lenkrad sitzt. Und bei Walter habe ich ein richtig gutes Gefühl.

Und mit diesem guten Gefühl verabschiede ich mich jetzt ins Reich der Träume…

Von Lima in die Oase Huacachina
Oder: Knochen über Knochen

Samstag, 3. November

06.45 Uhr

Lima. Im Hotelzimmer

Fange ich mal mit dem Positiven an. Erstens: Ich habe geschlafen wie ein Murmeltier. Zweitens: Die Dusche hat gut funktioniert.

Und beim Stichwort Bad geht es nun auch schon direkt und übergangslos zum Negativen – zum hiesigen Toilettensystem. Eduardo hat uns schon gestern im Bus instruiert, dass wir auf keinen Fall jemals irgendetwas in die Toilette werfen dürfen, auch nicht das Toilettenpapier! Das muss ausnahmslos in den Eimer geworfen werden, der neben der jeweiligen Toilette steht! In der Theorie klingt das ja soweit ganz annehmbar, aber in der Praxis finde ich es jetzt doch – nun ja, sagen wir mal vorsichtig – gewöhnungsbedürftig. Denn der Eimer hier in meinem Bad hat nicht einmal einen Deckel. Da wirft man also das benutzte Toilettenpapier einfach so rein, und dann stinkt es da so vor sich hin. Eine andere Wahl hat man aber tatsächlich nicht. Das Abflussloch in der Toilette ist so winzig, dass Papier auf jeden Fall hängenbleiben würde – sofortige Verstopfung garantiert. Also muss ich mich damit abfinden. Und sollte mich gedanklich schon mal auf die Zustände in den öffentlichen Toiletten vorbereiten!

08.15 Uhr

Im Frühstücksraum

Frühstück mit Rationierung. Ein jeder bekam hingestellt: zwei Brötchen, drei Kleckse Butter, drei Töpfchen Marmelade, einen Klecks Rührei. Fertig. Und der Kaffee wurde einzeln in Tassen gebracht.

09.00 Uhr

Im Raum vor der Hotelrezeption

Das große Geldwechseln. Auch sehr eigentümlich. Normalerweise geht man ja schon gleich nach der Ankunft am Flughafen zu einer Wechselstube oder zu einem Geldautomaten, auch wenn der Wechselkurs dort meist nicht besonders günstig ist. Aber Eduardo hat gestern Abend inbrünstigst auf uns eingeredet, damit bis heute zu warten.

Nun weiß ich, warum. Es ist extra für uns ein Geldwechsler ins Hotel gekommen. Ein kleiner dünner Mann mittleren Alters, bekleidet mit einer neongelben Weste, so dass man ihn auf den ersten Blick für einen Straßenarbeiter halten könnte. Aber auf der Rückseite der Weste befindet sich ein großes Dollarzeichen. Also scheint das wohl ein offizieller Geldwechsler zu sein. Ich unterstelle jetzt mal, dass alles seine Richtigkeit hat, auch wenn ich das Ganze irgendwie leicht dubios finde.

Die Währung in Peru heißt übrigens Sol. Ein Sol ist unterteilt in hundert Centimos. Für 150 Euro habe ich 615 Soles von dem Mann in die Hand gedrückt bekommen. Ich gehe einfach mal ganz vertrauensvoll davon aus, dass das zum einen ein guter Kurs ist und ich zum anderen jetzt kein Falschgeld in meinem Portemonnaie habe…

09.55 Uhr

Plaza de Armas, Lima

Man könne aber auch Plaza Mayor sagen, da wisse auch jeder, was gemeint sei, sagte gerade Rocio, unsere örtliche Reiseleiterin hier in Lima. Eduardo ist unser Hauptreiseleiter und wird uns die gesamte Reise über begleiten, und in den verschiedenen Städten und Orten kommt dann jeweils noch eine ortskundige Person dazu.

Rocio ist eine sehr hübsche, zierliche junge Frau, gekleidet in Jeans, weißem Rolli und warmem Kapuzenpulli. Tatsächlich ist es recht kühl, dazu grau in grau. Wie Rocio uns gerade erzählt hat, ist dieses Grau eine der beiden vorherherrschenden Himmelsfarben hier in Lima. Die andere Farbe ist aber nicht, wie man meinen könnte, blau, sondern weiß. Grund ist der durch die Nähe zum Meer fast immer herrschende Nebel. Die Einheimischen nennen ihre Stadt deshalb auch „Lima la gris" – Lima, die Graue. Damit die Häuser und Gebäude mit diesem grauen oder weißen Hintergrund optisch nicht zu einem tristen Ganzen verschmelzen, verleiht man wenigstens ihnen ein schönes buntes Äußeres: blau, rosa und gelb sind die vorherrschenden Farben der Fassaden.

Hier an der Plaza de Armas gibt es besonders viele gelbe Prachtbauten zu bewundern. Dieser Platz bildet wieder – wie schon in Santiago de Chile – den Mittelpunkt der Stadt mit Springbrunnen, Kathedrale,

Bischofspalast und dem Regierungspalast. Dessen Bewachung erfordert offensichtlich ein Riesenaufgebot an Polizeibewachung – mitsamt Panzern.

Während Rocio über die brutale Eroberung des Inkareiches durch Francisco Pizarro im sechzehnten Jahrhundert erzählt, lasse ich meine Blicke ein bisschen über die Menschen hier um uns herum schweifen. Ich muss schon sagen, dass sie insgesamt doch deutlich anders aussehen als die Leute in Santiago de Chile. Viel kleiner und dunkelhäutiger kommen sie mir vor. Aber das ist natürlich nur eine Momentaufnahme.

Francisco Pizarro ist übrigens gerade jetzt Thema, weil wir ihn gleich „besuchen" werden. Sein Grab befindet sich nämlich in der Kathedrale, die als nächstes auf unserem Programm steht.

11.45 Uhr

Wieder auf der Plaza de Armas

Also, das waren jetzt aber wirklich viele Knochen, die uns präsentiert wurden! Für Zartbesaitete war das Ganze nicht unbedingt geeignet. Mein Trupp allerdings scheint nervenstark zu sein, jedenfalls weisen alle noch eine gesunde Gesichtsfarbe auf und machen einen munteren Eindruck.

Zuerst ging es in die Kathedrale, in der uns ja nur das „Grab" von Pizarro angekündigt worden war. Darunter stelle ich mir etwas Geschlossenes vor, mit einem Grabmal versehen oder einer Platte. Tatsächlich aber liegt der gesamte Herr Pizarro ausgestellt als Skelett in einer

Glasvitrine. Ein wenig gruselig, das kann ich nicht anders sagen. Ansonsten war die Kathedrale aber sehr schön!

Danach kam es dann allerdings noch ein bisschen heftiger. Wir gingen in das Kloster San Francisco, und zwar nach unten in die Katakomben. Diese wurden in der Kolonialzeit als Friedhof benutzt. Es sollen so um die 25.000 Menschen dort beigesetzt worden sein. So weit so gut. Nur dass man deren Schädel und Gebeine auseinandersortiert und anschließend zu geometrischen Mustern angeordnet hat. Zum Beispiel zu einem großen Kreis. In der Mitte des Kreises sieht man eine Menge Schädel, dicht an dicht. Drumherum eine Reihe oder besser gesagt ein Ring aus langen schmalen Knochen, vermutlich Oberschenkelknochen. Außen um diese herum wieder zwei Reihen oder Ringe aus Schädeln, fein säuberlich in immer gleichem Abstand zueinander angeordnet. Und zum Schluss wieder eine Runde aus Knochen. Also, mindestens seltsam darf man das wohl finden, oder? Auf so eine Idee zu kommen…

Jedenfalls bin ich froh, wieder im Freien zu stehen und mich nun wieder dem Leben zuwenden zu können – und zwar in Form des Wachwechsels, der gleich hier pünktlich um zwölf Uhr vor dem Regierungspalast zu sehen sein wird.

16.30 Uhr

Im Bus

Wir sind auf dem Weg raus aus Lima und hin zu einer Oase namens Huacachina, wo wir übernachten werden. Eine Strecke von 310 Kilometern Richtung Süden werden wir zurücklegen – den größten Teil davon auf der berühmten Panamericana.

Ich bin ganz froh, jetzt einfach nur still hier sitzen und mich fahren lassen zu können. Der Tag war schon wieder voll mit so vielen verschiedenen Eindrücken, die erst mal verarbeitet werden wollen.

Nach dem Wachwechsel am Regierungspalast gab es dankenswerterweise endlich etwas zu essen, in einem unspektakulären kleinen Restaurant. Ohne viel Federlesens wurde einfach für alle Reis mit Meeresfrüchten bestellt. Ich will ja die Gruppe nicht zu oft loben, aber nach wie vor habe ich den Eindruck, dass es alles sehr unkomplizierte und umgängliche Menschen sind, von denen anscheinend auch jeder alles zu essen bereit ist – das erleichtert die Sache schon mal sehr.

Beim Thema Getränke allerdings schieden sich die Geister doch etwas. Eduardo riet uns nämlich dazu, es einmal mit der hiesigen Inka-Cola zu versuchen – ein uringelbes Gebräu, das irgendwie nach Gummibärchen schmeckt und viel Koffein enthält. Probiert haben wir es alle, aber geschmeckt hat es nur zwei Personen: Martin und mir. Der Rest der Gruppe will zukünftig auf den Genuss dieses Erfrischungsgetränkes lieber verzichten…

Nach dem Restaurantbesuch ging es dann schon raus aus Limas Zentrum. Mit dem Bus fuhren wir in die schönsten Stadtteile von Lima: Miraflores und Barranco. Und dort, direkt am Pazifik, kam dann tatsächlich auch noch die Sonne raus. Laut Eduardo leben in Miraflores „die Reichen und die Schönen“, und für ein mehr oder weniger normales Appartement soll man mindestens fünfhunderttausend Euro Miete zahlen müssen. Ob es dort wirklich so schön ist, kann ich nicht sagen, zu flüchtig waren die Eindrücke aus dem fahrenden Bus heraus. Ausgestiegen sind wir nur ein einziges Mal für einen Fotostopp am Meer – ein Gruppenfoto musste nämlich endlich mal her! Und in dem Zusammenhang waren wir sieben mehr damit beschäftigt, uns fürs Bild zu platzieren als uns umzusehen.

So, ich glaube, ich mach mal kurz die Äuglein zu, wer weiß, was heute noch so anliegt…

17.10 Uhr

Gerade war ich so schön ein bisschen weggedämmert, als Eduardos Stimme mich wieder weckte. Er wollte uns vorab ein paar Informationen geben über unser heutiges Ziel, die Oase Huacachiana.

Es handelt sich dabei tatsächlich um eine richtige Oase, wie man sie sich vorstellt, ein grüner Flecken mitten in der Wüste, ringsum umgeben von Sanddünen. Für die üppige Vegetation dort sorgt ein unterirdischer Fluss, der aus den Anden kommt. Es gibt eine wunderschöne Lagune, in der man schwimmen oder mit einem Ruderboot fahren kann, in den Dünen kann man eine Wüstenwanderung unternehmen, mit dem Wüstenbuggy dort entlangknattern oder sein Talent beim Sandboarden unter Beweis stellen.

Nur: Irgendetwas davon tatsächlich zu erleben ist uns nicht vergönnt. Wenn wir heute Abend ankommen, wird es dunkel sein. Und morgen haben wir schon wieder ein derart straffes Programm, dass wir spätestens um halb neun morgens wieder abfahren müssen. Warum bitte fahren wir denn dort überhaupt hin? Wenn es nur ums Übernachten geht, hätten wir ja auch in irgendeinen Ort an der Strecke fahren können, Ica zum Beispiel, das liegt nur ungefähr zehn Kilometer entfernt. So komme ich mir vor wie der Esel, dem man die Möhre vor die Nase hält…

17.25 Uhr

Weil es mir doch etwas komisch vorkommt, dass unser Aufenthalt in dieser erlebenswerten Oase so dermaßen kurz ist, habe ich mal unser Programm rausgeholt, um nachzusehen, ob unser Tag in Lima vielleicht irgendwie anders verlaufen ist als geplant und wir deshalb später ankommen als eigentlich geplant. Tja, und bei der Gelegenheit habe ich nicht schlecht gestaunt darüber, was so alles drinsteht in diesem Programm! Das soll unsere Reise sein?

So liest sich schon der Tag der Anreise vollkommen anders als tatsächlich abgelaufen. Übereinstimmung zwischen Programm und wirklichem Ablauf herrscht immerhin noch bei den Punkten „Stadtführung in Santiago de Chile“ und „Weiterflug nach Lima“.

Aber laut Programm wäre es nach der Landung folgendermaßen weitergegangen: „Zunächst fahren wir in unser Hotel, das im angesagten Stadtteil Miraflores liegt.“

Wie bitte? Unsere Muffbude lag doch ganz eindeutig nicht in Miraflores, sondern mitten im Zentrum, schließlich sind wir von da aus zu Fuß zur Stadtführung losgegangen.

Dann geht es weiter: „Um euch in Peru willkommen zu heißen, laden wir euch auf einen Pisco Sour ein. Die Unermüdlichen begleiten wir gerne noch nach Barranco. Wer auf lateinamerikanische Live-Musik steht, ist hier genau richtig!"

Was?? Wie hätte das alles nach unserer doch sehr späten Ankunft in Lima denn noch funktionieren sollen? Selbst hartgesottene Partygänger hätten da doch vermutlich dankend abgewunken. Aber hätte Eduardo uns den Pisco und den Partytrip nach Barranco nicht zumindest anbieten müssen?

Gut, ok, das ist Schnee von gestern, abgehakt. Kommen wir zum heutigen Tag. Da verlief anfangs tatsächlich noch alles nach Programm, Stadtführung wie vorgesehen. Aber dann geht es im Programmtext so weiter: „Wenn Lust und auch Zeit vorhanden sind, besteht die Möglichkeit, einen kurzen Abstecher nach Barranco zu machen." Stimmt, das haben wir ja gemacht. Aber was das Programm dann vorschlägt: „Bei guten Windverhältnissen besteht die Möglichkeit zu einem Paragliding-Flug über die Costa Verde (40 USD pro Person). Nach einem leckeren Buffet in einem Restaurant machen wir uns gestärkt auf den Weg gen Süden." Also, davon stimmt ja nicht ein einziges Wort. Aber mal ehrlich: Selbst ohne all das werden wir ja schon so spät an der Oase ankommen. Wie hätte denn da zeitlich noch ein Paragliding-Flug untergebracht werden sollen?

Gut, ok, aber auch das ist schon Vergangenheit. Ich bin allerdings gespannt, ob das, was für heute noch aufgeführt ist, tatsächlich stattfindet: „Während unserer

Fahrt auf der berühmten Panamericana legen wir einen Stopp in der Nähe von Chilca ein, wo wir uns ein leckeres Eis gönnen werden. Ihr könnt gespannt sein auf den ungewöhnlichen Geschmack."

Eduardo hat zwar tatsächlich einen Stopp angekündigt, aber nur von Kaffee und Toilette gesprochen...

Und dann der letzte Programmpunkt: „Bei Sonnenuntergang erreichen wir die Oase Huacachina".

Aus-ge-schlossen! Die Sonne geht doch schon gegen achtzehn Uhr unter. Da sitzen wir mit absoluter Sicherheit noch im Bus, weit entfernt von unserem Ziel...

23.15 Uhr

Huacachina, im Hotelzimmer

Freue ich mich auf mein Bett! Mir brennen schon die Augen vor Müdigkeit.

Hier angekommen sind wir um kurz nach halb neun, tatsächlich bei absoluter Dunkelheit. Ich bin gespannt, wie der Ort bei Tageslicht aussieht, ich habe mir auf jeden Fall fest vorgenommen, früh aufzustehen und noch vor dem Frühstück alles zu erkunden.

Wobei ich immerhin eine Sache hier sogar schon kennengelernt habe: die hiesige Reggae-Kneipe. Eine bessere Bezeichnung fällt mir nicht ein, es war eine Art Kneipe/Restaurant, in der durchgehend Reggae-Musik lief. Jedenfalls gab es dort etwas zu essen, und darum ging es uns allen vorrangig, ausgehungert wie wir waren nach dem langen Tag. Ich hatte einen Burger, so wie die meisten anderen auch.

Ach so, da fällt mir noch ein: Natürlich gab es während der Busfahrt kein Eis, weder mit gewöhnlichem noch wie angekündigt mit ungewöhnlichem Geschmack. Nur ganz normalen Kaffee und eine Toilette, über die ich hier nicht sprechen möchte. Oder doch ganz kurz? Ein Loch im Boden und für das benutzte Toilettenpapier ein Eimer ohne Deckel.

Über den Ausfall des Programmpunktes Eisessen bin ich nicht allzu traurig. Denn von allen Speisen, vor deren Verzehr auf Reisen immer dringend gewarnt wird, steht Eis an allererster Stelle. Und da wir morgen den ganzen Tag unterwegs sein werden, kann wohl niemand von uns ein Darmdebakel brauchen.

Das Hotel hier ist übrigens sehr nett, kein Vergleich zu der Muffbude in Lima.

Und nun gute Nacht! Hoffentlich träume ich nicht von den Knochen…

Von Huacachina nach Nazca
Oder: Linien über Linien

Sonntag, 4. November

07.10 Uhr

Huacachina. Im Hotelzimmer

Ja, es stimmt, die Oase ist sehr schön! Ich bin schon um kurz nach sechs losgestiefelt, um mir zumindest einen ausreichenden Überblick zu verschaffen. Ringsherum sind tatsächlich überall nur Sanddünen, das reinste Sahara-Feeling (wobei ich zugegebenermaßen noch nie in der Sahara war). Ein bis zwei Tage hier zu verbringen mit ein bisschen Sand-Action könnte ich mir schon gut vorstellen. Allerdings vielleicht lieber bei etwas besserem Wetter, es ist nämlich schon wieder grau in grau und wirklich kühl. Ist aber ja auch noch sehr früh…

8.30 Uhr

Im Bus

Auch wenn ich erst sehr kurz in diesem Land bin, wage ich schon mal die Aussage: Peru ist auf keinen Fall berühmt für sein Frühstück! Das Hotel selbst war zwar um Längen besser als das in Lima, das Frühstück aber erneut ein Flop. Wieder gab es für jeden zwei Brötchen mit ein paar Klecksen Marmelade plus ein bisschen Rührei. Fertig. Die Sache mit dem Kaffee gestaltete sich diesmal etwas anders – leider nicht unbedingt besser: Man bekam ein kleines Krüglein hingestellt, in dem sich dickflüssiger, konzentrierter Kaffee befand. Diesen musste man dann aufgießen mit heißem Wasser aus einem etwas größeren Tonkrug, der schon auf dem Tisch stand. Und zwar vermutlich schon etwas länger, denn wirklich heiß war das Wasser darin nicht. So war der Kaffee schon von Anfang an nur lauwarm. Und da ich Kaffee mit Milch trinke und diese nicht angewärmt war, stand vor mir letzten Endes eine Tasse mit kaltem Kaffee.

Na ja, zum Ausgleich gibt es bald schon Hochprozentiges: Wir sind auf dem Weg zu einer Pisco-Brennerei.

10.15 Uhr

Pisco-Brennerei „El Catador"

So, Führung und Verkostung liegen schon hinter uns. Ich musste zugeben, zuvor noch nie im Leben einen Pisco Sour getrunken zu haben – nur Jakob und Magda ging es auch so. Aber Schnäpse, Cocktails und Co. sind einfach nicht so mein Fall, ich bin nun mal Team Bier. Aber interessant war es trotzdem, was man so erfahren hat.

Also, Pisco ist benannt nach der gleichnamigen peruanischen Stadt und darf nur in Peru und Chile hergestellt werden – wobei es da zwischen den beiden Ländern irgendwelche juristischen Streitigkeiten gab oder noch immer gibt. Jedenfalls ist es in beiden Ländern die Nationalspirituose. Pisco ist ein Weinbrand und wird ausschließlich hergestellt aus fermentiertem Traubenmost – im Gegensatz zum italienischen Grappa, den man aus Trester macht (was, wie ich jetzt weiß, sozusagen der „Abfall" bei der Weinproduktion ist, nämlich Stengel,

Schalen, Kerne). Für einen Liter Pisco benötigt man sechs bis sieben Kilo Trauben. Und Preis und Qualität hängen wie auch beim Wein von diversen Faktoren ab: Art der Traube, des Bodens, des Anbaus, der Pressung (nur ganz sanft oder die volle Quetschung – man ahnt schon, welche Methode das qualitativ bessere Ergebnis bringt), Dauer der Reife und so weiter.

Von Pisco Sour hatte ich zuvor immerhin schon mal gehört und wusste, dass es sich dabei um einen Cocktail handelt. Nun weiß ich auch noch, dass man ihn mit Pisco, Limettensaft, Zuckersirup und Eiweiß zubereitet. Und dass ich auch zukünftig beim Bier bleibe.

Die anderen waren allerdings auch nicht so begeistert und haben an den verschiedenen Pisco-Sorten nur anstandshalber genippt. Aber mal ehrlich – morgens um zehn Uhr schon Lust auf Alkohol haben zu sollen ist auch ein bisschen viel verlangt…

10.30 Uhr

Im Bus

Außer Martin und mir habe ich noch einen Fan der Inka-Cola ausgemacht: Unseren Fahrer Walter! Ständig sieht man ihn ein Schlückchen trinken. Er muss ja auch wach bleiben. Wobei unsere heutige Fahrstrecke von der Länge her relativ moderat ist: hundertfünfzig Kilometer werden wir heute zurücklegen.

Seit unserem Eintreffen bei der Pisco-Brennerei scheint übrigens plötzlich die Sonne und es ist richtig heiß. Nun muss Eduardo wenigstens nicht mehr ständig sagen: „Also, ich verstehe einfach nicht, was da los ist!“

Wir sind auf dem Weg nach Nazca, zu den weltberühmten Linienfeldern und Bildern in der Wüste, von denen bis heute niemand wirklich weiß, von wem sie stammen und was sie bedeuten. Und die man nur aus der Luft sehen kann. Deshalb steht heute unter anderem auch ein Flug auf dem Programm.

Ich habe inzwischen unser Programm immer griffbereit in meinem Rucksack, damit ich zwischendurch mal wieder nachverfolgen kann, was so als Nächstes geplant ist – und was dann vielleicht doch nicht stattfindet.

Und deshalb weiß ich, dass wir nun zunächst ins Maria-Reiche-Museum fahren und dort „alles über das Leben der Mathematikerin aus Dresden" erfahren. Man mag es vielleicht nicht glauben, aber ich weiß tatsächlich, wer Maria Reiche ist. Mein weltenbummelnder Freund Frank aus Berlin ist nämlich ein Riesenfan dieser Frau und hat sie bei seiner Perureise sogar persönlich getroffen. Er hat mir die reinsten Vorträge über sie gehalten, von denen ich mir natürlich nicht alles gemerkt habe. Aber so viel auf jeden Fall: Maria Reiche muss wirklich eine außergewöhnliche Person gewesen sein. Schon allein, dass sie als 1903 geborene Frau nicht nur Mathematik, sondern auch noch Physik und Geographie studiert hat. Und dann 1932, mit Anfang dreißig, allein nach Peru ging. Dort traf sie dann Paul Kosok, der als erster Erforscher der Nazca-Linien gilt. Sie wurde zunächst seine Assistentin, und als er dann Ende der vierziger Jahre zurückkehrte in die USA, forschte sie allein weiter – bis an ihr Lebensende. Die Nazca-Linien waren quasi ihr Lebensinhalt. Vielleicht könnte man sagen, dass sie geradezu besessen war davon. Das Krasseste, was sie in diesem Zusammenhang gemacht hat: Sie ließ sich außen an einen Hubschrauber anbinden, um so bessere Luftaufnahmen machen zu können. Ansonsten führte sie ein ganz einfaches Leben und lebte am Rande der Wüste in einer kleinen Hütte. Dort hat Frank sie damals auch getroffen. Frank ist übrigens selbst Geologe, das muss ich vielleicht an dieser Stelle erwähnen, um auch seine Begeisterung für dieses Thema nachvollziehbar zu machen. Die besagte Hütte ist nach Maria Reiches Tod zu dem Museum umgebaut worden, das wir gleich besuchen, und sie selbst ist neben dieser Hütte begraben.

11.25 Uhr

Noch im Bus

Wenn man hier während der Fahrt nach rechts und links sieht, muss man schon schlucken angesichts der brutalen Armut. Da stehen mitten im absoluten Nichts Häuser, die man als solche eigentlich gar nicht bezeichnen kann. Zum Teil sind es nur Hütten aus Bastmatten. Und dazwischen donnert der Verkehr auf der Panamericana. Überwiegend LKWs.

12.30 Uhr

Irgendwo in einem kleinen Örtchen am Straßenrand

Wir machen eine kleine Pause. Das hier ist einer dieser Orte, die nur aus einer Ansammlung von Häusern rechts und links der Straße bestehen, vor denen sich jeweils ein Verkaufsstand befindet, mit Obst, Gemüse, Getränken und so weiter, in erster Linie für die durchfahrenden LKW-Fahrer. Einer dieser Stände verkauft ausschließlich riesige Wassermelonen, und davon waren Magda und Jakob so begeistert, dass Jakob darauf bestand, eines dieser Ungetüme für uns alle zu erstehen. Für sieben Soles, also weniger als zwei Euro. Der Verkäufer hat dann mit seinem Messer für jeden von uns ein großes Stück herausgeschnitten und verteilt, und alle haben ihre jeweilige Scheibe auf der Straße gegessen – aber natürlich nicht, bevor nicht ein Gruppenfoto gemacht wurde: Wir alle jubelnd mit unserem Stück Wassermelone. Der Verkäufer und all die anderen Herumstehenden werden gedacht haben, dass wir noch nie zuvor eine Wassermelone gesehen haben.

13.00 Uhr

Vor dem Maria-Reiche-Museum

Ich bin fassungslos. Das Museum ist geschlossen.

Ellen sagt, ja, stimmt, da fiele es ihr wieder ein, sie hätte im Vorfeld irgendwo gelesen, das Museum würde gerade renoviert. Bettina sagt, in ihrem Reiseführer stünde, das Museum sei generell nur montags bis freitags geöffnet. Heute ist Sonntag. Und Eduardo ist fix und fertig, denn ihn hat niemand über eine mögliche Schließung informiert.

Ich bin wirklich richtig enttäuscht. Zwar bin ich grundsätzlich kein großer Museumsfan, aber zu sehen, wo und wie diese interessante Frau gelebt hat, das hat mich ausnahmsweise ehrlich interessiert.

Eduardo ist völlig aufgelöst, rennt die ganze Zeit mit seinem Handy am Ohr auf und ab und wischt sich dauernd den Schweiß von der Stirn. Er versucht, den Flug über die Nazca-Linien zeitlich nach vorn zu ziehen, damit wir jetzt nicht Ewigkeiten hier in der Pampa rumstehen müssen.

Oh, seine finstere Miene hat sich aufgehellt und er winkt. Es scheint geklappt zu haben. Also, dann auf in die Lüfte!

14.25 Uhr

Wieder am Boden

Oh!Mein!Gott! Ist mir schlecht!! Ich muss mich jetzt erst mal sammeln …

14.50 Uhr

Jetzt geht es so langsam wieder, ich habe eine Cola getrunken. Keine Inka-Cola, sondern eine „richtige".

Mannometer, und dabei habe ich mich bisher immer für absolut see- und flugtauglich gehalten! Selbst die Überfahrt nach Helgoland habe ich als eine von ganz wenigen unbeschadet überstanden, und in solchen kleinen Flugzeugen wie eben habe ich auch schon vollkommen problemlos mehr als einen Rundflug absolviert. Und jetzt so was!

Dabei durfte ich sogar auf dem Ehrenplatz vorne neben dem Piloten sitzen. Martin hat mir gerade ein Foto gezeigt, das er vor dem Start gemacht hat – ich, wie ich mich nach hinten zu den anderen umdrehe, mit dicken

Kopfhörern auf den Ohren, voller Vorfreude über das ganze Gesicht strahlend …

Kurze Zeit nach dem Start war auch noch alles gut, obwohl das Flugzeug durch den ziemlich starken Wind schon von Anfang an heftig wackelte. Aber als wir uns dann in der Luft über den Linien befanden und der Pilot anfing, Kurven zu fliegen, und zwar immer erst rechtsrum und dann noch mal linksrum, damit auch alle Passagiere das jeweilige Bild am Boden gut sehen können, da wurde mir schon mulmig. Richtig schlimm wurde es dann, als ich versuchte, Fotos zu machen. Geschafft zu fotografieren habe ich das, was als „Wal" interpretiert wird, und mit letzter Kraft anschließend noch den so genannten „Astronauten". Danach wusste ich: Wenn ich weiterhin so krampfhaft nach unten gucke, wird mein Mageninhalt mich verlassen wollen. Also habe ich mich einfach zurückgelehnt und mehr oder weniger locker-entspannt nach draußen geguckt. Die Linien und Figuren konnte ich so allerdings nur so halbwegs aus dem Augenwinkel erspähen. Aber einen kleinen Trost gibt es: Martin wird mir seine Fotos schicken, die wirklich gut geworden sind.

18.40 Uhr

Im Hotel

Seit zwei Stunden sind wir schon hier, in einem mittelgroßen, wieder eher einfachen Hotel irgendwo im Nichts. Im Moment gibt es kein Wasser. Aber das wird schon, da bin ich mal optimistisch.

Die zwei Stunden Ruhe haben mir gut getan, genauso wie die Tomatensuppe, die wir in einem kleinen Restaurant irgendwo auf dem Weg hierher gegessen haben. Jetzt ist die letzte Restübelkeit verschwunden.

Übrigens hat Eduardo während des Essens erzählt, der Pilot habe nach dem Flug zu ihm gesagt, dass er eigentlich gar nicht hätte starten dürfen, der Wind sei viel zu stark gewesen. Aber weil wir ja nun extra gekommen seien und morgen schon weiterfahren müssten, wäre er das Risiko einfach eingegangen – schließlich wäre er ein erfahrener Pilot. Was soll man dazu sagen? Gut, so etwas erst im Nachhinein zu erfahren.

Gleich geht es wieder los. Wir fahren ins Planetarium. Worauf ich mich auch freue. Nur: In unserem Programm ist das gar nicht vorgesehen. Als Eduardo vorhin bei der Ankunft hier im Hotel sagte: „Um 19 Uhr treffen wir uns hier an der Rezeption und fahren dann ins Planetarium", habe ich zwar gestaunt, vermutete aber, dieses anstehende Ereignis überlesen zu haben. Doch als ich dann hier in meinem Zimmer angekommen einen Blick ins Programm warf, konnte ich das Wort „Planetarium" dort tatsächlich nicht finden. Stattdessen musste ich feststellen, dass heute Nachmittag außer dem Maria-Reiche-Museum eigentlich noch ein weiterer Besuch eines Museums vorgesehen war, und zwar des Museums Antonini. Hier sollten wir uns „einen Einblick über die Ausgrabungen und Hinterlassenschaften aus vergangenen Zeiten" verschaffen. Das Ganze hätte nach dem Flug über die Nazca-Linien stattfinden sollen. Warum dieser Programmpunkt nun auch noch ausgefallen ist? Zeit genug wäre ja gewesen. Eduardo hat dieses Museum aber mit keinem Wort erwähnt. Seltsam. Nicht, dass ich traurig darüber wäre, dass mir in meinem kodderigen Zustand ein Gang durch ein Museum erspart geblieben ist – im Zweifel wäre ich sogar draußen an der frischen Luft geblieben. Aber eigenartig ist es schon. Ob es sein kann, dass Eduardo ein anderes Programm hat als wir?

23.10 Uhr

Wieder im Hotelzimmer

Nun bin ich etwas versöhnt, was das Thema Maria Reiche anbelangt. Sie und ihr Leben waren nämlich eines der Hauptthemen im Planetarium. Da ich ja schon im Vorfeld so einiges über sie wusste, gab es für mich nicht allzu viel Neues zu erfahren – bis auf die Tatsache, dass sie nicht nur in dieser besagten bescheidenen Hütte gelebt hat, sondern auch kostenlos in einem ziemlich schicken Hotel wohnen durfte, in dessen Innenhof das Planetarium liegt (das von außen wie ein Bunker aussieht).

Übrigens konnte der Herr, der den Vortrag hielt, auch endlich aufklären, warum das Maria-Reiche-Museum im Moment geschlossen ist: Weil sich zwei benachbarte Bezirke nicht einigen können, zu welchem von ihnen das Museum denn nun gehört. Aha...

Apropos Museum: Bettina glaubt, Eduardo hätte von vornherein gewusst, dass das Museum geschlossen ist. Ihrer Meinung nach war er kein bisschen überrascht, als wir vor der verschlossenen Tür standen, und sein aufgeregtes Getue wäre nur Show gewesen. Außerdem habe sie ihn auf unseren Programmpunkt „Museum

Antonini“ hingewiesen, und da hätte er ganz überrascht getan und behauptet, dafür wäre ja nun wirklich keine Zeit. Sie glaubt aber, er hätte einfach keine Lust gehabt. Hm…

Wie dem auch sei. Ich will mich weder über zänkische Nachbarbezirke ärgern noch den Reiseleiter misstrauisch beobachten. Also lieber wieder zurück zum Planetarium. Neben einem Bericht über das Leben von Maria Reiche gab es auch einen Überblick über die verschiedenen Theorien zu Entstehung und Sinn der Nazca-Linien – oder wissenschaftlich korrekt „Geoglyphen“. Meine persönliche Lieblingstheorie ist die von Erich von Däniken: Die Linien wären Landebahnen für Außerirdische! Aber das ist ja wohl eine Einzelmeinung.

Im Laufe der langen Forschungszeit gab es viele Erklärungsansätze in Richtung Religion oder Astronomie – letzteres war übrigens der Ansatz von Maria Reiche. Sie vermutete in den Figuren und geometrischen Zeichen die Chiffren einer geheimen Wissenschaft, die nach ihrer Entschlüsselung wichtige Informationen über Zusammenhänge von Wetterlagen, Erdbeben und Sternenläufe preisgeben würden.

Daneben gab es auch so profane Erklärungen wie „riesige Sportarena“. Oder „Pfade für Totenkult-Zeremonien“.

Und dann gab es da noch die Überlegung, dass es schon zur Zeit der Nascza-Kultur, aus der die Linien stammen, Heißluftballons gegeben haben müsse. Denn nur wenn die Schöpfer dieser gigantischen Artefakte ihre Werke auch aus der Luft hätten sehen können, würden sie

Sinn ergeben. Und tatsächlich konnte nachgewiesen werden, dass ein Ballonflug mit den damals (in der Zeit von 200 v.Chr. bis 500 n.Chr.) zur Verfügung stehenden Mitteln möglich gewesen wäre.

Momentan scheint die herrschende Ansicht zu sein, dass es sich um Fruchtbarkeitssymbole handelt. Aber ich kleine Leuchte frage mich: Warum ist denn alles so riesig, dass man es nur aus der Luft sehen kann? Die Fläche ist über fünfhundert Quadratkilometer groß, man hat mittlerweile mehr als 1.500 Bilder entdeckt (und scheint noch immer nicht am Ende zu sein). Es gibt Linien, die an die zwanzig Kilometer lang sind. Auch meine beiden einzigen Fotoobjekte sind riesig: Der Wal ist 62 Meter lang und der Astronaut misst sogar 90 Meter! Und dann gibt es da noch die so genannte Eidechse, die sogar sagenhafte 180 Meter lang ist – wobei ihr Schwanz von der heutigen Panamericana zerschnitten wird.

Aber wie auch immer, zumindest in einem Punkt sind sich alle einig: Hätte es Maria Reiche nicht gegeben, würde es heute gar keine zu erforschenden Geoglyphen mehr geben. Sie war unermüdlich und wohl auch sehr energisch in ihrem Einsatz für deren Erhalt und Erforschung. Ihrem Einsatz ist es auch zu verdanken, dass die UNESCO die Nazca-Linien zum Weltkulturerbe erklärt haben. 1994 war das, vier Jahre vor Maria Reiches Tod.

So, nun aber wieder zu den weniger wissenschaftlichen Dingen des Lebens – obwohl manche Menschen, speziell Männer, auch aus diesem Thema eine Wissenschaft machen: Grillen. Für uns wurde nämlich nach der

Rückkehr vom Planetarium hier im Hotel, genauer gesagt draußen auf der Terrasse am Pool, gegrillt. Es gab drei verschiedene Fleischsorten, dazu Ofenkartoffeln und Maiskolben. Sehr lecker! Und dazu gab es Chicha Morada (ich hoffe, so schreibt man es), eine Art Maisbier, aber alkoholfrei. Rot und süß. Ich persönlich würde es beinahe eher als eine Art Saft bezeichnen. Aber wie auch immer: Auch lecker!

Ja, ja, ich weiß, lecker sagt man nicht, das gilt als unfein und/oder unpräzise. Aber soll ich sagen: köstlich/deliziös/schmackhaft? Präziser finde ich das auch nicht, dafür aber unnötig geschraubt, und für das heutige Essen auch übertrieben: Das war nicht köstlich oder deliziös, sondern einfach bodenständig, schlicht – und lecker!!

Und nun, angereichert mit neuem Wissen und gutem Essen, begebe ich mich zur Ruhe.

Von Nazca nach Puerto Inka
Oder: Wüstensand und Meeresrauschen

Montag, 5. November

07.10 Uhr

Nazca. Vor dem Hotel

Der frühe Vogel fängt… Es ist noch so zeitig, und da haben wir unser Frühstück schon hinter uns. Auch hier gab es wieder das gleiche „Angebot", zwei Brötchen, zwei Kleckse Marmelade, Rührei, Kaffee, diesmal wieder in Tassen gebracht. Ab jetzt werde ich über das Frühstück nichts mehr berichten – es sei denn, es sollte irgendwann mal etwas anderes geben.

Neben uns stehen schon die gepackten Koffer, Walter wird sie gleich einladen. Allerdings werden wir nicht zu ihm in den Bus steigen, denn wir werden ihn erst irgendwann am Nachmittag wiedersehen.

Uns steht heute nämlich ein Tag mit „Action" bevor. Wir werden „in rasanter Fahrt mit Buggys und offenem Verdeck über Wüstendünen brausen". In fünf Minuten soll es losgehen. Na, ich bin gespannt!

08.50 Uhr

Ruinen von Cahuachi

Mal eins vorweg: Wir brausen nicht selbst, sondern wir werden gebraust, sozusagen. Von einem ortskundigen Fahrer. Und wir fahren auch nicht in „Buggys", sondern sitzen alle zusammen in einem einzigen Buggy. Wir sind ja nur so eine kleine Gruppe, deshalb passt es genau.

Wüstendünen sind bisher auch noch keine zu sehen, bisher sind wir ausschließlich auf Geröllwegen unterwegs. Vor dem Wüstentrip gibt es nämlich zuerst noch ein kleines Kulturprogramm zu absolvieren.

Unser erster Stopp war Ocongalla, wo es ein Aquädukt der Nazca-Kultur zu sehen gab.

Und nun sind wir in Cahuachi. Wieder ein Ort, über dessen Bedeutung die Wissenschaft nur Vermutungen anstellen kann. Zunächst ging man davon aus, dass es sich um einen Regierungssitz der Nazca-Kultur handelte, inzwischen hält man es eher für eine Zeremonialstätte. Maßgeblich für die Ausgrabungen und Forschungen war ein italienischer Archäologe, finanziell unterstützt durch die italienische Regierung. Wie Eduardo leicht verächtlich sagte: „Peru zahlt ja lieber für den Fußball als für seine eigene Kultur."

Auch Cahuachi hat riesige Ausmaße, eine Fläche von mehr als zwanzig Quadratkilometern, mit unzähligen aus Schlamm erbauten Pyramiden und Tempeln. Und ein Ende der Ausgrabungen ist noch nicht in Sicht.

Jetzt mal kurz zu etwas so Profanem wie dem Wetter: Es ist schon sehr heiß. T-Shirt-Wetter. Jedenfalls, sobald man in der Sonne steht. Während der Fahrten auf unserem flotten Buggy dagegen sind wir windumtost und es ist ausgesprochen frisch – da bin ich mit dickem Rollkragenpullover plus Jacke nicht übertrieben warm gekleidet. Also heißt es ständig anziehen/ausziehen. Während der Fahrt müssen wir übrigens riesige

Schutzbrillen aufsetzen – wir sehen aus wie ein Trupp von Schweißern…

09.10 Uhr

Estaqueria

Und schon wieder ein Stopp. Diesmal an einem Ort namens Estaqueria. Hier zu sehen gibt es ein Feld mit einer langen Reihe von hölzernen Pflöcken aus Huarango – amerikanischer Johannisbrotbaum. Schon auf dem Weg hierher sind wir durch einen tausend Jahre alten Johannisbrotbaumwald gefahren, den die Menschen hier aber nicht hegen und pflegen, sondern ihn dafür benutzen, um Holzkohle zu produzieren – so Eduardo.

Auch die genaue Bedeutung von Estaqueria ist nicht bekannt. Man vermutete zunächst, es würde sich um ein Sonnenobservatorium handeln, inzwischen denkt man aber, dass hier die Körper von Verstorbenen zur Vorbereitung auf deren Mumifizierung getrocknet wurden.

Übrigens steht in unserem Programm: „Wir besichtigen die Sonnenkollektoren in Estaqueria“. Was ist denn das für ein Blödsinn?!

09.30 Uhr

In der Wüste

So, endlich umgeben von Sand. Vor uns ragt eine riesige Sanddüne, auf die es gleich raufgeht mit unserem Buggy. Dafür muss der Fahrer erst mal Luft aus den Reifen lassen, während wir eine kleine Pause machen. Er heißt übrigens Neno, unser Fahrer, und scheint ein ausgesprochen launiger Mensch zu sein, jedenfalls lacht er sehr viel zusammen mit Eduardo. Schade ist, dass wir mit ihm – genau wie mit Walter – so gar nicht mal einfach ein nettes Wort wechseln können. Beide sprechen ausschließlich Spanisch. Da muss es leider bei einem freundlichen Lächeln bleiben. Tja, da wird einem in der Schule immer erzählt, mit Englisch würde man überall in der Welt weiterkommen. Die Realität sieht aber ganz anders aus, das habe ich auf meinen Reisen schon oft genug feststellen müssen.

Apropos Spanisch: Das ist zwar die Sprache, die von den meisten Peruanern gesprochen wird, nämlich von ungefähr achtzig Prozent der Menschen. Aber daneben gibt es noch weitere Sprachen, die von den indigenen Einwohnern gesprochen werden, allen voran das Quechua.

Übrigens ist das hier schon die Atacamawüste. Das war mir gar nicht klar. Ich wusste ja, dass es im Laufe der Reise in die Atacama gehen wird, dachte aber, das wäre erst zum Ende hin, in Chile, der Fall. Aber tatsächlich ist die Atacama wahnsinnig lang und erstreckt sich über mehrere Breitengrade. Hab ich mir gerade von Eduardo erklären lassen.

10.30 Uhr

Noch immer in der Wüste

Also, dass mir Sandboarden solch einen Spaß machen würde, hätte ich im Leben nicht gedacht! Als ich im Programm gelesen habe, dass wir in der Wüste „die Gelegenheit zum Sandboarden“ haben würden, habe ich eigentlich gar keinen Gedanken daran verschwendet, von dieser Möglichkeit tatsächlich Gebrauch zu machen. Ehrlicherweise muss ich zugeben, dass ich mir unter „Sandboarden“ nicht mal so richtig etwas vorstellen konnte.

Aber als die Bretter dann im Sand vor uns lagen, ähnlich aussehend wie Snowboards, und Tomas sich sogleich eines davon schnappte, die Sanddüne hochstürmte und dann unter Jubelgeschrei bäuchlings auf diesem Brett die Düne runterrutschte, da verschwendete ich wiederum keinen Gedanken mehr daran, das nicht auch zu versuchen. Beherzt kletterte ich mit meinem Brett unter dem Arm die Düne empor (muss ich sagen, dass das anstrengend war?) und durfte wieder einmal feststellen, dass ein Perspektivwechsel die Dinge oftmals anders erscheinen lässt. Von unten hatte die Düne gar nicht besonders hoch gewirkt, aber jetzt von oben betrachtet – au weia! Sowas von steil! Da jetzt auf dem Bauch runter?! Ein Zurück gab es auf keinen Fall, das stand fest, aber ganz so mutig war ich nun auch nicht mehr. Ganz vorsichtig legte ich mich auf das Brett, und als es in Bewegung kam, lenkte ich immer ein bisschen von links nach rechts, so dass ich leichte Linien fuhr. Bloß keine senkrechte Schussfahrt! Noch nicht jedenfalls. Beim zweiten Versuch wurde ich schon mutiger, und fuhr in etwas geraderer Linie nach unten, und beim dritten Mal dann: Gib ihm, Kapelle!! Doch gerade, als ich so richtig Blut geleckt hatte und wieder nach oben stürmen wollte, hieß es: „Wir müssen leider weiter“.

Übrigens macht man „echtes“ Sandboarding nicht auf dem Bauch, sondern wie Snowboarden im Stehen, aber das hat sich aus unserer Gruppe niemand zugetraut – Eduardo dagegen schon. Ganz eindeutig hat er das nicht zum ersten Mal gemacht, und ganz eindeutig ist er ein ausgesprochen sportlicher Mensch. Hätte ich ihm angesichts seiner leichten Moppeligkeit gar nicht zugetraut.

11.10 Uhr

Irgendwo im Nirgendwo

Jetzt sollen wir hier im Geröll rumbuddeln und nach Fossilien suchen. Muscheln und so. Ein Wal liegt hier auch, laut Eduardo fünfundzwanzig Millionen Jahre alt. Warum finden sich hier mitten in der Wüste Überreste von früheren Meeresbewohnern? Weil ursprünglich diese ganze Region hier Teil des Pazifiks war. Wir stehen also quasi auf ehemaligem Meeresboden.

Zum Buddeln hab ich nicht so die rechte Lust, das überlasse ich den anderen. Ganz begeistert allerdings ist schon wieder Tomas – das scheint heute sein Tag zu sein, während er sonst öfter mal etwas geistesabwesend wirkt. Gerade hielt er zwei Fundstücke prüfend nebeneinander, er wollte wohl wissen, ob sie vielleicht zusammengehören. Birgit kommentierte, die Hände in die Hüften gestemmt: „Na, bastelste wieda?“, worauf er wiederum gar nicht reagierte. Ein ulkiges Paar.

Es ist hier übrigens glühendheiß, ich schätze mal 35 Grad, jedenfalls in der Sonne. Aber hier ist ja überall auch nur Sonne, der einzige mögliche Schattenspender ist unser Buggy. Ich habe mir vorsichtshalber mal meine Basecap aufgesetzt, nicht, dass ich noch einen Sonnenstich bekomme!

12.45 Uhr

Im Buggy

Wir fahren und fahren, und es wird beständig immer kälter. Ich musste inzwischen sogar schon meine Kapuze aufsetzen. So ein Auf und Ab der Temperaturen!

13.20 Uhr

Bahia San Fernando

Ist das schön in dieser Bucht! Wir sind hier ganz allein auf weiter Flur, mal abgesehen von Möwen und Hunderten von Seelöwen, die sich auf dem dunklen Sand oder auf den Felsen am Wasser sonnen. Und sogar einen Kondor haben wir über einen etwas weiter entfernt gelegenen Felsen fliegen sehen!

Apropos Tiere: Auf der Fahrt hierher standen am Wegesrand unsere ersten „echt südamerikanischen Tiere". Aber keiner von uns wusste, um was für Exemplare es sich handelt. Bei unseren Rateversuchen hielten wir sie mehrheitlich für Lamas, und so ganz falsch lagen wir damit auch gar nicht. Sie heißen Guanakos, laut Eduardo kann man auch Huanakos sagen, und sind die wildlebende Form der Lamas, sozusagen deren Ursprungsform.

Jetzt zurück zu diesem schönen Ort hier (an dem es allerdings ausgesprochen windig und mehr als kühl ist). Wir werden gleich eine Art Picknick machen, Toast mit Frikadellen, zum Nachtisch Mandarinen. Eduardo und Neno sind gerade dabei, einen Tisch aufzubauen, die Wasserflaschen stehen schon.

Apropos Wasser: Toiletten gibt es hier natürlich weit und breit nicht, schon seit unserem Start heute Morgen nicht. In solchen Situationen bin ich froh, das sogenannte Wildpinkeln zu beherrschen. Ich gebe ja zu, bei manchen Dingen stelle ich mich ein bisschen an, aber in diesem Punkt bin ich wirklich rustikal…

Oh, gerade sind Ellen und Martin zurück vom Fotografieren und haben auf den Felsen am Meer Geier gesehen haben, die einen toten Seelöwen fressen. Da muss ich schnell noch hin…

17.00 Uhr

Im Bus

Wir sind schon seit einer Weile auf dem Weg nach Chala Viejo, ungefähr zweihundert Kilometer weiter in südliche Richtung. Dort werden wir in einem Hotel direkt am Meer übernachten.

Der Umstieg vom Buggy in unseren Bus fand irgendwo im Nichts statt. Da stand unser lieber Walter mit seinem roten Bus plötzlich wie eine Erscheinung am Wegesrand und winkte uns strahlend zu. Was er wohl den ganzen Tag über gemacht hat?

20.45 Uhr

Hotel Puerto Inka

Also nein, ist das schön hier! Tatsächlich sind wir direkt am Meer, und hier gibt es nur das Hotel, sonst weit und breit nichts. Von der Panamericana aus sind wir noch gut eineinhalb Kilometer über einen Schotterweg hierher gefahren, und keiner von uns konnte sich vorstellen, dass am Ende dieses Weges irgendetwas Gutes auf uns warten könnte. Aber wir haben uns getäuscht.

Die Zimmer sind in kleinen Bungalows untergebracht, ich teile mir einen davon mit Bettina (aber jede hat ein eigenes Zimmer). Vor dem Haus ist eine kleine Treppe, und von da geht es schon direkt ins Meer. Also, ein Tsunami sollte besser nicht kommen… Aber das Meeresrauschen ist einfach zu schön. Ab und zu kommt mal ein richtiger Wellenkracher angedonnert, dann knallt es geradezu. Und ab und zu fällt auch kurz der Strom aus, da erschrecke ich jedes Mal.

Gegessen haben wir auch schon, extra für uns paar Gestalten wurde ein richtiges Büffet aufgebaut. Und gut geschmeckt hat es noch dazu.

Ich glaube, ich werde den Rest des Abends hier auf meinem Bett liegen und dem Meer zuhören…

Was für ein schöner Tag war das!

Von Puerto Inka nach Corire
Oder: Flusskrebse und frittierte Schweinehaut

Dienstag, 6. November

08.25 Uhr

Puerto Inka. Im Zimmer

Um zehn Uhr gestern Abend habe ich das Licht ausgemacht und durchgeschlafen bis heute Morgen um sieben. Neun Stunden! Das liegt wirklich deutlich über meinem üblichen Schnitt. Muss am Meeresrauschen gelegen haben.

Weil es mir hier so gut gefällt, hatte ich die ganz, ganz leise Hoffnung, dass man uns vielleicht auch in punkto Frühstück überraschen würde. Dem war aber nicht so. Brötchen, Marmelade, Rührei, Ende.

Heute liegt ein relativ entspannter Tag vor uns – zumindest für uns. Für Walter dagegen dürfte es anstrengend werden, denn es gilt, eine Fahrstrecke von 650 Kilometern zu absolvieren. Los geht es aber erst mittags, vorher gibt es noch eine Ruine zu besichtigen, gleich hinter dem Hotel, und dann haben wir: Freizeit! Na sowas…

11.00 Uhr

Im Zimmer

Es waren die Ruinen des alten Inkahafens, die wir gerade kurz besucht haben. Hier wurden – so vermutet man jedenfalls – Nahrungsmittel wie Mais, Kartoffeln,

Bohnen, Meeresfrüchte und Algen getrocknet und gelagert, um dann weitertransportiert zu werden in die damalige Hauptstadt Cusco und andere Orte.

Nach der Rückkehr zum Hotel habe ich mich hier auf den Stufen vor unserem kleinen Haus ein bisschen mit Bettina unterhalten. Sie ist ziemlich unzufrieden mit Eduardos Leistungen als Reiseleiter.

„Es gibt bestimmte Dinge, die ich auf jeden Fall von einem Reiseleiter erwarte. Zum Beispiel hat er beim Essen immer als Erster da zu sein, für den Fall, dass es Sprachprobleme mit der Bedienung gibt. Und wann kam unser junger Mann gestern Abend? Als Letzter!"

Das stimmt. Unsere Getränke zu bestellen haben wir aber auch ohne ihn gut hinbekommen. Das lässt Bettina aber nicht gelten, ihr geht es ums Prinzip! So wie sie es auch aus Prinzip nicht akzeptieren kann, dass der Reiseleiter abends seinem Privatvergnügen nachgeht und am nächsten Tag nicht fit ist. Ja, es stimmt, heute Morgen beim Frühstück war Eduardo sehr müde – weil er gestern Nacht bis zwei Uhr mit jemandem vom Hotelpersonal Billard gespielt hat, wie er selbst erzählte.

„Und dass er gestern sogar während dieser holprigen Fahrt auf dem Buggy eingeschlafen ist – also, das lässt ja tief blicken. Wie übermüdet muss man dann bitte sein?", fragte Bettina erbost.

„Das habe ich gar nicht mitbekommen", sagte ich und wollte eigentlich lachen, weil ich das tatsächlich eher lustig finde. Aber Bettinas Miene sagte mir, dass das Ganze für sie eine ernste Angelegenheit ist.

„Du hast ja auch neben ihm gesessen, da konntest du das gar nicht sehen. Aber ich habe mich immer wieder nach ihm umgedreht. Der ist nicht nur kurz mal weggenickt, sondern war richtig im Tiefschlaf. Der Kopf schleuderte immer hin und her, und er ist kein Mal davon aufgewacht! Das ist doch nicht normal!"

Oh Mann, die helle Empörung. Hoffentlich steigert sie sich da nicht so richtig rein und fängt noch irgendein Theater an Richtung Beschwerde-Mails an „Reise&Erlebe" oder so etwas in der Art. Das habe ich schon mal erlebt, und ich möchte mir nicht noch einmal einen Großteil der Reise verderben lassen. Ich bin bisher mit Eduardo ganz zufrieden, und von den Dingen, die bisher nicht so ganz programmgemäß gelaufen sind, ist meiner Meinung nach nichts ihm persönlich anzulasten.

Wie auch immer, in einer Stunde geht es los, und ich lege mich noch mal auf mein Bett. Tatsächlich bin auch ich nämlich heute ziemlich müde…

13.10 Uhr

Im Bus

Wir fahren seit gut einer Stunde auf der Panamericana Richtung Süden, und man hat das Gefühl, im Nichts zu sein. Rechts das Meer, das die herrlichsten Wellen für Surfer produziert, aber niemand ist da, um sie zu nutzen. Links Wüstengebirge. Dazwischen diese endlose, leere Straße. Nur ganz selten mal ein entgegenkommender LKW. Und vor mir der ständig seitlich wegsackende Kopf von Eduardo. Hoffentlich sieht Bettina das nicht.

Aber immer wenn ich mich vorsichtig zu ihr umdrehe, sehe ich sie emsig in ihrem Reiseführer lesen…

14.00 Uhr

In einem kleinen Laden irgendwo auf der Strecke

Wir haben hier angehalten, um ein paar Snacks zu kaufen. Hinterm Verkaufstresen arbeitet eine uralte Frau, die im Zeitlupentempo durch ihren Laden schlurft. Wir wollen hier ja gerne den großen Umsatz machen, nur haben leider fast alle Artikel das Haltbarkeitsdatum deutlich überschritten.

Vielleicht hätten wir das nicht mal bemerkt, wenn die Verkäuferin selbst uns nicht darauf hingewiesen hätte. Bettina hatte sich eine Packung Kekse aus dem Regal genommen und reichte sie der Frau. Die nahm die Packung erst mal gründlich unter die Lupe, schüttelte dann bedauernd den Kopf, hielt Bettina die Packung wieder hin und zeigte auf das Ablaufdatum auf der Rückseite: Juni des vergangenen Jahres. Daraufhin überprüften wir alle jeweils das, was wir schon in der Hand hatten – und mussten mindestens die Hälfte der Sachen wieder weglegen.

Aber immerhin eine nicht-abgelaufene Flasche Inka-Cola konnte ich erstehen. Dazu noch zwei kleine Tüten Chips, und zwar eine von Lay`s, also einer altvertrauten Marke, die es wohl weltweit gibt, und dann noch eine einheimische Sorte, auf die ich schon sehr gespannt bin. Die Geschmacksrichtung konnte ich nicht wirklich feststellen. Vielleicht einfach und schlichtweg salzig…

14.20 Uhr

Im Bus

Es ist wirklich krass: Neben der Fahrbahn befindet sich ein Randstreifen von maximal drei Metern Breite, und daneben – der Abgrund! Es geht direkt steil nach unten ins Meer. Ohne Leitplanke. Dementsprechend viele Kreuze stehen am Straßenrand. Wie gut, dass wenigstens so wenig Verkehr herrscht. Und dass Walter so ein tiefenentspannter Fahrer ist.

Aber ansonsten ist die Strecke einfach traumhaft schön. Ich sitze auch auf der „richtigen" Seite des Busses, nämlich rechts, mit Blick Richtung Meer. Links türmt sich steilster hellgrauer Felsen, Vulkangestein, wie Eduardo in einem wachen Moment erläuterte.

Die anderen lesen alle die ganze Zeit. Seltsam. Ich kann gar nicht genug bekommen von diesem schönen Ausblick auf den Pazifik.

17.15 Uhr

Zwischenstopp in Camana

Camana ist eine kleine Küstenstadt mit ungefähr dreizehntausend Einwohnern. Eduardo hat hier erstaunlicherweise ein Wochenendhaus; ob es tatsächlich ihm allein gehört oder vielleicht doch eher seiner Familie, wurde nicht so ganz klar, ist aber auch nicht so wichtig. Interessanter war nämlich, dass dieses Haus zwischenzeitlich einmal komplett zerstört wurde, aufgrund eines Erdbebens und eines nachfolgenden Tsunamis. Da lag ich ja mit meiner – eigentlich nicht wirklich ernst gemeinten – Überlegung bezüglich eines

Tsunamis bei unserem Hotel in Puerto Inka gar nicht so daneben. Inzwischen ist das Haus aber wieder aufgebaut.

Ich bin zusammen mit Bettina ein bisschen hier herumgelaufen, während die anderen irgendwo Kaffeetrinken gegangen sind. Aber nach dem langen Sitzen brauchte ich unbedingt etwas Bewegung. Viel zu berichten gibt es nicht, wir sind auch nicht ins Zentrum gefahren, sondern irgendwo an den Stadtrand.

Während wir beide hier am Bus auf die Rückkehr der anderen warten, habe ich gerade eine meiner beiden vorhin bei der Oma gekauften Chipstüten geöffnet, und zwar die einheimische Marke. Tja, was soll ich sagen. Irgendwie seltsam. Die Form ist nicht so flach wie üblich, sondern irgendwie aufgeblasen. Und der Geschmack? Sagen wir mal: neutral. Oder auch: Die Dinger schmecken nach gar nichts. Sind dafür aber unfassbar fettig. Zwei Stück habe ich davon gegessen, dann hat es mir schon gereicht. Ich frage gleich mal Eduardo, was genau ich mir da denn eigentlich gekauft habe.

17.25 Uhr

Im Bus

Die anderen haben geschrien vor Lachen bei Eduardos Antwort auf meine Frage bezüglich meiner Chips: Frittierte Schweinehaut habe ich mir da einverleibt!

Ja, jetzt wo ich es weiß, muss ich sagen: Es gab Indizien, die ich aber stumpf ignoriert habe. Auf der Packung prangt nämlich unübersehbar ein gezeichneter Schweinekopf. Den habe ich auch durchaus registriert, allerdings fälschlicherweise für das Firmenlogo gehalten.

19.50 Uhr

Corire. Im Hotelzimmer

Gerade wurde ich von einem akuten Kicheranfall übermannt, als ich die letzte Stunde noch einmal habe Revue passieren lassen.

Also, los ging es damit, dass der Bus ohne Vorankündigung plötzlich anhielt. Wo genau wir waren, konnten wir wegen der Dunkelheit gar nicht richtig erkennen. Irgendwo im Nirgendwo, so schien es, mit einem vereinzelten flachen Gebäude.

Eduardo schreckte durch den plötzlichen Ruck beim Anhalten aus seinem tiefen Schlaf hoch, sprang auf und rief: „So, hier ist das Restaurant!“

Wir sahen uns alle verdutzt an, denn von einem Restaurant stand auf unserem Programm nichts – jedenfalls nicht zu diesem Zeitpunkt des Tages. Dort ist zu lesen: „Am Abend erreichen wir eine alte rustikale Hacienda, auf der wir heute übernachten werden. Hier lädt euch „Reise&Erlebe“ zu einem für diese Region typischen Essen ein. Es gibt Flussshrimps, die frisch aus dem anliegenden Fluss Majes gefangen werden.“

Tja, also eine alte rustikale Hacienda war jedenfalls hier weit und breit nicht zu sehen, so viel konnten wir trotz der Dunkelheit erkennen. Aber Eduardo war schon aus dem Bus gesprungen und zu dem Gebäude gegangen. So viel muss man ihm lassen: So tief er auch immer zu schlafen scheint – sobald er aufgewacht ist, ist er im Sekundenbruchteil voll da. Wir folgten ihm und wurden in diesem Restaurant in einen kahlen Raum geführt, dessen Wände komplett in Knallgrün gestrichen waren.

Diesen Farbton kenne ich schon aus einem Restaurant in Sibirien, in dem ich damals mit meiner Reisefreundin Nina darüber staunte, wie blass einen so eine Wandfarbe doch aussehen lassen kann. Und hier war es nicht anders. Bleich aussehend wie die Nachtgespenster saßen wir ganz allein in diesem großen Raum, an einem langen Tisch mit knallblauer Plastiktischdecke. Sobald einer von uns seinen Stuhl auf dem Fliesenboden auch nur etwas verrückte, entstand sogleich ein Höllenlärm. Und leider mussten wir oft mit den Stühlen rücken, denn das Essen gab es in Form eines Buffets, zu dem ständig einer von uns ging, um sich wieder etwas zu holen.

Das Essen selbst war aber sehr gut, das muss auch mal gesagt werden. Damit hatte angesichts der äußeren Umstände niemand gerechnet. Es gab tatsächlich Flusskrebse und Flussshrimps, dazu Salate, Kartoffeln… Wirklich, ohne Fehl und Tadel.

Auch sehr gut war das Bier, das ich mir bestellt hatte, ein Bier der Marke Arequipa. Große Biere sind hier übrigens wirklich groß: 620 Milliliter habe ich mir einverleibt.

Zusammenfassung: Essen sehr gut, Atmosphäre ein Debakel, und nichts wie im Programm vorgesehen.

Dann ging es wieder zurück in den Bus. Nach ungefähr zehnminütiger Fahrt bog Walter ab in einen Schotterweg, auf dem wir ein paar Minuten lang herrlich durchgeschüttelt wurden mit unserem Flussgetier im Bauch (und ich dazu noch mit dem Riesenbier), dann stoppte der Bus. Eduardo sprang wieder auf. „Hier übernachten wir“, und schon war er draußen. Wir folgten ihm, erneut leicht verdutzt.

Und nun sitze ich hier auf einem Bett in einem Zimmer mit ganz krummen Wänden, der weiße Putz an einigen Stellen schon ziemlich gammelig. Aber dafür gibt es hier einige Kuriositäten zu bestaunen, wie zum Beispiel eine uralte Schreibmaschine, das reinste Museumsstück. Und die Toilette ist schwarz. Also nicht schwarz vor Dreck, sondern aus schwarzer Keramik. Und – nicht zu vergessen – ich habe ein Fenster! Eine Selbstverständlichkeit? Offensichtlich nicht. Gerade klopfte es nämlich an meiner Tür, Bettina kam hereingestoben und rief aus: „Na, du hast es gut, du hast wenigstens ein Fenster!“ Sie hat ihr Zimmer gleich um die Ecke, und es ist „ein fensterloser Verschlag“, wie sie schnaubend sagte. Also habe ich es doch ganz gut getroffen.

Einerseits stresst es mich ja ein wenig, jeden Tag den Koffer wieder zu packen und abends eine neue Unterkunft zu beziehen. Aber andererseits muss ich auch sagen, dass es – bis auf den Bungalow am Meer – noch kein Hotel gab, in dem ich gern länger als eine Nacht verweilt hätte.

Ich muss zugeben, dass ich im Moment nicht so voll und ganz orientiert bin, wo genau wir uns eigentlich befinden. Nicht mehr am Meer jedenfalls, soviel steht fest. Dafür aber in der Nähe des Flusses Majes. Und das nächstgelegene Örtchen heißt Corire.

Aber jetzt habe ich keine Lust, meinen Reiseführer zu studieren. Ich muss irgendwie noch mal raus und mich bewegen. Auch wenn es hier im Umfeld nichts zu geben scheint, wohin man noch gehen könnte, schon gar nicht allein im Dunklen. Aber die anderen werden sich vielleicht auch noch hier irgendwo tummeln. Mal suchen gehen…

21.30 Uhr

Wieder im Zimmer

Zu meinem riesigen Bier von vorhin haben sich zwischenzeitlich noch zwei Gläser Rotwein gesellt. Diese ungewohnte Menge Alkohol wird sich hoffentlich nicht negativ auf meine Höhentauglichkeit auswirken – wenn ich es richtig verstanden habe, werden wir uns schon morgen auf knapp viertausend Metern Höhe bewegen. Im Moment sind wir erst schlappe vierhundert Meter hoch.

Wir haben in trauter Runde alle zusammen mit Eduardo den Abend im hoteleigenen Restaurant verbracht, und Eduardo hat uns anvertraut, warum er morgens zum Frühstück stets auf sein Rührei verzichtet (ich hatte mich tatsächlich schon gewundert, denn ohne das Rührei wird man ja schließlich gar nicht satt): Er ist zu dick! Fünfundachtzig Kilo wiegt er und ist dabei nicht mal einen Meter siebzig groß. Deshalb macht er eine Diät. Nämlich die Eier-Diät. Und die bedeutet: keine Eier.

Ich dachte erst, das wäre ein Witz und wollte schon herzlich lachen. Denn schließlich bedeutet die Eier-Diät doch das genaue Gegenteil: Man isst Unmengen an Eiern, aber ansonsten eben sehr wenig. Aber unser Eduardo futtert den ganzen Tag rund um sich rum, bevorzugt Süßes, haut bei jedem Essen so richtig rein, gerne auch mit Nachschlag, und trinkt ständig Cola und Co., und zwar nicht in der Light-Version.

Aber er meinte es ganz ernst mit seiner Form der „Eier-Diät". Na ja, er wird selbst die Erfahrung machen müssen, dass diese Methode wohl nicht so ganz die richtige ist.

Ansonsten war eines der Fragen des Abends, ob denn wohl „Hazienda" der passende Ausdruck für unsere heutige Unterkunft ist. Eine Hazienda ist eigentlich ein Landgut, und darunter stellt man sich doch etwas anderes vor. Bettina schnaubte schon wieder bei diesem Thema. Von allen aus der Gruppe ist sie am unzufriedensten mit der bisherigen Reise. Vielleicht liegt es ein bisschen daran, dass sie schon extrem viel in der Welt herumgekommen ist und ständig Vergleiche anstellt, so nach dem Motto „Also, in Argentinien war das Essen aber viel abwechslungsreicher", und „In Brasilien waren die Leute viel fröhlicher" und in Venezuela war ja einfach mal alles viel schöner und über Ecuador geht sowieso nichts – was dann auch noch von Birgit und Tomas bestätigt wurde: „Ecuador, det war die schönste Reise unseres Lebens, lässt sich nicht mehr steigern." Da dies mein erster Südamerika-Trip ist, konnte ich dazu nichts beitragen, Ellen und Martin ging es auch so, Jakob und Magda hörten sowieso nur mit großen Augen zu, und Magda seufzte schließlich: „Was ihr schon alles gesehen habt von der Welt! Davon konnten wir beide immer nur träumen…".

Von Corire nach Cabanaconde
Oder: Höhenluft in den Anden

Mittwoch, 7. November

07.30 Uhr

Im Bus

Schon wieder so früh auf Tour. Vor uns liegt eine lange Fahrtstrecke. Zwar sind es „nur“ vierhundert Kilometer bis zum Ziel, dafür werden wir aber nicht mehr auf der gut ausgebauten Panamericana dahingleiten, sondern auf schmalen, kurvigen und nicht-asphaltierten Straßen entlanghoppeln. Heute geht es nämlich ab in die Anden!

Doch bevor es dorthin losgeht, stehen noch zwei Besichtigungen hier in der Nähe auf dem Programm, und diese sollten wir so früh wie möglich absolvieren, „um der großen Mittagshitze zu entkommen“, wie es im Programm heißt.

Ich habe heute Nacht zum ersten Mal schlecht geschlafen, ständig bin ich wieder aufgewacht. Aber selbst schuld. Schließlich weiß ich ja, dass Rotwein diesen Effekt auf mich hat.

Das Frühstück ist heute ausnahmsweise doch mal eine Erwähnung wert. Das „Angebot“ war zwar wie immer, aber diesmal in einer neuen Variante: Die Brötchen waren innen komplett hohl! Sobald man mit dem Messer durch die Kruste gestoßen war, verschwand sofort die komplette Klinge im Nichts.

Und der Vollständigkeit halber erwähnen möchte ich auch noch die Dusche – die ich nicht benutzt habe, weil das Wasser eiskalt war. Ja, ich weiß, gerade nach einer schlechten Nacht wäre so ein kalter Guss genau richtig zur Belebung, aber ich gebe es zu: Ich bin eine Warmduscherin. Ohne Wenn und Aber.

Für unsere Besichtigungen haben wir heute wieder eine örtliche Reiseleiterin dabei, sie ist schon am Hotel mit in den Bus eingestiegen und unterhält sich jetzt lebhaft vorne mit Eduardo. Ihr Name ist Mauricia, sie ist so um die vierzig, schätze ich, unglaublich energiegeladen schon am frühen Morgen und scheint ein lustiger Vogel zu sein. Leider habe ich ein kleines Problem mit ihr: Ich verstehe sie kaum. Sie spricht Englisch, und zwar superschnell, vor allem aber mit einem unglaublich harten Akzent.

08.55 Uhr

Wieder im Bus

Programmpunkt Nummer eins liegt schon hinter uns: Die Petroglyphen von Toro Muerto.

Also, Frage: Was sind Petroglyphen? Ich gebe zu, den Ausdruck vorher noch nie gehört zu haben. Kurze Antwort: Es sind in Stein beziehungsweise Felsen geritzte Bilder. Im Gegensatz zu den Geoglyphen, die ja in den Boden gezeichnet sind. Aber was ist der Unterschied zu den ägyptischen Hieroglyphen, die ja auch in Felsen geritzt sind? Bei den Hieroglyphen handelt es sich um ein Schriftsystem. Jedes Zeichen hat eine Bedeutung, und zusammen können sie als Sätze gelesen werden.

Petroglyphen sind dagegen künstlerische Darstellungen. Die Steingravuren stellen einfach einzelne Szenen und Bilder dar. So erklärte es Mauricia. Wenn ich ihren Ausführungen ganz konzentriert lausche, geht es einigermaßen gut mit dem Verstehen, wenn ich dagegen nur mit halbem Ohr zuhöre, weil ich gleichzeitig fotografieren will, rauscht es nur so vorbei.

Ich musste die ganze Zeit über an die enthusiastische Tante aus meinem Verwandtenkreis denken, die doch so von den „Steinen, den herrlichen Steinen" in Peru schwärmte. Ob sie wohl so was hier gemeint hat? Mir zumindest schlug nicht gerade das Herz bis zum Halse vor Begeisterung, auch wenn es sich um das größte Petroglyphenfeld der Welt handeln soll und die Bedeutung wieder einmal der Archäologenwelt Rätsel aufgibt – rituelle Zwecke vermutet man Aber all diese Zeichnungen oder Schnitzereien in den herumliegenden Felsen, diese Figuren, Tiere, Krieger, Tänzer und so weiter… Irgendwie löste das alles in mir wenig aus. Vielleicht, weil ich heute so unausgeschlafen bin? Oder weil die Sonne schon zu dieser frühen Stunde so dermaßen unbarmherzig vom Himmel brennt?

10.30 Uhr

Und schon wieder zurück im Bus

Also, die Petroglyphen vorhin haben mich ja weitestgehend kaltgelassen, aber dieses Spektakel hier, dem wir gerade eine weitere Stunde geopfert haben, das regt mich auf. Wir waren im – Jurassic Park! Ja, wirklich wahr! „Parque Jurasico" stand auf dem Eingangsschild.

Es geht also um Dinosaurier. Genauer gesagt um Dinosaurier-Fußabdrücke, die man hier entdeckt zu haben meint. Drei einheimische Jungs waren hier in dem Gebiet unterwegs und schreckten dabei Bienen auf, was diesen gar nicht gefiel – in offensichtlich aggressiver Absicht verfolgten sie nun die Störenfriede. In ihrer Panik rutschten die drei Jungs von einem Felsen herunter, einer von ihnen schubberte dabei mit seinem Schuh ein bisschen Oberfläche ab und zack – da waren sie freigelegt, diese Löcher, die dann von-wem-auch-immer als Dinosaurier-Fußabdrücke identifiziert wurden.

Wäre ja alles schön und gut, wenn nun ein paar Archäologen anrücken und sich damit befassen würden. Aber dass man diese Sache jetzt versucht touristisch aufzupeppen, indem man einfach eine riesige Dinosaurierfigur in die Gegend stellt und das Ganze als „Jurassic Park" bezeichnet – das grenzt schon fast ans Lächerliche. Und dass wir durch diese gnadenlose Hitze stiefeln mussten, dazu noch ständig bergauf, nur um uns dieses Zeugs anzugucken… Mir fehlen gerade ein bisschen die Worte. Ich sag einfach mal: Das ist heute nicht mein Tag!

11.00 Uhr

Im Foyer unserer so genannten Hazienda

Wir sind noch einmal hierher zurückgekehrt, um Essen abzuholen für das Picknick, das wir im Laufe des Tages irgendwo machen werden. Eigentlich sollte alles fertig und abholbereit sein. Ist aber nicht der Fall. Wir müssen noch warten. Das stört mich aber nicht, im Gegenteil, ich bin ganz froh, hier im Kühlen eine kleine Pause einlegen zu können. Beim Blick in den Spiegel der Toilette habe ich gesehen, dass ich einen ganz roten Kopf habe vor lauter Hitze. Ein Sonnenbrand ist es nicht, ich bin maximal gut eingecremt und hatte außerdem die ganze Zeit über meine Basecap auf.

Noch mal ein Wort zu der „Hazienda". Wir haben uns ja gestern Abend über diesen etwas hochtrabenden Begriff ein bisschen lustig gemacht. Aber zur Ehrenrettung der Betreiber dieser Unterkunft: Sie bezeichnen sich selbst gar nicht als Hazienda; auf ihrem Schild steht einfach nur „Lodge", also eine Unterkunft in abgeschiedener Lage. Das trifft es auf alle Fälle besser.

14.40 Uhr

Am Straßenrand irgendwo auf der Strecke zwischen Corire und Cabanaconde

Mit unserem roten Bus stehen wir am Straßenrand und machen Picknick. Es gibt Sandwiches und Avocados. Der Bus ist hier der einzige Farbklecks weit und breit, die vorherrschende Landschaftsfarbe ist graubraun. Wie nennt man diese Landschaftsform wohl? Geröllwüstengebirge? Vermutlich nicht. Aber wir sind definitiv im Gebirge, überall liegt Geröll, und es ist total staubig. Die einzigen Pflanzen sind Kakteen, die ebenfalls staubbedeckt sind.

Wir befinden uns mittlerweile auf einer Höhe von 2.300 Metern. Dementsprechend ist es hier natürlich ziemlich kühl, wir haben alle Jacken an. Aber diese Kühle ist sehr erholsam im Vergleich zu der sengenden Hitze heute Morgen.

Nicht so erholsam ist die Fahrt an sich. Seit gut zwei Stunden sind wir auf einem Schotterweg unterwegs und werden kräftig durchgeschüttelt, Kurve um Kurve. Ich hatte mir eigentlich vorgestellt, im Bus ein bisschen von dem versäumten Schlaf der letzten Nacht nachholen zu können, aber daran ist nicht zu denken.

Toiletten gibt es hier natürlich nicht, es ist mal wieder Wildpinkeln angesagt. Aber dankenswerterweise liegen hier genügend Felsbrocken herum, hinter die man sich diskret zurückziehen kann.

Wir haben heute einen Fahrgast mit an Bord, der uns bis Arequipa begleiten wird. So richtig vorgestellt hat Eduardo ihn nicht, er murmelte etwas von Buggyfahrer, der auch für „Reise&Erlebe“ arbeitet und in Arequipa irgendwelche neuen Kontakte knüpfen will. Aber ich glaube, er hat mit uns und unserer Reise nichts weiter zu tun, sondern wird einfach mitgenommen. Sieht ein bisschen martialisch aus, sehr kräftig, mit Schnurrbart, Militärhose und Basecap. Scheint aber ein sehr netter und lustiger Typ zu sein, denn Walter und Eduardo brechen immer mal wieder in Gelächter aus, wenn er etwas gesagt hat.

16.15 Uhr

Wieder am Straßenrand, noch immer irgendwo auf der Strecke

Nur mit dem Unterschied, dass wir seit unserem letzten Stopp zweitausend Höhenmeter zurückgelegt haben: Wir befinden uns jetzt auf 4.500 Metern.

Und ich durfte soeben am eigenen Leib erfahren, was es bedeutet, sich in „dünner Luft“ zu bewegen. Dabei hatte Eduardo uns noch gewarnt: „Wenn ihr aussteigt, erst mal ein bisschen langsam machen“. Aber ich hatte es etwas eilig, die Blase drückte, und so spurtete ich gleich los Richtung eines Felsens, hinter den ich mich begeben wollte. Doch schon nach wenigen Metern wurde ich ausgebremst, durch meinen eigenen Körper. Mir wurde ja sowas von schwindelig! Und das Herz fing an zu rasen! Ich musste erst einmal stehenbleiben und nach Luft schnappen, mit offenem Mund, wie ein Fisch auf dem Trockenen. Irgendwann beruhigte sich alles wieder ein wenig, und gemessenen Schrittes ging es dann ganz langsam zum ersehnten Ziel. Ich bin aber vielleicht auch eine Flachlandtirolerin!

18.10 Uhr

Huambo

Ein kleiner Ort mit gut vierhundert Einwohnern. Gelegen auf 3.900 Metern Höhe.

Wir haben hier nur eine kurze Pause gemacht, um uns die Füße zu vertreten.

Ist ja auch ein komischer Ausdruck – „sich die Füße vertreten“. Fällt mir jetzt gerade eben auf, wo ich ihn geschrieben vor mir sehe. Sonst verwendet man die Vorsilbe „ver“ doch eher, wenn etwas tendenziell Negatives passiert ist. Oder wenn ein neuer Zustand entstanden ist: Man hat sich den Fuß verstaucht, verrenkt, verdreht oder man hat sich verlaufen oder sich vertan – oder man ist verrückt geworden.

Also, dann sag ich doch lieber einfach: Wir haben uns ein bisschen Bewegung verschafft bei einem langsamen kleinen Bummel durch den Ort.

Und als wir dort so bummelten, ertönte plötzlich aus einem großen Lautsprecher eine Durchsage. Wir Nicht-Spanisch-Versteher sahen uns alarmiert an. Eine Lautsprecher-Durchsage?! Das konnte doch nichts Gutes bedeuten! Eine Erdbebenwarnung vielleicht?

Aber Eduardo lachte nur über unsere verängstigten Gesichter.

„Der Mann hat gesagt, dass die Lehrerin zum Telefon kommen soll. Da wäre ein wichtiger Anruf für sie. Es gibt hier im Ort nur ein einziges Telefon für alle."

Ein paar Momente später schlurfte uns eine ziemlich dicke Frau entgegen – offensichtlich besagte Lehrerin, denn unser Buggyfahrerin feuerte sie mit feurig gerolltem R an: „RRRRapido!".

Aber die Frau lachte nur und schlurfte unbeirrt langsam weiter, ihrem wichtigen Anruf entgegen.

19.05 Uhr

Cabanaconde. Im Hotel

Cabanaconde liegt knapp 3.300 Meter hoch. Ich bin mal gespannt, wie es sich auf einer solchen Höhe schläft.

Auf jeden Fall haben wir zur Vorbeugung gegen die Höhenkrankheit schon mal jeder eine Tasse Koka-Tee bekommen.

Ja, dieser Tee wird tatsächlich aufgegossen aus den Blättern desselben Koka-Strauches, aus dem auch letzten Endes das Kokain gewonnen wird.

Und nein, eine besonders berauschende Wirkung hat dieser Tee nicht, jedenfalls nicht mehr als starker Tee oder Kaffee. Auf jeden Fall haben wir alle bedenkenlos zugegriffen. Geschmacklich? Nicht gerade spektakulär. Ähnlich wie grüner Tee.

Apropos Höhe: Am meisten zu schaffen macht die Höhe unserem „Gast", dem Buggyfahrer, den wir mitgenommen haben. Er greift sich immer mal theatralisch ans Herz und schnappt nach Luft. Auf die Frage, wie denn das sein könne, wo er doch „von hier" sei, stellte sich heraus, dass der Mann aus Venezuela stammt.

Ansonsten habe ich das Gefühl, erst jetzt „so richtig" in Peru zu sein. In dem Peru, wie ich es mir klischeemäßig vorgestellt hatte. Was vor allem an den Menschen liegt, die ich in Huambo und hier in Cabanaconde auf der Straße gesehen habe. So wirklich bewusst war es mir vorher gar nicht, dass so gut wie alle Leute bisher mehr oder weniger „westlich" angezogen waren. Und hier nun sind sie plötzlich da, die bunt gekleideten Menschen.

Das Hotel hier ist übrigens eine „Posada". Was genau dieser Begriff bedeutet, konnte ich bisher nicht herausbekommen. Aber ob wir nun in einer Hosteria, einer Hazienda, einer Lodge oder eben einer Posada untergebracht sind – der Standard ist immer ähnlich. Einfach, aber sauber, immer mit Fliesenboden, und insgesamt in Ordnung dafür, dass wir in den Unterkünften schließlich immer nur schlafen und dann schon wieder abrauschen.

20.20 Uhr

Im Zimmer

Also, um jedem, der entsetzt die Hände vors Gesicht schlagen wird bei dem, was ich gleich erzähle, vorab schon mal etwas den Wind aus den Segeln zu nehmen: Alle, die sich schon mal ein Wiener Schnitzel bestellt haben, haben damit ein kleines und sehr niedliches Kälbchen verspeist. Und diejenigen, die gerne „was mit Lamm“ essen, haben damit zum Tod eines supersüßen flauschigen Lämmchens beigetragen.

Tja, was nun wohl kommt nach dieser Vorrede? Sollte ich tatsächlich ein putziges Meerschweinchen verspeist haben? Nein. Das wurde uns bisher noch nicht einmal irgendwo angeboten. Auf der Speisekarte stand vielmehr ein Tier, von dem ich gar nicht wusste, dass man es hierzulande isst: Alpaka. Und zwar gab es das „al vino“. Es hat wirklich sehr gut geschmeckt. Geschmacklich am ehesten vergleichbar mit Reh.

Gegessen haben wir hier im Hotelrestaurant. Und bedient wurden wir von einem sehr freundlichen jungen Mann, der aber beim Kassieren völlig überfordert wirkte. Dabei ging es aber nicht um die Summe, die jeder einzelne zu zahlen hatte, denn die war bereits auf einem Zettel vermerkt, den der junge Mann jedem aushändigte. Doch sobald man ihm einen oder mehrere Geldscheine reichte, stand er hilflos da und wusste nicht weiter. Glücklicherweise konnte Eduardo ihm helfen und sagte dem armen Kerl bei jeder Zahlung, welche Summe er zurückgeben musste. Anschließend erklärte Eduardo uns, dass der junge Mann tatsächlich nicht rechnen konnte.

Also nicht in dem Sinne von „Na, der kann ja wohl nicht rechnen, hahaha“, wie man es bei uns so sagt, wenn sich jemand mal zahlenmäßig vertut. Sondern im wahren Wortsinne: Er kann nicht rechnen. Und Eduardo bereitete uns darauf vor, dass wir solch eine Situation wohl noch öfter erleben würden. Denn in abgeschiedenen Regionen wie dieser hier könnten viele Leute nur ganz rudimentär lesen, schreiben und eben auch rechnen.

Ich habe gerade unser Programm von heute noch mal verglichen mit dem, was wir tatsächlich gemacht haben. Diesmal waren wir aber schon nahe dran! Gut, den Koka-Tee hätten wir eigentlich schon in Huambo trinken sollen und nicht erst hier im Hotel. Aber das sind ja nun wirklich nur leichte Abzüge in der B-Note.

Ein kleines Problemchen habe ich aber noch: Ich bin kein bisschen müde, trotz des langen und anstrengenden Tages. Könnte an dem Koka-Tee liegen…

22.00 Uhr

Im Bett

Bettina ging es wie mir, auch sie fühlte sich leicht aufgeputscht und irgendwie kribbelig, und so legten wir gemeinsam noch einen kleinen Abendbummel durch den Ort ein – bei dem wir trotz unserer gemächlichen Gangart tatsächlich immer mal wieder stehenbleiben mussten aufgrund von höhenbedingter Kurzatmigkeit.

Wie nicht anders zu erwarten bei so einem kleinen Ort gab es nicht viel zu sehen. Außer einem fantastischen Sternenhimmel, der selbst die weitgereiste Bettina in Staunen versetzte. Und zu hören gab es nur grandiose

Stille. Alle Einwohner Cabacondes schienen schon im Tiefschlaf. Aber wir waren ja auch nicht losgegangen, um etwas zu erleben, sondern nur, um ein bisschen runterzukommen und uns noch ein bisschen zu bewegen. Uns die Füße zu vertreten, um mit diesem seltsamen Ausdruck den Tag zu beenden…

Von Cabanaconde nach Arequipa
Oder: K wie Kondor und Kamera

Donnerstag, 8. November

07.00 Uhr

Cabanaconde. Im Hotelzimmer

Geschlafen habe ich sehr gut, fast wider Erwarten. Allerdings bin ich mit Kopfschmerzen aufgewacht, die sich auch von den zwei Tassen Kaffee zum Frühstück nicht vertreiben ließen. Das Frühstück ansonsten: wie gehabt.

Apropos wie gehabt: Genau wie gestern war die Dusche eiskalt.

Auch heute geht es wieder früh los, in einer halben Stunde starten wir. Wieder liegt eine Fahrstrecke von vierhundert Kilometern vor uns, wieder geht es über holprige Pisten und noch weiter nach oben in schwindelnde Höhe. Dazu jede Menge Programm. Zumindest auf dem Papier. Was davon tatsächlich stattfinden wird – wir werden sehen…

Apropos gut geschlafen: Da scheine ich aus der Gruppe die einzige zu sein. Alle anderen wurden frühzeitig aus dem Schlaf gerissen: Bettina um drei Uhr durch einen nach Leibeskräften krähenden Hahn, die anderen gegen halb fünf durch klappernde Hufe direkt vor ihren Fenstern. Ich kann jetzt wirklich nicht sagen, ob ich aufgrund der Lage meines Zimmers von diesen Geräuschen verschont wurde oder ob ich aufgrund von

Erschöpfung einfach in einem so tiefen Schlaf versunken war, dass ich es nicht gehört habe…

09.10 Uhr

Am Cruz del Condor

Dieses Panorama ist tatsächlich atemberaubend! Anders kann man es nicht sagen. Man steht hier oben und schaut in die unglaubliche Tiefe des Colca-Tales. Das Colca-Tal, auch Colca Canyon genannt, ist eine der tiefsten Schluchten der Welt, das steht fest. Die wievielt-tiefste Schlucht es ist, darüber gibt es allerdings mal wieder Uneinigkeit zwischen den Wissenschaftlern.

Unter anderem hängt diese Frage von der Messmethode ab. Von wo aus genau misst man, um vergleichbare Werte mit den anderen Canyons dieser Welt zu erzielen? Vom höchsten Berggipfel aus? Dann ist der Colca-Canyon gut 3.200 Meter tief und wäre damit wohl der tiefste Canyon von allen. Oder ist es reeller, vom Rand der Schlucht aus zu messen – wo wir gerade stehen? Dann sind es „nur“ 1.200 Meter, und unser Canyon rutscht im Ranking ein bisschen nach hinten, unter anderem hinter den Grand Canyon, der 1.800 Meter tief ist. Außerdem gibt es noch einen Konkurrenz-Canyon in Montenegro und auch hier in Peru selbst, den Cotahuasi-Canyon.

Andere Wissenschaftler gehen noch anders vor: Sie setzen die Tiefe und die Breite eines Canyons ins Verhältnis, und wenn man so vorgeht, kommt auch noch eine Schlucht in Griechenland mit ins Konkurrenz-Spiel.

Das alle wissen wir von Viviana, unserer heutigen örtlichen Reiseleiterin, die heute Morgen am Hotel mit uns in den Bus gestiegen ist. Sie scheint eine regelrechte Canyon-Enthusiastin zu sein, so begeistert, wie sie auf der Fahrt hierher ihre Zahleninformationen auf uns hat niederprasseln lassen.

Weitere Zahlen und Fakten hatte sie auch noch in petto bezüglich des Kondors, wegen dessen Beobachtung wir zu so früher Stunde hergefahren sind. Also: Kondore, die so genannten „Könige der Anden", sind laut unserem Programm „die größten fliegenden Vögel der Welt". Doch laut Viviana stimmt auch das nicht. Eine größere Flügelspannbreite hätte auf jeden Fall der Wanderalbatros. Allerdings sei der Kondor mit bis zu fünfzehn Kilogramm wohl der schwerste Greifvogel der Welt. Wenn auch nicht der weltweit schwerste fliegende Vogel – das sei nämlich die Großtrappe. (Bin ich sehr ungebildet, wenn ich von diesem Vogel noch nie zuvor gehört habe? In einer Quizshow hätte ich bei dem Wort „Trappe" noch nicht mal gewusst, wo in Flora und Fauna ich das verorten sollte – ich hätte eher auf eine Pilzart getippt…).

Auf jeden Fall besteht am frühen Morgen die größte Chance, Kondore auch wirklich zu Gesicht zu bekommen. Zu dieser Zeit ist nämlich die Thermik am besten geeignet, um diesen schweren Vögeln das Gleiten durch die Lüfte zu ermöglichen. „Majestätisch ziehen sie dann ihre Kreise unter einem tiefblauen Himmel, vorbei an Felswänden, hinunter in den Colca Canyon, um dann plötzlich wieder irgendwo wie aus dem Nichts aufzutauchen." – so steht es in unserem Programm.

Dieser Umstand ist natürlich nicht nur unserem Reiseveranstalter bekannt, sondern auch jedem anderen. Und so stehen wir hier am Aussichtspunkt „Mirador" nicht allein, sondern sind umgeben von lauter anderen Kondorsuchenden aus aller Welt, unter anderem aus Italien. Dementsprechend herrscht hier nicht unbedingt eine andächtige Stille – um es mal vorsichtig auszudrücken.

Anfangs war es noch relativ ruhig, vielleicht auch deshalb, weil viele noch etwas müde waren. Doch als es dann dauerte und dauerte und noch immer kein einziger Vogel am Himmel erschien, erhob sich so langsam ein allgemeines Volksgemurmel, das sich schnell steigerte und schon kurz davor war, in eine Art Partystimmung überzugehen – bis ein Mann eine Art Schrei ausstieß und wild in die Schlucht hinein zeigte. „El Condor!" Alles stürzte nach vorne, um besser sehen zu können. Und tatsächlich, am Himmel war etwas zu sehen, das wohl nur ein Kondor sein konnte. Aber so weit entfernt, dass er auf einem Foto nur ein undefinierbarer schwarzer Punkt gewesen wäre. Nach einiger Zeit erschien ein zweiter Kondor am Himmel, doch auch er war mehr zu erahnen als wirklich zu erkennen. Und um es vorweg zu nehmen – kein einziger Kondor kam näher an unseren Aussichtspunkt heran, auch wenn sich ihre Anzahl so nach und nach auf immerhin fünf erhöhte.

Inzwischen sind sie allesamt wieder verschwunden, und es ist mehr als unwahrscheinlich, dass noch einer auftaucht, der dann vielleicht wirklich „aus nächster Nähe“ zu beobachten ist, wie es in unserem Programm beschrieben ist. Für mich war das Ganze insgesamt trotzdem schön, und allein für diesen wahnsinnigen Ausblick hat sich das frühe Aufstehen gelohnt. Und dass ich nun kein vorzeigenswertes Kondor-Foto habe, macht mich nicht wirklich traurig. Allerdings bin ich vielleicht auch nicht unbedingt der Welt größte Tierbeobachtungs-Enthusiastin.

Offensichtlich im Gegensatz zu Magda und Jakob. Bisher machten die beiden stets einen mehr als zufriedenen Eindruck mit allem, was auf dieser Reise geboten wurde, aber jetzt sind sie direkt ein bisschen aufgebracht. Die Kondorbeobachtung sollte für sie wohl einer der Höhepunkte ihrer Reise werden, und nun war dieses Erlebnis nur so mittelprächtig ausgefallen. Die Schuldigen stehen für sie ganz klar fest: Diese lauten anderen Leute. Die hätten mit ihrem Lärm dafür gesorgt, dass die Kondore in so sicherer Entfernung geblieben wären.

Obwohl er ja gar nichts dafür kann, scheint Eduardo sich persönlich angegriffen zu fühlen, jedenfalls ging er sofort in Verteidigungsposition.

„Wir müssen alles machen wie im Programm, und da steht, wir müssen genau zu diesem Punkt fahren“, sagte er barsch, drehte sich um und stapfte davon. Dabei richtete Magdas und Jakobs Empörung sich überhaupt nicht gegen ihn.

Na ja, ich gehe mal davon aus, dass die kleine Missstimmung sich bald wieder in Luft auflösen wird – bei dem ausgefüllten Programm, das uns heute erwartet…

Also, auf ins nächste Abenteuer und zurück zum Bus!

12.10 Uhr

Wieder am Bus, ganz verschwitzt

Das war jetzt aber wirklich mal nach meinem Geschmack: Eine Mountainbike-Fahrt! Die laut unserem Programm zu diesem Zeitpunkt gar nicht vorgesehen war und deshalb für uns alle etwas überraschend kam.

Eigentlich hatten wir erst nach Chivay fahren sollen, dort zu Mittag essen, und „nur für die Aktiven unter uns" sollte es anschließend die Möglichkeit einer Mountainbikefahrt entlang des Colca-Tales geben.

Tatsächlich war es aber so, dass wir nach der Kondorbeobachtung zurück zum Bus kamen und dort schon ein kleiner LKW auf uns wartete, mit Mountainbikes, Helmen und Handprotektoren für jeden – nicht nur für „die Aktiven unter uns". Wir wurden auch gar nicht gefragt, ob wirklich jeder von uns mitmachen will. Aber man hätte sicherlich nein sagen und stattdessen in dem LKW mitfahren können, schließlich ist so eine Mountainbikefahrt ja nicht unbedingt für jeden etwas. Gerade bei Magda und Jakob habe ich mich insgeheim gefragt, ob die beiden jemals zuvor auf so einem Ding gesessen haben. Aber niemand aus unserem tapferen Grüppchen zeigte auch nur im Ansatz Bedenken, und nachdem alle Fahrräder (darf man ein Moutainbike überhaupt so schnöde als Fahrrad bezeichnen?)

größengerecht verteilt waren, ging es schon los. Übrigens kann ich die Anmerkung in unserem Programm „Bitte keine zu großen Erwartungen an die Fahrräder stellen“ auch nicht so recht nachvollziehen, die Mountainbikes waren top!

Die Strecke verlief vorwiegend bergab, was natürlich erst mal nicht besonders anstrengend war, angesichts des Schotters auf dem Weg aber doch viel Konzentration verlangte. Und wenn es zwischendurch mal wieder bergauf ging, spürte man die dünne Luft wieder mehr als deutlich. So ein Herzrasen! Aber das alles war im Grunde nebensächlich. Die Hauptsache war: Diese tolle Landschaft! So unfassbar schön!! Nach jeder Kurve wieder ein neuer Blick in die dramatische Schlucht und die Terrassenfelder aus der Prä-Inka-Zeit. Also, rundum alles super, auf jeden Fall für mich eines der absoluten Highlights der Reise!

Einen kleinen Abzug in der B-Note kann ich allerdings doch nicht verschweigen. Nach kurzer Zeit gab es nämlich schon eine Panne zu vermelden. Eine Person aus der Gruppe hatte einen platten Reifen. Und wer war diese Person? Na, ich natürlich!

Aber es war kein wirkliches Problem. Der LKW fuhr nämlich mitsamt Werkzeug und Ersatzmaterial hinter uns her, und als der Fahrer mich dort ganz aufgelöst am Wegesrand stehen sah, sprang er raus und hatte in kürzester Zeit meinen Reifen gewechselt, so dass ich gleich wieder lospreschen und Anschluss an die anderen finden konnte. Denn die hatten von meinem kleinen Malheur gar nichts mitbekommen, schon gar nicht

Eduardo, der gleich als Erster losgespurtet war und zwischendurch auch nicht mal anhielt, um zu gucken, ob es allen gut geht. Mir wäre das gar nicht aufgefallen, aber Bettina regte sich schon wieder auf.

„Ein Reiseleiter muss bei solchen Veranstaltungen immer als Letzter fahren und nicht als Erster!!"

Ja, einerseits hat sie recht, aber in diesem Fall war ja der LKW-Fahrer der letzte und konnte das Feld von hinten kontrollieren, und andererseits muss ja auch einer als Leithammel vorneweg fahren, damit alle wissen, wohin es geht. Wobei: sich zu verfahren wäre heute schwierig gewesen, es gab ja nur diesen einen Weg…

Wie auch immer: Es ist ja alles gutgegangen, und wie gesagt: Ich fand es toll!!

13.15 Uhr

Chivay. Draußen vor einem Restaurant

Und das Grauen folgte auf dem Fuße. Erst die herrliche Mountainbikefahrt durch die unberührte Natur, und kurz darauf – Touristenfütterung! Der übelsten Art. Ein riesiger Saal voller schnatternder Menschen. Alle rennen kreuz und quer mit vollbeladenen Tellern in der Hand durcheinander, hin zum Büffet, weg vom Büffet, noch mal zurück, was vergessen und diese uninteressante Tatsache den Mitreisenden zubrüllen, schließlich den eigenen Tisch vor lauter Menschen nicht mehr finden und ratlos mitten im Raum stehenbleiben… Und dazwischen noch eine Folkloregruppe, die laut singend von Tisch zu Tisch zieht. Irrenhaus!

Dazu kam noch, dass in diesem Chaos keiner der Angestellten bemerkte, dass wir nichts zu trinken hatten und auch keiner von uns so recht wusste, wen von den herumrennenden Menschen wir ansprechen sollten.

Eigentlich eine typische Aufgabe für einen Reiseleiter. Nur: Unser Eduardo stürmte gleich nach der Ankunft im Restaurant als erster ans Büffet, setzte sich mit seinem gefüllten Teller einfach irgendwo hin und futterte drauflos, ohne sich um uns zu kümmern. Sich mit uns zusammen an einen Tisch zu setzen oder wenigstens in unsere Nähe war ihm offensichtlich gar nicht in den Sinn gekommen.

Bettina war mal wieder auf hundertachtzig und stürmte zu ihm an seinem Tisch in der Ecke. Was genau sie zu ihm sagte, konnte ich nicht hören, aber es wird nicht sehr freundlich gewesen sein, wenn ich ihre Körpersprache mit den in die Hüften gestemmten Händen richtig deute. Jedenfalls sprang Eduardo auf, rannte los, und bald schon kam eine Bedienung zu uns und wir konnten bestellen. Also, insgesamt ein unerfreuliches Erlebnis, das man besser schnell abhakt.

Was ich auch nicht wirklich schön fand, war unser Stopp in einem Dorf namens Maca. Dort standen am Straßenrand Leute, gekleidet in bunter Tracht, die sich zusammen mit ihren Tieren fotografieren lassen wollten, gegen Geld natürlich. Eine Frau mit einem Lama, eng neben sich gestellt mit einem Strick um den Hals, und ein Mann mit einem auf dem Arm festgebundenen Adler.

Nein, ich kritisiere das Ganze nicht, das steht mir als Person aus einem vergleichsweise reichen Land gar nicht zu. Hier muss jeder zusehen, wie er auf irgendeine Weise Geld verdienen und sich und seine Familie ernähren kann. Und da ich selbst hier als Touristin unterwegs bin, trage auch ich mit dazu bei, dass solche Dinge überhaupt erst entstehen. Aber zumindest unbehaglich fühlen darf ich mich wohl. Ich hatte den Eindruck, dass es den anderen ebenso erging, und keiner uns hatte wirklich Lust, so ein Foto zu machen. Doch schließlich erbarmten sich Magda und Jakob, Magda stellte sich mit leicht verkrampftem Lächeln zwischen die Leute und Jakob fotografierte. Oder filmte er sogar? Von Beginn der Reise an filmt Jakob nämlich, was das Zeug hält, tatsächlich noch mit einer Videokamera. Wer sich das später wohl alles angucken soll?

Auf dem Weg nach Chivay haben wir aber nicht nur in Maca angehalten, sondern zuvor auch schon irgendwo im Nirgendwo. Da standen am Straßenrand lauter in bunte Trachten gekleidete Frauen und Kinder, die auf großen Steinen ausgebreitet ihre Waren anboten, alles bunt und mit Mustern: Decken, Tücher, Schals, Mützen, Socken… Vor den Frauen die staubige Straße, hinter ihnen das Colca-Tal, über ihnen der blaue Himmel mit der sengenden Sonne. Kein Schatten weit und breit. Nur ihre Hüte als Schutz.

Auch hier hat sich nach einigem Zögern jemand aus der Gruppe zu einem Mitleidskauf durchgerungen: Ellen ist jetzt Besitzerin eines Paars buntgestreifter Wollsocken.

„Ja, so für Zuhause vielleicht. Wenn du nicht da bist“, murmelte sie etwas verschämt, als Martin sie grinsend und mit hochgezogenen Augenbrauen ansah.

14.35 Uhr

Chivay. Auf dem Markt

Man sollte es nicht glauben: Jetzt habe tatsächlich auch ich mir ein Paar Socken gekauft! Allerdings nicht so schreiend-bunte, sondern sehr diskret-braune mit eingestrickten weißen Alpakas. Sie sind auch hergestellt aus Alpakawolle, die bei uns ja wahnsinnig teuer ist. Hier habe ich umgerechnet gerade mal einen Euro zwanzig gezahlt. Ich glaube, eigentlich sind es Männersocken. Aber sie gefallen mir richtig gut. Tragen werde ich sie – wie Ellen – auch nur zuhause, an kalten Winterabenden auf dem Sofa. Auch wenn ich mir bei dieser Sonne im Moment noch gar keinen deutschen Winter vorstellen kann.

Gekauft habe ich die Socken auf dem Wochenmarkt hier in Chivay, an dem sich jeden Donnerstag die indigene Bevölkerung aus der Colca-Region treffen. Zu kaufen gibt es überwiegend Obst und Gemüse hier aus der Region, zumeist auf Planen auf dem Boden ausgebreitet.

Die Frauen sind alle in farbenfrohe Trachten gekleidet, Verkäuferinnen und Kundinnen gleichermaßen. Viviana hat uns erklärt, dass Art und Farbe der Kleidung vom jeweiligen Herkunftsort abhängen.

Auf jeden Fall: Hier erfüllt sich das Klischee von Peru absolut. Genauso habe ich es mir vorgestellt, so bunt und so lebhaft, und ich bin sehr froh, dass wir auch ausgerechnet an einem Donnerstag hier sind, dem einzigen Tag, an dem der Markt stattfindet. Und dann noch bei perfektem Wetter, Sonne, ungefähr fünfundzwanzig Grad.

Apropos „indigene Bevölkerung“: Magda fragte Eduardo, als wir auf Markt zugingen und die Leute dort sahen, ob das „Indios“ seien. Woraufhin er ihr erklärte, dass man diesen Ausdruck nicht mehr verwendet, weil er als abwertend und diskriminierend empfunden wird. Sie war ganz erschrocken nach dieser Antwort.

Jetzt geht es weiter nach Arequipa, wo wir endlich einmal zwei Nächte im selben Hotel verbringen werden. Auf dem Weg dorthin fahren wir über den Patapampa-Pass, der mit 4.900 Metern der höchste Pass in Peru ist. Dort werden wir für einen Fotostopp aussteigen. Ich bin mal gespannt, wie dünn die Luft auf fast fünftausend Metern sein wird! Hier in Chivay befinden wir uns auf 3.600 Metern Höhe. Auch ja schon stattlich! Die Luft hier oben ist so trocken, dass mir schon die Nasenschleimhäute wehtun…

15.05 Uhr

Im Bus

Na toll! Jetzt haben wir den Patapampa-Pass schon hinter uns, ohne dass wir angehalten hätten oder uns überhaupt nur bewusst war, dass wir ihn erreicht hatten. Grund: Eduardo ist mal wieder kurz nach der Abfahrt eingeschlafen und hat die Sache schlichtweg verpennt. Martin fiel irgendwann auf, dass wir schon sehr hoch gewesen waren und nun permanent wieder leicht bergab fuhren. Er ging nach vorne zu Eduardo und weckte ihn. Und Eduardo musste tatsächlich zugeben, dass wir leider an besagter Stelle schon vorbei sind. Tja, man kann sich denken, wie groß das Geschrei war vor Empörung über dieses verpasste Erlebnis. Diesmal war nicht nur Bettina stinkig. Noch größer war das Geschrei aber, als unser Fahrer Walter anbot, den Bus zu wenden und noch einmal dorthin zurückzufahren. Diesmal wurde allerdings vor Entsetzen über diesen Vorschlag geschrien, denn die Straße hier ist so dermaßen eng und der Abgrund so tief, dass wir dann doch lieber auf diesen Programmpunkt verzichteten. Die Stimmung allerdings… nun ja…

15.40 Uhr

Noch immer im Bus

Aber auch ohne das Ereignis Patapampa ist das eine sehr schöne Fahrt, das muss ich wirklich mal erwähnen. Die Landschaft ist nach wie vor atemberaubend, und inzwischen können wir rechts und links der Straße Horden von Alpakas, Lamas und Vicunjas sehen. Wobei ich zugeben muss, dass ich sie im Vorbeifahren so schnell gar nicht recht unterscheiden kann. Die Vicunjas ähneln auf jeden Fall den Guanacos, die wir ja schon bei unserer Buggyfahrt gesehen haben. Meine Güte, das liegt gefühlt schon eine Ewigkeit zurück, dabei war es erst vor drei Tagen.

Übrigens habe ich gerade mal wieder unser Programm rausgeholt, um zu gucken, ob heute Abend nach der Ankunft in Arequipa noch irgendwas anliegt. Und bei der Gelegenheit durfte ich erfahren, dass wir in diesem Moment eigentlich die heißen Quellen von Calera besuchen müssten, „wo wir herrlich relaxen können."

Und: „Wer nicht baden gehen möchte, kann die Zeit für einen Besuch des kleinen ethnologischen Museums neben dem Thermalbad nutzen. Total entspannt machen wir uns dann auf den Weg nach Arequipa“. Ich lass das jetzt einfach mal unkommentiert so stehen…

17.50 Uhr

Arequipa. 2.300 Meter hoch. Im Hotel

Das Hotel ist wieder eine Posada, ein bisschen außerhalb gelegen. Wenn wir nachher zusammen irgendwo in einem Restaurant im Zentrum essen gehen, werden wir ein ganzes Stück zu Fuß gehen müssen. Unseren Bus haben wir nämlich nicht mehr, und unseren lieben Walter auch nicht mehr. Für ihn endet die Reise mit uns hier, er muss heute noch die ganze Strecke zurückfahren ins Colca-Tal und holt dort morgen früh um sieben Uhr die nächste Gruppe ab. Ich glaube, nicht nur ich war direkt ein bisschen traurig beim Abschied, auch die anderen wirkten leicht betrübt. So ein guter Fahrer und freundlicher Mensch! Wir haben uns alle per Handschlag von Walter verabschiedet (Trinkgeld hatten wir natürlich vorher schon gesammelt und ihm in einem Umschlag überreicht). Und was mir dabei auffiel: Er hat keinem von uns in die Augen gesehen. Was ich als eine Art von Schüchternheit auslegen würde, wenn mir nicht dasselbe Verhalten zuvor schon bei einer anderen Person aufgefallen wäre, und zwar beim Hotelier in Cabanaconde. Auch er schüttelte jedem von uns zum Abschied die Hand, und zwar ebenfalls mit gesenktem Blick. Ob man das hierzulande so macht?

19.10 Uhr

Noch immer im Zimmer

Auf diesen langen Reisen habe ich immer mal wieder zwischendurch so eine Art Durchhänger. Erschöpfung. Reizüberflutung. Körper und Geist drohen mit Streik.

Gerade unter der Dusche habe ich gemerkt, dass es wieder mal soweit ist. Wie soll ich diesen Zustand beschreiben? Es ist so, als würde ich mich selbst nicht mehr fühlen. Von außen betrachtet sieht alles gut aus. Ich komme mit meinem Koffer ins Zimmer, öffne ihn, hole mit sicherem Griff alles Nötige heraus, gehe ins Bad, stelle mich unter die Dusche, wasche meine Haare. Aber das alles läuft wie von außen gesteuert, der Körper ist auf Autopilot gestellt. Irgendetwas Entscheidendes ist nicht mitgekommen. Ich will nun wirklich nicht melodramatisch sein, aber ich fürchte, es ist meine Seele, die noch nicht da ist. Die kommt bei diesem Tempo einfach nicht mit.

Was für ein Glück, dass wir wenigstens hier zwei Nächte verbringen! Ich hoffe, in der Zeit hier in Arequipa finde ich wieder zu mir und bin dann wieder voll da.

Vielleicht wäre es auch gut, jetzt einfach ins Bett zu gehen und meinem Geist nicht noch mehr an Eindrücken zuzumuten, aber ich bin tatsächlich hungrig – und zugegebenermaßen auch neugierig auf das, was Eduardo uns für den heutigen Restaurantbesuch angekündigt hat: Meerschweinchen stehen dort auf der Speisekarte! Martin ist wild entschlossen, das testen zu wollen. Und ich bin gespannt auf seine Reaktion. Ob ich es selbst versuchen will – hm, ich bin noch unentschlossen…

19.30 Uhr

Im Hotel, vor der Rezeption

Ich bin fassungslos. Gerade teilt Eduardo uns mit, dass der Plan sich geändert hat. Wir bleiben keine zwei Nächte hier in Arequipa, sondern fliegen schon morgen Nachmittag weiter – statt wie vorgesehen erst übermorgen am Vormittag. Der Flug übermorgen wäre gestrichen worden und man hätte uns dementsprechend auf morgen umgebucht.

Zu allem Überfluss werden wir nicht einmal wie geplant direkt von Arequipa nach Cusco fliegen, sondern in einer Stadt namens Juliaca landen und von dort aus dann die dreihundert Kilometer bis Cusco mit dem Bus zurücklegen.

Bettina ist mal wieder auf hundertachtzig (ich glaube, dieser Satz könnte sich zum Dauerbrenner entwickeln) und schimpft, dass diese Reise von der Organisation her ja wohl der totale Flop sei. Und dass sie sich vorkomme wie auf der Flucht, immer nur abends irgendwo ankommen und am nächsten Morgen sofort wieder weiterhetzen.

Unter diesen geänderten Umständen würde sie nicht mitkommen zum Essen, sondern wolle sich ausruhen und endlich mal ihren Koffer aufräumen – bei dem ständigen Huschhusch hätte sie den noch nicht ein einziges Mal auspacken können und nun herrsche da drin das komplette Chaos. Und vorher würde sie hier in der Gegend noch einen schönen Abendspaziergang machen, um endlich mal runterzukommen von dem Dauerstress.

Bettinas Geschimpfe hat Eduardo stumm über sich ergehen lassen, aber bei dem Stichwort „Spaziergang" wurde er munter und direkt mal energisch.

„Auf keinen Fall!", rief er mit erhobenem Zeigefinger aus.

Das sei viel zu gefährlich, die Gegend hier wäre absolut nicht sicher. Und auch wir anderen würden nicht wie angekündigt zu Fuß in die Stadt gehen, sondern fahren. Er würde jetzt zwei Taxis rufen. Und drehte sich um und ging weg, um zu telefonieren. Genauso wie Bettina sich umdrehte und zurück in ihr Zimmer stapfte. Bombenstimmung!

19.55 Uhr

Irgendwo im Zentrum von Arequipa

So langsam muss ich Bettina zustimmen: Eduardo ist wirklich kein guter Reiseleiter. Er hatte uns ja den Besuch eines bestimmten Restaurants in Aussicht gestellt. Dort sind wir auch tatsächlich angekommen, wenn auch unter leichten Schwierigkeiten. Ich kann nicht sagen, warum uns die Taxis nicht direkt dorthin gefahren haben, jedenfalls mussten wir nach dem Aussteigen noch sehr weit laufen.

Apropos Taxis, um das mal schnell einzuschieben: Das sind so kleine gelbe Autos leichtester Bauart, die laut Eduardo in Korea gebaut werden. Überall in der ganzen Stadt wimmelt es von diesen kleinen Flitzern, die Eduardo als „nicht besonders sicher" bezeichnet. Jährlich würde es mit ihnen dreitausend Tote geben. Ob nur in Arequipa oder in ganz Peru, weiß ich nun allerdings nicht.

Und apropos Sicherheit: Beim Aussteigen warnte uns Eduardo noch einmal, dass es hier in der Gegend nicht sicher sei. Also zog ich vorsichtshalber meine Jacke aus, hängte meine Umhängetasche direkt über mein Shirt und dann die Jacke wieder drüber – damit nicht irgendein Strauchdieb den Umhängegurt von hinten aufschneiden kann.

So gerüstet ging es dann los, aufgrund von Eduardos Warnung mit einem leicht mulmigen Gefühl, auch wenn die Gegend auf den ersten Blick kein bisschen gruselig wirkte.

Das Problem tauchte auch erst auf, als wir am Restaurant ankamen: Es war nämlich komplett besetzt. Kein Tisch frei. Unser Eduardo hatte nämlich nicht reserviert. Wie gut, dass Bettina nicht dabei war, sie wäre mit Sicherheit an die Decke gegangen. Denn eine Tischreservierung vorzunehmen, wenn man mit einer Gruppe von acht Leute essen will, ist doch nun wirklich eine Selbstverständlichkeit.

Nun stehen wir hier auf der Straße herum, während Eduardo aufgeregt telefoniert und nach einer Alternative sucht.

20.35 Uhr

In einem Restaurant

Immerhin hat es dann doch relativ schnell geklappt, ein anderes Restaurant zu finden, das auch passabel ist. Eduardo hat im Büro von „Reise&Erlebe“ angerufen, das sich hier in Arequipa befindet und dem wir morgen auch einen Besuch abstatten werden. Und dort hat man ihm einen Tipp gegeben und auch gleich für uns reserviert.

Ein bisschen abgeschlagen sitzen wir jetzt in einem Hinterraum, so dass wir vom Leben und Treiben der Einheimischen im Hauptraum nicht viel mitbekommen. Einerseits schade, andererseits ist es dafür wenigstens einigermaßen ruhig hier hinten, während es vorne doch ziemlich lebhaft zuzugehen scheint. Aber für uns etwas ermatteten Trupp wäre das heute vielleicht nicht mehr das Richtige.

Auch Ellen hat einen Durchhänger, wie sie mir gerade erzählte. Ganz und gar grauenhaft hätte sie diese Touristenfütterung heute Mittag gefunden. Sie wäre kurz davor gewesen, einfach rauszugehen und sich lieber an den staubigen Straßenrand zu setzen als zwischen all diesen aufgeregten Menschen mit ihren vollgehäuften Tellern zu hocken, aber sie hätte einfach zu großen Hunger gehabt. Und ansonsten würde sie Bettina voll zustimmen, dieser Ausdruck „wie auf der Flucht“ wäre ihr auch schon in den Sinn gekommen. Sie hätte schon einen leichten Dauerschwindel von dem ständigen „Heute hier, morgen dort“.

Martin dagegen scheint über eine robustere Natur zu verfügen. Er macht einen sehr vergnügten Eindruck, wie er da so sitzt vor dem Teller mit den Resten seines soeben vertilgten Meerschweinchens. Ich bin froh, dass ich mir das nicht auch bestellt habe, obwohl ich ja schon sehr neugierig war. Aber als gesagt wurde, dass das Tier im Ganzen serviert wird, also mitsamt Kopf und Füßen dran und Knochen drin, da war ich mir doch nicht so ganz sicher, ob ich das verkrafte. Und es war dann auch ein echtes „Geprökele“, was Martin veranstalten musste, um überhaupt etwas Fleisch auf die Gabel zu bekommen. Dankenswerterweise hat er mich mal probieren lassen, damit meine Neugier befriedigt wird. Tja, was soll ich sagen, relativ unspektakulär, der Geschmack. Tendenziell so neutral wie Huhn, aber irgendwie doch ein bisschen intensiver und auch zäher. Falls es noch einmal irgendwo angeboten werden sollte – ich werde es nicht bestellen.

22.10 Uhr

Im Zimmer

Oh Mann, ich bin noch ganz zittrig! Dass dieser insgesamt doch schöne Tag nun so ein unschönes Ende finden musste! Jakob und Magda sind bestohlen worden! Genau genommen Jakob. Sein Rucksack mitsamt seiner heißgeliebten Kamera, dem Fotoapparat und seiner Jacke ist weg. Er hatte ihn im Restaurant unter den Tisch gelegt, direkt vor seinen Stuhl, zwischen seine Füße. Eigentlich eine sichere Position, sollte man meinen. Aber als wir nach dem Bezahlen aufstanden, war der Rucksack weg.

Die Sache ist uns allen unerklärlich, schließlich saßen wir ja – wie gesagt – ganz hinten im Restaurant, in einem ruhigen Hinterraum, ohne jeglichen Trubel. Drei von uns saßen sogar besonders geschützt mit dem Rücken an einer Wand, unter anderem ich. Zumindest wir hätten doch sehen müssen, wenn sich eine fremde Person unserem Tisch genähert hätte. Das war aber nicht der Fall.

Allerdings gab es einen Moment, an dem wir alle abgelenkt waren, und zwar gleich zu Beginn, als wir uns alle auf Eduardo konzentrierten, der uns die Speisekarte übersetzte. Ich meine mich dunkel zu erinnern, dass Jakob sich dabei so halb von seinem Stuhl erhob und zu Eduardo herüberbeugte, um ihn besser verstehen zu können. Und noch ein zweites Mal auf Eduardo fixiert waren wir, als er für uns alle das Essen bestellte. Dabei sagte jeder reihum auf Deutsch, was er gern hätte, und Eduardo übersetzte, stellte ab und zu noch eine Nachfrage, die er dann wieder hin und her übersetzte und so weiter. Dabei haben wir natürlich alle zu ihm und der Bedienung gesehen. Aber dennoch: Man hätte doch trotzdem mitbekommen, wenn jemand an unserem Tisch vorbeigegangen wäre… Es ist unbegreiflich.

Die beiden tun mir so dermaßen leid! Ausgerechnet diese lieben Menschen. Magda hat geweint, und auch Jakob standen die Tränen in den Augen. Das Filmen und Fotografieren war doch die ganze Zeit über seine größte Freude. Wahrscheinlich hat er sich dabei immer schon vorgestellt, wie er all das hier zu Hause der Familie zeigt. Und nun ist alles weg.

Eduardo war mit dieser Situation heillos überfordert. Er wusste überhaupt nicht, was nun zu tun ist. Der hinzugeholte Inhaber des Restaurants sprach zwar sein Bedauern aus, zuckte aber ansonsten nur mit den Achseln. Glücklicherweise war Eduardo dann aber so clever, die hiesige Büroleiterin von „Reise&Erlebe“ anzurufen, und glücklicherweise ging sie auch trotz der späten Stunde an ihr Handy und stand schon nach erstaunlich kurzer Zeit bei uns im Restaurant. Sie heißt Sara und ist eine energische junge Frau, die umgehend mit Jakob und Magda zur Polizei ging, während wir anderen wieder mit Taxis zum Hotel zurückfuhren.

Puh, ich kann mich gar nicht beruhigen, so gemein finde ich das! Ja, natürlich, es ist niemand zu Tode gekommen, niemand wurde verletzt, und immerhin sind Geld und Pässe noch da, das alles hatte Magda in ihrer Handtasche. Und alle haben Jakob versprochen, ihm dann als Ersatz ihre Bilder zu schicken, und er hat sich auch über diese Angebote gefreut. Aber natürlich sind es nicht seine Erinnerungen, die auf diesen „Fremd-Fotos" zu sehen sind. Schließlich hat niemand von uns ständig Magda fotografiert, die für Jakob das wichtigste Motiv ist. Ich würde schätzen, dass sie auf mindestens jedem zweiten seiner Fotos zu sehen war. Oder vielleicht im Moment auch noch zu sehen ist, man weiß ja nicht, ob dieser Dieb die Bilder schon gelöscht hat oder was er sonst so damit macht. Einfach schlimm!

Von Arequipa nach Cusco
Oder: Hexenmarkt und Froschsaft

Freitag, 9. November

07.00 Uhr

Arequipa. Im Zimmer

Kaum war ich aufgewacht, gingen in selben Moment die Gedanken schon wieder zurück zum gestrigen Abend und dem gemeinen Diebstahl. Irgendwie bin ich total ernüchtert durch diesen Vorfall. Nicht, dass ich vorher mit verklärtem Blick durch eine rosarote Brille durch dieses Land gelaufen wäre. Auf all meinen Reisen ist mir immer bewusst gewesen, dass man bestohlen werden kann, und es ist mir ja auch schon selbst passiert, damals in Italien, als mir kurz vor meiner Heimreise ein Trickdieb mein Portemonnaie mit allen Karten, Ausweisen und so weiter entwendete und ich nur noch mit dem Handy und dem Flugticket in der Hand den Rückflug antreten musste. Das war ebenfalls an Gemeinheit nicht zu überbieten. Und ich war damals ganz allein unterwegs und konnte meine Panik noch nicht einmal mit jemandem teilen…

Aber das ist ja eine andere Geschichte. Ich glaube, was mich an der Sache von gestern so beschäftigt, ist diese Rätselhaftigkeit. Wer kann das gewesen sein? Damals in Italien habe ich meinen Dieb wenigstens gesehen, dummerweise sogar mit ihm geredet, und ich weiß noch heute genau, wie er aussah. Aber gestern? Es war doch niemand in der Nähe unseres Tisches – abgesehen von den beiden Bedienungen. Eine der beiden war für die Bestellungen zuständig, die andere, eine ganz kleine junge Frau, brachte nur die Getränke. Aber die beiden kann man doch wohl ausschließen. Oder etwa nicht?

Büroleiterin Sara hat Jakob und Magda übrigens geraten, bei der Polizei nicht den wahren Tathergang zu schildern, sondern zu sagen, der Rucksack wäre Jakob auf der Straße von der Schulter gerissen worden. Ansonsten würde es Probleme mit der Reisegepäckversicherung geben, die bei grober Fahrlässigkeit nicht zahlt. Nun ja. Zum einen kam mir da gleich der Gedanke, ob das nicht vielleicht eine Anstiftung zum Versicherungsbetrug sein könnte. Und zum anderen frage ich mich, ob es denn nicht also ebenso grob fahrlässig zu bewerten wäre, als Tourist mit einem Rucksack auf dem Rücken durch eine Gegend zu laufen, die für ihre Diebstahlskriminalität ja offensichtlich bekannt ist – sonst hätte Eduardo uns ja nicht so eindringlich gewarnt.

Gut, nun muss ich aber mal einen Strich unter die Sache ziehen. Und heute bei der Stadtbesichtigung und vor allem auf dem Markt noch mehr auf meine Tasche aufpassen als bisher.

Stadtbesichtigung und Markt – ich gehe jetzt einfach mal ganz kühn davon aus, dass diese beiden Programmpunkte auch wirklich stattfinden. Wenigstens diese beiden. Denn ansonsten stimmt vom für heute vorgesehenen Programm so ziemlich gar nichts. Eigentlich sollte es ja endlich mal ein entspannter Tag werden. „Seit langem können wir mal wieder ausschlafen“, so steht es zu lesen. Dann sollte es für diejenigen, die daran Interesse haben, zu einem Sozialprojekt gehen, anschließend zum Markt, dann zum Büro von „Reise&Erlebe“ zu einem gemeinsamen Mittagessen dort und am Nachmittag zu einem „gemütlichen Rundgang durch die Stadt“. Schließlich sollten wir noch beim „brodelnden Nachtleben in Arequipa mitfeiern“ und am Ende des Tages eben endlich einmal in dasselbe Bett wie in der Nacht zuvor sinken dürfen.

Tatsächlich aber geht es wie immer früh los, um acht Uhr, und wenn alles so läuft wie Eduardo gestern Abend verkündete, dann sind vom Programm übriggeblieben die Punkte „Stadtbesichtigung, Markt und Mittagessen im Büro“ – und am frühen Nachmittag geht es dann schon zum Flughafen. Ich habe übrigens inzwischen mal auf der Karte nachgesehen, wo sich dieser Ort Juliaca, zu dem wir fliegen, überhaupt befindet. Er liegt ganz in der Nähe des Titicacasees, also sowohl von Arequipa als auch von Cusco aus in ziemlich weit östlicher Richtung. Total seltsam.

Ich will es mal mit südamerikanischer Gelassenheit versuchen und alles auf mich zukommen lassen.

Jetzt erst mal auf zum täglichen Brötchen, Rührei, Marmelade…

07.45 Uhr

Noch einmal kurz im Zimmer

Das Leben steckt doch voller Überraschungen: Es gab ein Frühstücksbuffet! Mit Käse, Aufschnitt und Obstsalat!

Angesichts dieser üppigen Auswahl habe ich erstmalig auf das Rührei verzichtet. Auf den Obstsalat allerdings auch – vorsichtshalber…

09.30 Uhr

Mercado San Camillo

Auf meinen Reisen habe ich ja schon viele Märkte besucht, aber diesen hier werde ich auf jeden Fall in Erinnerung behalten. Er ist wirklich sehr speziell, vor allem der Bereich, in dem wir jetzt gerade stehen – der Bereich für Hexerei! Hier gibt es alle möglichen Kräuter, Säfte, Tinkturen, Pillen und Wurzeln gegen alle möglichen Krankheiten, aber auch für den Einsatz gegen böse Mitmenschen und für das Erreichen der großen Liebe.

Und dann sind da noch die getrockneten Lama-Embryos, die an einer Schnur aufgereiht über dem jeweiligen Stand hängen. Wie man an diese Embryos herangekommen ist, darüber möchte ich lieber gar nicht nachdenken. Angeblich musste nicht speziell dafür ein Muttertier sterben, sagt Viviana, unsere heutige örtliche Reiseleiterin. Sie erklärt uns, dass diese Embryos als Glücksbringer gelten und bei bestimmten Ritualen eingesetzt werden. So zum Beispiel beim Bau eines neues Eigenheims. Da wird ein solcher Embryo verbrannt, und die Asche wird mit in das Fundament eingestreut. Damit ist das neue Haus dann gesegnet. Mit diesem Ritual hat man Pachamama, der Mutter Erde, gehuldigt. Das macht man sowieso bei allen möglichen Gelegenheiten, bei Festen zum Beispiel gießt man ihr zu Ehren Alkohol auf den Boden.

Etwas anderes hat es auf sich mit dem an einigen Ständen angebotenen Froschsaft. Das ist jetzt kein Name für einen Saft, der grün ist und deshalb an die Farbe von Fröschen erinnert, sondern es handelt sich tatsächlich um einen Saft aus Fröschen!

Für seine Herstellung werden ein paar Frösche in den Mixer geworfen und mitsamt Knochen gemixt. Dazu kommen noch alle möglichen wohlschmeckenden Zutaten wie Karotten, Honig und so genanntes Maca-Pulver (davon habe ich noch nie gehört, aber Ellen nickte wissend), damit es überhaupt genießbar ist. Anschließend wird alles noch mal durch ein Sieb püriert, um verbliebene Knochenstücke rauszufiltern.

Und wozu dient dann dieses Gebräu? Froschsaft soll einerseits gut sein gegen Husten, Bronchitis und Asthma. Aber vor allem – und das erklärt seine besondere Beliebtheit – gilt er als Potenzmittel.

Aber nicht nur hier im Hexenbereich geht es exotisch zu. Auch zuvor, bei den „normalen" Waren, haben wir darüber gestaunt, was es für Obst- und Gemüsesorten gibt, die wir noch nie zuvor gesehen haben oder von denen wir auch nur schon einmal gehört hätten. Und diese Farben und Gerüche! Ich weiß, das ist eine Plattitüde, die jeder von sich gibt, aber das macht es ja nicht weniger wahr. Man ist von diesen Sinneseindrücken schier überwältigt. Dazu noch die vielen Menschen, das Geschrei der Händler und vor allem der Händlerinnen…

Ich spreche die ganze Zeit von „Markt", aber tatsächlich ist der Mercado San Camillo eine Markthalle, die nach Plänen von Gustav Eiffel konstruiert wurde.

Dass dieser Mann auch in Südamerika tätig war, habe ich nicht gewusst. Auch die Bahnhöfe in Santiago de Chile und La Paz hat er entworfen, wie Juliana erzählt. Wieder was gelernt. Wobei ich solche Fakten schnell auch wieder vergessen würde, würde ich sie nicht aufschreiben. Der Anblick dieser getrockneten Embryos dagegen, der hat sich für immer in mein Gedächtnis eingebrannt, das kann ich schon jetzt sagen.

11.45 Uhr

Zurück im Hotel, in der Lobby

Wir hatten unsere Koffer noch hier im Hotel deponiert, denn in Arequipa haben wir ja keinen Bus, in dem wir sie heute Morgen schon hätten verstauen können. Gleich geht es weiter per Taxi zum Büro von „Reise&Erlebe", zum Mittagessen, und von da aus dann zum Flughafen.

Bisher war es ein schöner Tag, auch wenn er noch nicht sehr alt ist und ich ihn besser nicht vor dem Abend loben sollte. Aber der Markt mit seinen skurrilen Warenangeboten war wirklich ein Highlight, und auch die anschließende Stadtführung hat mir gut gefallen, auch wenn sie natürlich recht kurz ausfallen musste wegen unseres mal wieder straffen Zeitplans. Und das Wetter ist einfach perfekt, blauer Himmel, fünfundzwanzig Grad.

Arequipa wird auch „die weiße Stadt" genannt, und man höre und staune: Selbst zum Ursprung dieses Namens gibt es zwei verschiedene Theorien! Also, wenn das so weitergeht, dann bekommt Peru von mir den Titel „Das Land der Theorien" verliehen…

Theorie eins zum Namen Arequipa: Die Stadt verdankt ihren Beinamen dem weißen Tuffstein, aus dem die meisten historischen Gebäude hier gebaut sind. Übrigens sagte Viviana immer „Tuffestein", das war so niedlich!

Theorie zwei: Der Name bezieht sich auf die spanischstämmigen, eher hellhäutigen Kolonialherren, die den eher dunkelhäutigen Einwohnern verboten, so wie sie selbst im Zentrum der Stadt zu wohnen, so dass dieses „weiß" blieb.

Was es natürlich auch in Arequipa gibt – wie tatsächlich in bisher jeder Stadt, selbst in Kleinststädten wie Huambo – ist mal wieder eine Plaza de Armas mitsamt den obligatorischen Gebäuden ringsherum. Der auch wie immer dazu gehörenden Kathedrale haben wir einen kurzen Besuch abgestattet, bevor es dann weiterging zum Kloster Santa Catalina. Genauer gesagt handelt es sich dabei um eine ganze Klosteranlage, Viviana bezeichnete sie sogar als Klosterstadt. Es gibt Gassen und Innenhöfe, alle in verschiedenen Farben gehalten, mit Bäumen und Brunnen und zum Verweilen einladend – nur dass wir dafür keine Zeit hatten. Aus dem laut ursprünglichen Programm „gemütlichen Rundgang durch Arequipa" wurde ein eher gehetztes Abreißen der wichtigsten Sehenswürdigkeiten mit dementsprechend nur flüchtigen Eindrücken.

Sehr schade, denn Arequipa scheint mir eine sehr schöne Stadt zu sein, in der ich gerne einen ganzen Tag verbracht hätte. Aber gut, es nützt nichts – wenn ein Flug ausfällt, dann muss man eben umdisponieren.

13.15 Uhr

Büro von „Reise&Erlebe", im Garten

So langsam werde ich wirklich nervös. Unser Flug soll um halb drei gehen, und wir sitzen hier noch in aller Gemütsruhe rund um den Tisch, an dem wir vorhin gemeinsam mit den Mitarbeitern hier zu Mittag gegessen haben. Es gab ein doch eher deutsch anmutendes Essen: Blumenkohlbratlinge! Zubereitet von der eigens für die Büro-Mitarbeiter angestellten Köchin.

In dem Büro hier kommt man sich übrigens vor wie in einem Hochsicherheitstrakt. Das ganze Gebäude ist umgeben von einer hohen Mauer, auf der rundherum oben noch Stacheldraht angebracht ist.

Schon auf der Straße während der Fahrt hierher ist mir aufgefallen, dass es nur gesicherte Häuser gibt. Arequipa scheint ja tatsächlich ein kriminelles Pflaster zu sein, wenn man sich so dermaßen schützen muss.

Nun ja, mit der Kriminalität hier haben wir ja gestern Abend auch unsere unliebsame Bekanntschaft gemacht.

Und indirekt ist der Diebstahl von Jakobs Kamera auch der Grund, warum wir noch hier sitzen: Wir müssen auf Jakob und Magda warten, die mit Büroleiterin Sara in der Stadt sind, um eine neue Kamera zu kaufen.

Aber so langsam könnten die drei wirklich mal hier ankommen. Gut, die Fahrt zum Flughafen soll höchstens dreißig Minuten dauern, und vor Inlandsflügen muss man nicht nennenswert lange vorher da sein. Es wird ja wohl alles klappen. Jedenfalls machen alle hier einen entspannten Eindruck, und ich muss auch mal lernen, anderen zu vertrauen…

13.40 Uhr

Noch immer im Büro von „Reise&Erlebe"

Ich bin fassungslos! Gerade wollten wir aufbrechen, als Eduardo plötzlich ausrief: „Ich habe meinen Pass gar nicht dabei! Der liegt noch zuhause! Kann mich jemand schnell mal hinfahren?"

Schnell mal hinfahren? Nach Lima?? Dachte ich noch, während Bettina genau diese Frage schon laut aussprach. Aber es stellte sich heraus, dass Eduardo tatsächlich hier in Arequipa wohnt. Ich bin völlig baff. Und verstehe dann sein unbeholfenes Verhalten von gestern Abend erst recht nicht mehr. Zuerst keinen Tisch im Restaurant zu buchen, wenn er doch wissen müsste, dass die Restaurants in dieser Stadt abends gut besucht sind, dann keine Alternative zu wissen, sondern sich erst vom Büro helfen lassen zu müssen, und vor allem diese totale Ratlosigkeit bezüglich des Vorgehens nach dem Diebstahl. Ich hatte all das vor allem darauf geschoben, dass Eduardo zwar aus diesem Land, aber eben nicht aus dieser Stadt kommt und deshalb ja auch „ein Fremder" ist. Hm.

Und jetzt noch so verpeilt zu sein und den Pass nicht dabei zu haben. Hatte er ihn die schon von Beginn der Reise an nicht dabei? Oder hat er heute Nacht klammheimlich zuhause übernachtet und den Pass dabei aus der Tasche gelegt, warum auch immer? Fragen über Fragen. Ich bin ja sehr gespannt, ob er nachher überhaupt mit uns im Flugzeug sitzt oder es verpasst.

Aber immerhin hat er das Glück auf seiner Seite: Der Flug ist um zwanzig Minuten nach hinten verschoben, wie uns Melanie aus dem Büro hier gerade mitteilte.

Apropos Melanie: Sie sagte vorhin in der Mittagsrunde, nach unserer Landung in Juliaca würden wir noch mindestens sechs Stunden mit dem Bus bis Cusco fahren, es könnten aber durchaus auch acht Stunden werden. Eduardo dagegen hatte uns zuvor „nur" fünf Stunden Fahrt angekündigt. Martin sagte daraufhin, er hätte mal recherchiert, und die gesamte Fahrt mit dem Bus direkt von Arequipa nach Cusco würde doch auch nur insgesamt zehn Stunden dauern – warum wir denn nicht gleich mit dem Bus gefahren wären? Daraufhin sagte Melanie nur achselzuckend, genau das hätte sie auch gesagt, aber auf sie würde ja nie jemand hören. Hm. Eine triftige Erklärung wäre mir lieber gewesen…

Wie dem auch sei, wir fahren auf jeden Fall jetzt gleich los, nachdem Jakob und Magda mit strahlenden Gesichtern und einer neuen Kamera in der Hand gerade wieder hier angekommen sind. Und unser Eduardo wird dann direkt zum Flughafen gefahren.

14.15 Uhr

Flughafen Arequipa

Alles hat gut geklappt, die Fahrt dauerte nicht einmal eine halbe Stunde, und auch das Einchecken ging problemlos. Und da hinten kommt auch Eduardo angehetzt. Wir hatten schon Wetten auf sein Erscheinen abgeschlossen. Ich habe verloren…

14.25 Uhr

Abflugbereich

Wir alle sitzen hier, nur einer fehlt schon wieder: Eduardo. Aber immerhin ist er vor seinem Verschwinden noch für uns tätig geworden: Wir alle mussten ihm unsere Bordkarten aushändigen, er ging damit zur Zahlstelle für die auch hier wieder fällige Flughafensteuer und brachte uns anschließend die Bordkarten zurück. Aber dann rannte er ohne Erklärung wieder weg. Vielleicht gewinne ich die Wette doch noch? Denn die Wette hieß nicht: „Wetten, dass Eduardo es nicht schafft, rechtzeitig am Flughafen zu sein“, sondern: „Wetten, dass Eduardo nicht mit uns im Flugzeug sitzen wird“…

15.00 Uhr

Im Flugzeug, Fluglinie Star Peru

Nein, ich habe die Wette doch verloren. Als wir gerade beschlossen hatten, nicht länger auf Eduardo zu warten, sondern einzusteigen, da kam er angerannt. Was auch immer er in der Zwischenzeit gemacht hat, wird wohl sein Geheimnis bleiben.

In der Wartezeit haben wir noch einmal über den Diebstahl von gestern Abend gesprochen. Jakob und Magda gehen davon aus, dass es die kleine Kellnerin war, die uns die Getränke gebracht hat. Gläser und Flaschen standen auf einem Servierwagen mit Rollen, und dieser Wagen war im unteren Bereich rundum mit Stoff verhüllt, mit einer Art Vorhang. Mit dem Wagen stand sie direkt hinter den beiden, als sie servierte, und während wir abgelenkt waren („Wer bekommt den Rotwein? Wer von euch hat das Bier bestellt?“) muss sie sich blitzschnell gebückt, den Rucksack weggezogen und hinter diesen Vorhang geschoben haben. Anders kann es nicht möglich sein, sagen sie.

Übrigens haben Magda und Jakob auch erzählt, dass sie beide einundfünfzig sind. Da bin ich wirklich nahezu schockiert. Ich hatte sie ja viel älter eingeschätzt.

15.50 Uhr

Im Bus von Juliaca nach Cusco

Kaum gestartet, schon gelandet. Ökologisch wertvoll kann man diesen Kurzflug nun nicht gerade nennen… Aber gut, es ist nicht zu ändern. Wenigstens hat alles gut geklappt und die Reisegruppe mitsamt aller Gepäckstücke ist komplett angekommen – wenn auch Bettinas Koffer als allerletzter auf dem Band erschien und sie kurz davor war, die Nerven zu verlieren.

Draußen vor dem Flughafen wurden wir musikalisch empfangen von einer Folkloregruppe. Die ohnehin entnervte Bettina schimpfte zwar vor sich hin „Auch das noch“, aber ich fand es ganz schön, im Gegensatz zum gestrigen Folklore-Auftritt bei der Touristenfütterung in Chivay – denn da lagen meine Nerven blank…

Diesmal haben wir gleich zwei Busfahrer: Julio und Mauro. Beide deutlich jünger als Walter und sehr viel lebhafter. Als erster fährt Julio. Bisher macht seine Fahrweise einen souveränen Eindruck, auch wenn wir erst ein paar Minuten unterwegs sind.

Wir befinden uns übrigens gerade auf einer Höhe von 3.800 Metern, das Wetter ist unverändert schön und angenehm. Und nun heißt es: Kilometer fressen. Ich bin gespannt, wie lange wir brauchen werden für die 330 Kilometer, die vor uns liegt – Eduardos optimistische fünf Stunden oder doch eher Melanies pessimistische acht…

17.30 Uhr

Im Bus

Endlich hat das Geschüttel ein Ende und ich kann wieder etwas in mein Notizbuch schreiben. Seit ein paar Minuten fahren wir auf einer gut ausgebauten Straße. Die Straße vorher war zwar auch asphaltiert, aber voller Löcher.

Die Landschaft hat sich sehr verändert, alles ist viel grüner, und ich fühle mich erinnert an die schottischen Highlands (nicht, dass ich da schon gewesen wäre, aber wie man diese halt so kennt aus dem Fernsehen).

Jakob und Magda sind schon wieder total geknickt – wirklich zu Recht. Martin hat sich nämlich ihre neue Kamera mal angesehen und festgestellt, dass diese für den amerikanischen Markt und nicht für den europäischen ausgelegt ist und dass es Jakob vermutlich nicht gelingen wird, den Film bei ihnen zu Hause abzuspielen. Wie viel Pech kann man eigentlich haben? Seltsam, dass Sara das nicht durchschaut hat. Sie scheint ja schon länger hier zu leben und könnte oder müsste(?) so etwas doch wissen…

Bester Stimmung dagegen sind unsere beiden Fahrer, die schwatzen und lachen wirklich unentwegt miteinander.

19.05 Uhr

Wieder im Bus

Also, das war ja mal ein Erlebnis der anderen Art! Es ging damit los, dass ich Eduardo fragte, ob wir wohl demnächst einen Toilettenstopp einlegen könnten. Er wandte sich an Julio, und der sagte: „Noch sechs Minuten." Das war ja mal eine unerwartet exakte Angabe, die dann tatsächlich auch exakt zutraf. Genau sechs Minuten später fuhr der Bus (diesmal haben wir übrigens einen weißen Bus von Mercedes) rechts ran an ein völlig verrottet aussehendes Haus mit einem breiten roten Blechtor an der Seite. Julio sprang aus dem Bus und klingelte an der Tür.

„Oh je", dachte ich, „hier wohnt irgendein Verwandter von Julio, und nun muss ich dessen private Toilette benutzen. Wie unangenehm ist das denn?!"

Ich überlegte, ob ich nach vorn gehen und sagen sollte, dass ich das nicht möchte. Aber so viel Zeit blieb gar nicht, denn kaum war Julio wieder eingestiegen, da wurde schon das Blechtor von innen aufgeschoben. Der Bus fuhr hindurch in einen dunklen Hof, und plötzlich – Flash! Von rechts brandete grelles Licht auf, wie von einer Flutlichtanlage. Der gesamte Hof war schlagartig blendend hell erleuchtet. Und dann – Plopp! Auf der linken Seite des Hofes sprangen zehn weiße Türen gleichzeitig auf. Ein Reihenklo! Dieser Anblick war so unerwartet, dass wir alle in schallendes Gelächter ausbrachen. Mir liefen ungelogen die Tränen!

Nachdem wir uns wieder beruhigt hatten, stiegen alle aus und nutzten diese Gelegenheit. Und alle waren begeistert: So sauber, Toilettenpapier in Hülle und Fülle und sogar Wasser zum Händewaschen!

Aber warum in aller Welt gibt es irgendwo im Nirgendwo hinter einem verschlossenen Tor eine solche Toilettenanlage? Die Erklärung hat Eduardo uns gerade eben gegeben: Das scheinbar verrottete Haus ist ein Nachtclub, der große Hof, der dazugehörige Parkplatz und unser Reihenklo sind für die Gäste gedacht. Na, da wird der eine oder andere Herr sich ja freuen, wenn er aus dem schummerigen Etablissement tritt und dann so dermaßen beleuchtet wird. Da ist die erotische Stimmung ja sofort im Eimer!

20.40 Uhr

Im Bus

Mann, ist das öde! Seit mehr als zwei Stunden fahren wir durch absolute Dunkelheit, es gibt nichts zu sehen und zu hören außer dem Dauergeschwatze von Julio und Mauro. Was haben die beiden bloß die ganze Zeit zu besprechen?

So langsam weiß ich auch nicht mehr, wie ich noch sitzen soll. Ich rückele schon die ganze Zeit hin und her, um irgendeine Position zu finden, die nicht schmerzt. Das hatte ich bisher noch gar nicht auf dieser Reise, obwohl wir ja schon mehrfach lange Fahrten hatten. Vielleicht sind die Sitze in diesem Bus nicht so gut?

Übrigens werden wir genau diese Strecke in gesamter Länge wieder in umgekehrter Richtung zurücklegen müssen, wenn wir zum Titicacasee fahren. Aber wenigstens werden wir dann im Hellen fahren, und wenn ich etwas zu sehen habe, ist alles gut.

Eigentlich sollte ich ja dankbar sein, dass im Moment einfach mal gar nichts passiert und mein Geist sich etwas beruhigen kann. Denn tatsächlich bin ich schon so voll von all den vielen Eindrücken, dass ich das Gefühl habe, in meinem Gehirn herrscht bald Aufnahmestopp. Wenn ich heute nach Hause fahren müsste, hätte ich nicht das Gefühl, noch nicht genug erlebt zu haben. Aber tatsächlich ist gerade erst ein gutes Drittel der Reise vorbei. Wer weiß, was noch alles auf uns wartet. Am besten mache ich einfach die Augen zu und lasse meinen Geist ruhen…

22.05 Uhr

Cusco. Im Hotel

Endlich da! Ich bin sowas von fix und fertig! Das Zimmer ist mal wieder sehr einfach, aber es hat ein breites Bett, in das ich gleich fallen und auf der Stelle einschlafen werde – falls das Gerede aus dem Aufenthaltsraum hier gleich neben meinem Zimmer bald aufhört. Dort sitzen ein paar Engländer zusammen und unterhalten sich, und leider kann ich aufgrund der dünnen Wände jedes Wort verstehen, obwohl die Jungs wirklich nicht besonders laut sprechen.

Auf dem Weg zum Hotel konnten wir im Dunkeln aus dem fahrenden Bus heraus nur flüchtige Eindrücke von Cusco erhaschen, aber es scheint eine sehr schöne Stadt zu sein. Wirklich zu sehen bekommen wir sie allerdings erst in drei Tagen, denn morgen geht es gleich weiter Richtung Ollantaytambo und von dort aus dann zum Machu Picchu. Und anschließend dann wieder hierher.

Und dann – wenn nicht wieder eine Planänderung eintritt – sind wir tatsächlich zwei Nächte an ein und demselben Ort, nämlich hier. Sollte ich dann ein anderes Zimmer bekommen, weit weg von diesem Aufenthaltsraum, wäre ich nicht allzu traurig…

22.25 Uhr

Die Engländer sind gegangen. Hurra! Gute Nacht!!

Von Cusco nach Ollantaytambo
Oder: Willkommen bei den Inkas

Samstag, 10. November

06.30 Uhr

Cusco. Im Zimmer

Ich habe ausnahmsweise mal nicht sonderlich gut geschlafen und fühle mich ziemlich gerädert.

Zum einen war und bin ich irgendwie innerlich so unruhig, ganz kribbelig. Ob das die Höhenluft ist? Immerhin liegt Cusco auf 3.300 Metern Höhe.

Zum anderen hat mir auch die Bettensituation zu schaffen gemacht. Ich habe nämlich ein Doppelbett, mit einer riesigen Bettdecke für zwei Personen. Genauer gesagt waren es sogar zwei Decken, die beide in den Bettbezug gesteckt waren, und jede für sich war schon dick und sperrig. Obwohl ich irgendwann in der Nacht aufgestanden bin und eine der Decken rausgezogen habe, blieb es ein sperriges Ungetüm, mit dem ich mich nicht richtig zudecken konnte. Es lag wie ein Brett auf mir.

Ja, ich weiß, Jammern auf hohem Niveau…

07.00 Uhr

Duschen und Haarewaschen gestaltete sich auch nicht ganz einfach, aus der Dusche kam nur ein lauwarmer Pieselstrahl.

07.05 Uhr
Und jetzt ist mitten während des Föhnens der Strom ausgegangen. Na toll!

07.10 Uhr
Oh nein, es war gar kein Stromausfall, sondern mein Föhn hat den Geist aufgegeben. Auch das noch!

07.35 Uhr
Der Föhn funktioniert wieder! Er hatte sich wohl nur überhitzt.

In der Zwischenzeit bin ich mal in mich gegangen und habe mich gefragt, warum ich heute so nölig bin. Ich glaube, der Angsthase in mir ist wieder erwacht. Es geht um den Inka-Trail morgen. Auch wenn wir nur die letzte von eigentlich vier Etappen erklimmen werden, also nur den sogenannten „kurzen Inka-Trail" gehen, habe ich Muffensausen. Bergwandern war noch nie meine Stärke, schon als Kind und Jugendliche bei unseren Familienurlauben in Bayern und Österreich habe ich es gehasst. Ich mochte sehr gern oben auf dem Berg sein – aber das Hochlaufen hat mir immer schon körperlich zugesetzt. Und nun das Ganze noch auf dieser Höhe mit ihrer dünnen Luft!

Nein, das ist jetzt nicht der Beginn eines Rückzugsgefechtes, ich werde auf jeden Fall mitgehen. Schließlich ist Machu Piccu eines der sieben neuen Weltwunder! Man kann nicht in Peru gewesen sein, ohne dort oben gestanden zu haben! Aber Angst vor dem Weg dorthin darf ich haben, das erlaube ich mir einfach mal.

Vielleicht löst sie sich ja auch schon allein durch das Eingestehen ihrer Existenz in Luft auf. Na ja, Küchenpsychologie für Anfänger, Teil 1…

08.45 Uhr

Wieder im Zimmer

Ich muss mal kurz das Frühstück erwähnen: Es gab ein Buffet, unter anderem mit Müsli und Pfannkuchen. Ich vermute, in diesem Hotel hat man sich auf westliche Touristen spezialisiert.

09.10 Uhr

Im Bus. Auf dem Weg nach Ollantaytambo

Unsere bisherigen örtlichen Reiseleiter oder genauer gesagt Reiseleiterinnen waren allesamt freundlich, kompetent und vom Wesen her eher zurückhaltend. Über ihre eigene Person haben sie nichts erzählt, bestenfalls mal, aus welchem Ort sie stammen.

Nun aber haben wir ein ganz anderes Kaliber vor uns: Charly! Tatsächlich hat er einen anderen Namen, aber er möchte bitte „Charly" genannt werden. Charly ist hauptberuflich Bergführer, also „ein echter Bergsteiger", der diesen Job mit uns hier „nur so nebenbei" macht. Aber er wird es schon verkraften, wie er selbst sagte: „Ich werde sein mit euch die nächsten drei Tage – ich werde euch schon überleben."

Hahaha – an dieser Stelle, die er vermutlich bei jeder Gruppe abspult, sollte man wohl lachen. Aber wir sind ein etwas bockiges Trüppchen, jedenfalls brach kein überbordendes Gelächter aus. Ich glaube, es waren nicht nur die Worte, die niemand von uns besonders witzig fand, sondern vor allem auch der aggressive Ton, in dem sie vorgetragen wurden. Fast könnte man meinen, er macht diesen Job hier gegen seinen Willen.

Charly ist ein Mann, den viele Frauen sicherlich attraktiv finden. Das wellige schwarze Haar trägt er länger und zurückgegelt, sein Gesicht ist geziert von einem trendigen Drei-Tage-Bart und einer coolen Sonnenbrille, und um den Hals über seinem recht knackig sitzenden Trekkinghemd trägt er eine goldene Kette. Meine beste Freundin würde ihm, wie immer bei solchen Typen, in den Mund legen: „Ick kann mer nich helfen, ick find mer schöön".

Aber nicht, dass hier bei uns „Mädels" irgendwelche falschen Hoffnungen aufkommen: Charly ist verheiratet! Dass das mal klar ist!

Allerdings ist seine „Madame" gerade nicht hier, sondern weilt in Deutschland. Charly selbst hat übrigens auch eine Zeitlang in Deutschland gelebt, in Oberstorf. Jedenfalls fühlt er sich jetzt durch die wohl schon länger andauernde Abwesenheit von Madame gerade etwas allein und wird deshalb voraussichtlich „viel, viel reden". Falls es zu viel werden sollte, dürfen wir es ruhig sagen.

„Nicht, dass ihr noch Öhrenbrennerei bekommt".

Dieser Satz war tatsächlich der erste, den ich wirklich lustig fand, weil vor meinen Augen sofort ein Bild von meinen brennenden Öhren entstand…

Nun gut, wir werden Charly schon überleben.

10.20 Uhr

Awana Kancha. An der Straße zwischen Cusco und dem Heiligen Tal

Charly hatte angekündigt, wir würden an einer „Farm“ aussteigen, aber dieser Ausdruck war etwas irreführend. Hier gibt es viel mehr als nur eine Farm, nämlich außerdem noch ein Museum, Frauen in Trachten an Webstühlen und nicht zuletzt einen Souvenirshop mit sehr teuren Waren, die schon von vornherein in Dollar ausgezeichnet sind – Einheimische würden hier vermutlich auch nicht kaufen.

Die „Farm“ ist eine Aufzuchtstation für einheimische Tiere wie Lamas, Guanakos, Vikunjas und Alpakas – wobei ich jetzt weiß, dass das Alpaka auch zur Familie der Vikunjas gehört. Charly hat uns nämlich anhand einer Anschauungstafel alle Unterschiede und Gemeinsamkeiten erklärt, und anschließend konnte dann – wer wollte – die Tiere füttern. Und ich wollte! An so etwas habe ich immer eine geradezu kindliche Freude.

Ich durfte ein Alpaka der Rasse „Suri“ füttern, ein ausgesprochen putziges Tier mit sehr langem Haar, geradezu einer Mähne. Im Vergleich zu den Suris haben die Alpakas der Rasse „Huacaya“ ein viel kürzeres und lockigeres, wolliges Fell, ähnlich wie Schafe. Die Suris sind viel, viel seltener, ihr Anteil unter den Alpakas weltweit macht wohl gerade mal ein Prozent aus. Sie werden auch „die Vollblüter unter den Alpakas“ genannt, und ihr Fell soll früher nur den höchsten Königen vorbehalten gewesen sein. Also ein ganz edles Tier, dem ich meine Morgengabe in Form eines Kräuterbündels darreichen durfte. Und viele andere ließen sich mit stoischer Gelassenheit streicheln – hach, einfach zu schön!

12.10 Uhr

Pisac. Auf dem Markt

Nachdem der heutige Tag leicht unrund begonnen hat, entwickelt er sich zunehmend immer besser. Zuerst die beglückende Begegnung mit den freundlichen Tieren und nun dieser tolle Markt, für den wir endlich auch einmal richtig viel Zeit hatten, ohne dass sich jemand mit Blick auf die Uhr nervös räusperte.

Ich habe mir sogar etwas gekauft, und zwar etwas ausgesprochen Sinnvolles – einen Sonnenhut! Ich musste nämlich in den letzten Tagen feststellen, dass mein Basecap bei dieser intensiven Sonne nicht ausreicht. Ohren und Nacken bleiben ungeschützt, und der Schirm hält nur die Strahlen von vorne oben ab, aber nicht die seitlichen. Nicht das Richtige für die nächsten zwei Tage, in denen wir stundenlang durch die Sonne laufen werden. Und so machte ich mich hier auf die Suche nach einer passenden Kopfbedeckung und fand diesen Schlapphut. In beige, aus einem relativ leichten Stoff, mit rundum breiter Krempe, oben versehen mit Belüftungslöchern und unten mit einem Befestigungsband, das ich unter dem Kinn zuschnüren kann – falls mal Wind aufkommen sollte. Attraktiver macht mich das Ding nicht unbedingt, ich sehe aus wie eine englische Archäologin. Aber Eitelkeit ist hier wirklich fehl am Platz, Hauptsache kein Sonnenschaden!

Pisac ist ein kleiner Ort mit knapp viertausend Einwohnern, gelegen im Valle Sagrado, dem „Heiligen Tal der Inka“ und eingebettet in terrassenförmige Berghänge. Die Inka haben dieses Tal als „heilig“ bezeichnet, weil es den besten Boden ihres Reiches hatte, dazu Thermalquellen, Wälder, ein gutes Klima und vor allem immer ausreichend Wasser.

Schon die Anfahrt hierher mit Blick auf Pisac war wunderschön – nach den vielen Tagen in mehr oder weniger schroffer Gebirgslandschaft wirkt hier alles irgendwie harmonischer, zugänglicher und beruhigend. Allerdings bin ich mir nicht ganz sicher, ob das wirklich meine pure ureigenste Empfindung ist oder ob ich nicht vielleicht dadurch beeinflusst bin, dass Charly von Pisac als einem hochgradig spirituellen Ort gesprochen hat und ich mir nun gewisse positive Schwingungen einfach einbilde. Aber wie auch immer – ich erkläre Pisac kurzerhand zu einem meiner Lieblingsorte auf dieser Reise. Punkt.

14.00 Uhr

Im Bus

Selbst das mittägliche Touristenbuffet war heute deutlich besser zu verkraften. Das Restaurant befand sich in der Nähe von Urubamba, und diesmal waren wir nicht konfrontiert mit unerträglichem Geräuschpegel in einem riesigen Saal, sondern man saß und aß friedlich verteilt in kleineren Hütten. Und geschmeckt hat es auch noch.

Ein kleines Problem allerdings gab es mit unserer Bedienung: Zuerst konnte sie einfach nicht begreifen, dass Bettina nichts essen, sondern nur etwas trinken wollte. Rein sprachlich gesehen müsste sie es verstanden haben, denn Bettina ist die Einzige von uns, die recht passabel Spanisch spricht, aber vermutlich war dem jungen Mädchen so ein seltsamer Wunsch noch nie unterkommen. Bettina musste tatsächlich Eduardo zu Hilfe holen.

Und dann konnte die Bedienung die Welt gar nicht mehr verstehen: Jakob hatte es gewagt, sich umzusetzen, einen Platz weiter, um die Tischecke herum. Als sie mit den Getränken an den Tisch kam, konnte sie ihn einfach nicht mehr als diejenige Person zuordnen, die das Bier bestellt hat. Obwohl sie nur noch dieses Bier auf dem Tablett hatte und Jakob die einzige Person ohne Getränk war, wollte sie allen Ernstes wieder weggehen. Erst als wir alle winkten und abwechselnd wild auf ihr Bier und auf Jakob zeigten, begriff sie die Situation.

Nun geht es weiter nach Ollantaytambo, aber wir werden noch einen Zwischenstopp einlegen, und zwar – wenn ich es richtig verstanden habe – bei Charlys Tante. Was auch immer das zu bedeuten haben mag, wir werden ja nicht als ganzer Trupp bei seiner Tante in deren Haus einfallen. Vielleicht steht der Ausdruck „Tante“ übertragend für irgendetwas?

14.50 Uhr

Wieder im Bus

Also, das war ja mal ein äußerst amüsanter Zwischenstopp! Wir waren tatsächlich bei Charlys Tante zu Gast, aber nicht bei ihr privat, sondern in ihrer

Chicheria, einer Maisbier-Brauerei mit angeschlossener Kneipe. Oder Bar. Außen an der Wand neben dem Eingang ist zu lesen: „Aha Wasi – Inka Bar". Und darunter, ganz groß geschrieben, steht „Descanso", und das bedeutet: Erholung. Man darf sich das Ganze aber nicht als Kneipe oder gar Bar in unserem Sinne vorstellen, sondern es handelt sich um einen großen, etwas dunklen Raum in einem Lehmhaus mit ein paar Tischen und Stühlen. An den Wänden hängen Tonkrüge, Masken, bunte Teppiche und eine Art kleiner Gitarre.

Und hier fand nun unsere Bierprobe statt. Charlys Tante stellt Chicha de Jora her, das ist ein fermentiertes Maisbier aus dem alten Inkareich. Jora ist eine Art von gelbem Mais. Charlys hat uns – wie immer feurig – erklärt, wie genau man dieses Bier herstellt, von der Keimung des Maises an in diversen methodischen Schritten, aber ich muss zugeben, dass ich da nicht mehr so genau zugehört, sondern lieber Fotos gemacht habe. Zum Beispiel von den großen Glaskrügen mit den beiden Varianten des Maisbieres, hellgelb und hellrosa, beide leicht milchig. Oder von meinen Mitreisenden, wie sie vorsichtig an ihren Gläsern nippen. So richtig lecker ist dieses Getränk nämlich nicht unbedingt. Der Geschmack verwandelt sich im Mund von anfänglich leicht süßlich schnell hin zu säuerlich und endet schließlich mit einem eher bitteren Abgang. „Wie Apfelwein", sagt Martin, während Ellen ihm widerspricht: „Finde ich gar nicht. Dann schon eher wie Kombucha".

Auf jeden Fall ist ein bisschen Alkohol drin – und vielleicht erklärt die dadurch ausgelöste Lockerheit meinen Erfolg bei dem nachfolgenden Spiel namens Sapo. Dabei handelt es sich um ein Wurf- bzw. Geschicklichkeitsspiel, und es ist sehr beliebt in Chicherias. Im Innenhof aufgebaut war ein Holzkasten, auf dessen Mitte ein kleiner Frosch aus Metall hockte, umgeben von diversen Löchern im Holz. Die Spielregeln sind simpel: Die Spieler versuchen, Münzen entweder in das Maul des kleinen Frosches oder wenigstens in die Löcher drumherum zu werfen. Jedes Loch hat eine bestimmte Punktzahl. Und nicht zu glauben, aber wahr – ich habe gewonnen! Nein, wie ich gejubelt habe! Normalerweise bin ich nämlich bei solchen Spielen nicht gut. Wirklich nicht gut. Wenn ich allein an das so genannte Pferderennen auf unserem Jahrmarkt denke, bei dem man nicht werfen, sondern eine Kugel in Richtung diverser Löcher mit unterschiedlicher Punktzahl hochrollen muss. Noch nie habe ich da gewonnen! Und meine Schwester schon so oft! Vielleicht sollte ich beim nächsten Mal auch da vorher ein leicht alkoholisches Getränk zu mir nehmen…

15.30 Uhr

An den Ruinen von Ollantaytambo

Mit viel Elan hat uns Charly gerade einen Überblick über die Geschichte der Inka gegeben. Um es hier mal ganz kurz zusammenzufassen: Obwohl die Herrschaftszeit der Inka nur relativ kurz währte, nämlich von ungefähr 1200 n.Chr. bis zur blutigen Niederschlagung durch die spanischen Eroberer Mitte des 16. Jahrhunderts, ist ihre Kultur bis heute so berühmt, weil sie enorme künstlerische und technische Leistungen vollbracht haben, allen voran architektonische. Und hier noch einmal besonders hervorzuheben ist der Bau der perfekten Mauern, die aus aufeinander geschichteten, exakt in Form gebrachten Steinen bestehen. Ohne jeglichen Gebrauch von Mörtel. So perfekt aneinander gefügt, dass sie die Jahrhunderte ohne Verschiebungen überstanden haben – trotz der zahllosen Erdbeben.

Wir stehen hier oben an den Überresten der einstigen Festung und können auf die Stadt Ollantaytambo runterschauen, die das letzte verbliebene Beispiel für die Stadtplanung der Inka ist. Die Straßen sind in quadratische Blocks aufgeteilt, die jeweils einen Eingang haben zu einem zentralen Innenhof, der von Häusern umgeben ist.

Hier an der Festung selbst haben sich Dramen abgespielt, als der Inka-Herrscher Manco Capac hierher vor den Spaniern geflüchtet war. Zuerst hatte er sich noch auf Pizzaros Seite geschlagen, dann aber doch gegen ihn rebelliert und einen neuen Inka-Staat gegründet. Schließlich musste er zusammen mit seinen Gefolgsleuten fliehen, es ging von A nach B, unter anderem eben auch hierher, aber er wurde von den Spaniern unerbittlich verfolgt und immer wieder aufgestöbert.

Hier in Ollantaytambo gab es einen Versuch der Spanier, Manco Capac festzunehmen, aber dessen Leute wehrten sich nach Leibeskräften, ließen von hier oben Steine und Pfeile auf die Verfolger herabprasseln und setzten die Ebene unterhalb der Festung unter Wasser.

Kurzfristig ein Erfolg, doch letzten Endes nützte alles nichts und Manco Capac wurde schließlich ermordet.

Ich gebe zu, dass das jetzt eine mehr als oberflächliche Darstellung ist, aber zum einen war es (für mich jedenfalls) ein Zuviel an Informationen, die Charly auf uns niederprasseln ließ, und zum anderen war ich sehr abgelenkt durch das Auftauchen zweier peruanischer Mädchen-Schulklassen, die offensichtlich einen Schulausflug hierher machten. An ihnen konnte ich mich gar nicht sattsehen. Wie adrett sie alle aussahen in ihren roten Schuluniformen! Wobei das Wort „Uniform“ nicht ganz passend ist – es handelte sich um Röcke und dazu passende Jäckchen mit abgesetzten bunten Kanten und Ärmelaufschlägen, um die Taille gewickelt breite Stoffgürtel mit buntem Muster, unter den Jäckchen weiße Blusen, über die Schultern gelegt eine Art Stola und auf dem Kopf getragen einen hellen Strohhut mit schwarzem Band. Und wie brav sie alle waren! Gingen immer ordentlich zu zweit nebeneinander hinter der Lehrerin her, und als diese dann stehenblieb, um etwas zu erklären, drängten sich alle ganz eng um sie herum und hörten wissbegierig zu – nicht ein einziges Kind wirkte desinteressiert oder giggelte mit der Freundin herum.

Von dieser Szenerie war ich so fasziniert, dass ich dadurch bei meinem eigenen „Unterricht“ durch „Lehrer“ Charly etwas den Anschluss verpasste. Aber über die geschichtlichen Ereignisse kann ich mich ja im Nachhinein noch belesen, während ich für das Beobachten peruanischer Schulkinder vielleicht nie wieder die Gelegenheit haben werde.

Apropos Charly: Mein erstes Urteil über ihn heute Morgen ist ja nicht gerade positiv ausgefallen, aber inzwischen habe ich mich an seine selbstverliebte Art schon gewöhnt und weiß zu schätzen, mit wie viel Feuer und Ausdrucksstärke er uns über sein Land berichtet.

Außerdem hat er auch seine anfängliche Aggressivität uns gegenüber abgelegt – und sie sogar begründet: Er hätte es einfach „vollkommen schwachsinnig" gefunden, dass wir alle unser gesamtes schweres Gepäck von Cusco aus nach Ollayntatambo mitschleppen würden, statt es einfach im Hotel in Cusco zu lassen. Schließlich würden wir doch schon in zwei Tagen wieder dorthin zurückkehren. Und außerdem könnten wir in unseren übernächsten Übernachtungsort, Aguas Calientes, unser großes Gepäck ohnehin nicht mitnehmen – dorthin würde nämlich gar keine Straße führen, unser Reisebus würde dementsprechend in Ollantytambo bleiben, während wir uns nur noch per Zug und öffentlichem Bus fortbewegen würden – und zwar nur noch mit Tagesrucksäcken, bitteschön! Und wenn wir sowieso einen kleinen Rucksack packen müssten, dann hätte es doch wohl auch gleich für zwei Nächte sein können und diese sperrigen Koffer hätten einfach in Cusco bleiben können! Einfach nur unnötiger Ballast! Dieses unsinnige Gepacke heute Morgen hätte ihn wirklich sauer gemacht. Aber er würde ja einsehen, dass nicht wir für diese Planung verantwortlich sind, sondern unser Reiseveranstalter.

Nun gut, er hat natürlich nicht ganz Unrecht, man hätte die Koffer sicherlich in Cusco lassen können. Aber es ist doch auch kein Drama, dass wir sie mitgenommen haben. Ich persönlich bin froh, dass ich diesen Tagesrucksack nur für eine Nacht packen muss. Und dass der gute Mann wegen einer solch banalen Angelegenheit so dermaßen schlechte Laune bekommen musste – schon etwas übertrieben…

17.50 Uhr

Ollantaytambo. Im Hotel

So, nun heißt es also, den Rucksack zu packen für die nächsten zwei Tage. Morgen früh geht es los, zu meiner persönlich größten Herausforderung auf dieser Reise – dem Inka-Trail. Ich bin schon so dermaßen aufgeregt! Über siebentausend Stufen werden wir erklimmen müssen. Hoffentlich halte ich das durch! Ja, ich weiß, ich bin noch jung und eigentlich auch nicht unsportlich, aber – um es noch mal zu erwähnen – für das Herumklettern in den Bergen bin ich einfach nicht geboren.

Und dann noch zu entscheiden, was man mitnehmen muss, um für alle Fälle gerüstet zu sein. Genügend zu trinken, das ist das Allerwichtigste. Es wird unterwegs nichts geben, wo man etwas kaufen kann. Dann braucht man etwas gegen Kälte, gegen Regen, gegen Sonne und gegen Mücken. Mit all dem könnten wir morgen in den verschiedenen Höhenlagen und Klimazonen konfrontiert werden. Und die dementsprechenden Utensilien plus die Sachen für die Nacht müssen alle in den Rucksack verfrachtet werden, und der wiederum muss die ganze Zeit geschleppt werden. Das ist übrigens für mich eines der größten Probleme beim Wandern, diese Last auf dem

Rücken. Nein, es liegt nicht daran, dass ich keinen guten Rucksack habe. Im Laufe meines Lebens habe ich schon die verschiedensten Modelle besessen und auch anderer Leute Exemplare probegetragen – das zusätzliche Gewicht auf dem Rücken ist immer gleich belastend für mich. Also, wenn ich doch noch mal irgendetwas Größeres planen sollte in Richtung Bergklettern, ich bräuchte jemanden, der meinen Rucksack trägt. Aber die Wahrscheinlichkeit, dass ich so etwas angehe, geht ziemlich gegen Null. Denn weder verspüre ich eine Sehnsucht, irgendeinen bestimmten Gipfel zu erklimmen, noch habe ich einen Ehrgeiz, mir selbst beweisen zu wollen, dass ich so etwas schaffen kann. Ich kann gut nachvollziehen, dass andere diese Gefühle in sich tragen, aber ich selbst kann so tief in mich gehen wie ich will – weder Gipfel-Sehnsucht noch Gipfel-Ehrgeiz vermag ich dort zu finden.

Beste Voraussetzung für den morgigen Tag, wenn ich es so recht bedenke…

21.50 Uhr

Nach dem Essen wieder im Hotelzimmer

Ist es eigentlich typisch deutsch, dass sich alle so dermaßen damit beschäftigen, was man für den Inka-Trail so alles einpacken muss? Und wenn dieses Thema schließlich bis ins letzte Detail erschöpfend abgehandelt ist, dann schweigend das Essen in sich reinmümmeln? Genau so verlief jedenfalls unser Restaurantbesuch heute Abend. Aber irgendwie auch beruhigend, dass ich nicht die Einzige bin, die sich so viele Gedanken über das

Packen des Tagesrucksacks macht. Und auch beruhigend war es zu hören, dass diese vielen Gedanken nicht völlig lächerlich sind – denn Charly hat noch einmal betont, dass sich in den Anden an nur einem einzigen Tag alle nur denkbaren Wetterszenarien abspielen können.

Die anderen haben sich vor dem Restaurantbesuch noch Regenponchos gekauft, für umgerechnet siebzig Cent pro Stück. Ich hatte mir schon im Vorfeld zuhause so ein Ding gekauft, im Drogeriemarkt, für einen Euro. Den habe ich gerade eben erstmalig ausgepackt – und mich schwer gewundert, was ich da aus der Verpackung gezogen habe. Dass das Ganze vom Material her nicht viel mehr sein kann als ein gigantischer Gefrierbeutel, war mir angesichts des Preises ja schon klar. Aber ich konnte nun wirklich nicht damit rechnen, dass auf dem Rücken in dicken schwarzen Buchstaben aufgedruckt steht „DEUTSCHLAND“!

Auf dem Inka-Trail
Oder: Mit hochrotem Kopf zum Weltwunder

Sonntag, 11. November

07.55 Uhr

Im Zimmer

Noch ein paar Minuten Zeit nach dem Frühstück, bis wir gleich starten, zu Fuß Richtung Bahnhof.

Ich finde es ja selbst lächerlich, wie aufgeregt ich bin, nur weil ein paar Stunden Bergwandern vor mir liegen, aber abstellen lässt sich dieses Gefühl einfach nicht.

Da kann ich mir noch so oft sagen, dass schon Tausende diesen Weg gegangen sind, ohne zu sterben. Oder dass sich dort im Laufe der Zeiten bestimmt auch schon einige Leute den Fuß verstaucht oder einen Bänderriss oder eine Gehirnerschütterung zugezogen haben und trotzdem irgendwie wieder heil nach Hause gekommen sind. Oder dass mindestens die Hälfte meiner Gruppe auch nicht gerade als Sportskanone zu bezeichnen ist und dass mir schon nicht alle davonpreschen werden und dass ich bestimmt nicht tränenüberströmt und kilometerweit abgeschlagen zurückbleiben werde.

Nützt alles nix, dieses Sich-Mut-Zusprechen. Ich muss diese Angst jetzt einfach akzeptieren. Und ich bin froh, dass es jetzt endlich losgeht und ich es heute Abend hinter mir haben werde.

08.55 Uhr

Am Bahnhof

Der Zug steht schon am Gleis, die Türen sind allerdings noch geschlossen. Sieht sehr schön aus, knallblau, mit gelben Streifen und der ebenfalls in gelb gehaltenen Aufschrift „Perurail". Mit uns zusammen stehen hier noch so einige andere wartende Touristen, aber wir haben reservierte Plätze und müssen gleich nicht losstürmen und um einen Sitzplatz kämpfen.

Alles könnte so schön sein – wäre nur mein Rucksack nicht so schwer! Schon den kurzen Weg vom Hotel hierher fand ich beschwerlich. Allein die drei Flaschen Wasser mit jeweils einem Liter fühlen sich auf meinem Rücken an wie Wackersteine. Dazu noch das Lunchpaket aus dem Hotel, auch kein Leichtgewicht mit Apfel, Mandarine, hartgekochtem Ei, Frikadelle und kleinem Apfelsaft. Müsliriegel aus meinem eigenen Bestand hab ich auch noch dabei.

Und dann eben noch all die Dinge, die ich heute auf der Tour vielleicht gegen Sonne/Mücken/Regen einsetzen muss und all die Sachen, die ich zum Übernachten brauche – und ehrlich, diesbezüglich habe ich mich radikal eingeschränkt!

Trotzdem sind es sicher mindestens acht Kilo, die ich jetzt mit mir herumschleppe. Aber wenigstens wird das Gewicht ja abnehmen mit steigendem Konsum des Wassers und der Fressalien.

09.12 Uhr

Im Zug

Daran sollte sich die Deutsche Bahn mal ein Beispiel nehmen: Auf die Minute pünktlich um 9.10 Uhr setzte der Zug sich in Bewegung. Die Fahrt wird jetzt eineinhalb Stunden dauern, und dann steigen wir aus bei „Kilometer 104".

Ich habe Charly gefragt, worauf sich diese Kilometerangabe denn bezieht – ob der eigentliche, der lange Inka-Trail bis zu diesem Punkt schon 104 Kilometer lang wäre. Offensichtlich war das aus seiner Sicht eine vollkommen dämliche Frage, denn er musste erst einmal tief durchatmen, bevor er mir antwortete. Nein, der gesamte Inka-Trail wäre „nur" – er malte die Anführungszeichen in die Luft – 45 Kilometer lang. Die Zahl 104 würde sich beziehen auf die Bahnstrecke von Cusco nach Aguas Calientes.

Das liebe ich ja – Menschen, die einem das Gefühl geben wollen, dumm oder ungebildet zu sein. Aber von so etwas lasse ich mich nicht beirren. Ich bin schließlich ein Kind der „Sesamstraße", und da habe ich allabendlich gehört und seitdem tief in mir verwurzelt: „Wer nicht fragt, bleibt dumm".

10.45 Uhr

An Kilometer 104

Irgendwie verrückt, gerade noch saßen wir gemütlich auf unseren komfortablen Sitzen im warmen Zug, und nun stehen wir hier plötzlich in der peruanischen Pampa, direkt an einem Fluss. Kein Bahnsteig, kein Haus, kein

Mensch – außer uns, denn wir sind als Einzige aus dem Zug ausgestiegen. Nur ein hölzernes Tor am Anfang einer Hängebrücke verrät den Anfang des Inka-Trails:

Instituto Nacional de Cultura

Cusco

„Camino Sagrado"

Km.104

Das ist oben auf dem Tor zu lesen. Dieses werden wir gleich durchschreiten und dann über die Hängebrücke auf die andere Seite des Flusses gehen (es ist übrigens der Urubamba, wie ich gerade höre). Und dann geht es los. Zwölf Kilometer immer bergauf.

Ach so, eine Sache noch, die ich jetzt nicht so ganz verstanden habe: Eduardo ist heute gar nicht mit dabei, er ist im Zug sitzen geblieben.

10.55 Uhr

Auf der anderen Flussseite

So ganz direkt ging es doch noch nicht los, es wartete nämlich noch eine Kontrollstelle auf uns. Hier wurden unsere Pässe kontrolliert und mit Listen abgeglichen. Man kann den Inka-Trail nämlich nicht einfach so spontan wandern, sondern muss im Voraus reservieren. So will man Massenanstürme vermeiden.

Außerdem wartete hier noch eine junge Frau auf uns – unsere zweite Begleitung für den heutigen Tag. Sie wird aus Sicherheitsgründen immer als Letzte am Ende der Gruppe gehen, während Charly den „Trupp" anführt. Vermutlich ist deshalb Eduardo nicht dabei, das wäre ja auch tatsächlich ein bisschen viel „Begleitpersonal" für unsere Kleingruppe.

Ganz schön durchorganisiert alles. Aber für mich beruhigend zu wissen, dass ich nicht erschöpft irgendwo am Wegesrand zusammenbrechen kann, ohne dass es jemand mitbekommt.

12.05 Uhr

Irgendwo am Wegesrand, auf ein paar großen Steinen sitzend

Eine Stunde später und hundertfünfzig Höhenmeter weiter legen wir unsere erste Pause ein. Allesamt verschwitzt. Die Sonne strahlt erbarmungslos vom stahlblauen Himmel. Alle haben ihre Zwiebellook-Lagen nach und nach abgepellt und sich um die Hüften gebunden oder noch irgendwie in ihren Rucksack gestopft. Und ich bin so froh, dass ich mir neulich diesen Sonnenhut gekauft habe, der ist jetzt Gold wert!

Aber abgesehen von der unerwarteten Hitze – der Weg bis hierher war wunderschön. Es ging zunächst vorbei an den Ruinen von Cachabamba, bevor dann der Weg den Berghang entlang stetig anstieg. Ringsum dunkelgrüne, steile Berghänge und zwischendurch immer wieder atemberaubende Ausblicke ins Flusstal und auf die Berge. Und außer uns keine Menschenseele weit und breit, die die himmlische Ruhe stören könnte – obwohl in unserem Programm stand, der Inka-Trail wäre „stark frequentiert", aber vielleicht haben wir heute einfach Glück.

Oh, Charly drängt schon wieder zum Aufbruch. Nicht, dass er uns keine Pause gönnt. Aber es ist nicht gut, wenn die Muskeln nach der Beanspruchung zu sehr erkalten, dann fällt der Weitermarsch nämlich umso schwerer…

13.15 Uhr

Wieder irgendwo am Wegesrand auf großen Steinen

Die nächste Pause, unsere Mittagspause sozusagen. Schweigend mümmeln wir alle vor uns hin. Ich scheine nicht die Einzige zu sein, der die Anstrengungen der letzten Stunde ziemlich zugesetzt haben. Wenn ich in Birgits und Magdas Gesichter sehe, dann erahne ich schon, wie ich selbst aussehe – nämlich ebenfalls knallrot. Meine Haut fühlt sich auch wirklich ganz heiß an und brennt ein bisschen. Ausgesprochen unangenehm. Ich könnte natürlich mal ein Selfie machen und gucken, wie ich tatsächlich aussehe – aber ehrlich, ich will es gar nicht wissen!

Das Anstrengendste an dem Aufstieg ist gar nicht unbedingt das ständige Bergauf-Gehen, sondern es sind die Stufen, die zwischendurch immer mal wieder eingebaut sind. Zum einen ist Stufengehen ja einfach schon vom Bewegungsablauf her anspruchsvoller als einfaches Gehen. Zum anderen liegt die Krux bei diesen Stufen darin, dass sie weder gleich hoch noch gleich breit noch gerade sind, so dass Hirn und Körper bei jeder Stufe neu ausloten müssen, wie diese nun wieder anzugehen ist. Leider hat Charly bei den bisherigen Stufen verkündet, diese seien nur ein kleiner Vorgeschmack, die „richtigen“ Stufen würden erst noch kommen. Na ja, nur nicht weiter drüber nachdenken…

Ein Gutes hat das ständige Schwitzen ja immerhin: Eine Toilette – die es auf dem ganzen Weg natürlich nicht gibt – werde ich den ganzen Tag lang nicht benötigen, alles wird direkt ausgeschwitzt.

14.40 Uhr

Stufen von Wiñaywayna

Ich glaube, ich muss mich gleich übergeben vor Anstrengung. So steile Stufen, und sie wollen nicht enden. Ich bin jetzt einfach mal stehengeblieben, weil mein Herz so rast. Auch wenn Charly sagt, immer stetig weiterzugehen wäre das Beste. Aber es geht gerade wirklich nicht mehr, ich muss erst mal versuchen, meinen Puls wieder etwas runterzufahren.

Immerhin bin ich nicht die Letzte, Magda muss noch öfter stehenbleiben als ich, und unsere Begleiterin dementsprechend natürlich auch. Magda und Jakob haben sich übrigens extra für die heutige Wanderung Wanderstöcke gekauft.

16.05 Uhr

Inti Punku

Das Highlight des heutigen Tages – Inti Punku, das Sonnentor, von dem aus man den ersten heiß ersehnten Blick runter auf das neue Weltwunder Machu Picchu werfen kann.

Ach, wenn ich diesen Anblick doch nur mehr genießen könnte! Aber ich bin so fix und fertig, dass ich alles nur wie durch eine Glaswand wahrnehmen kann. Auf den Fotos, die unsere Begleiterin von uns als Gruppe gerade gemacht hat, werde ich vermutlich furchtbar verkrampft aussehen, weil ich es nur mit letzter Kraft geschafft habe, eine Art von Lächeln auf mein Gesicht zu bugsieren.

Dabei war ich nach den Höllenstufen von Wiñaywayna voller Hoffnung, dass der schlimmste Teil bewältigt wäre und es von nun an mehr oder weniger gemütlich weitergehen würde. Das ging es zunächst tatsächlich auch, durch den subtropischen Regenwald, inzwischen ohne Sonne, dafür begleitet von Donner, aber insgesamt etwas angenehmer zum Wandern.

Doch dann kam mein Verhängnis. Charly sagte: „Wir sind gleich da". Natürlich glaubte ich ihm aufs Wort und legte einen deutlichen Zahn zu – für meine Verhältnisse war ich von diesem erlösenden Satz an richtiggehend flott unterwegs. Denn wenn wir gleich schon da wären, bräuchte ich meine verbliebenen Kräfte ja nicht mehr allzu sorgsam einzuteilen. Dachte ich mir so. Nur dass „gleich da" ein auslegungsfähiger Begriff ist. Und Charly meinte wohl die südamerikanische Interpretation. Jedenfalls kam nach seiner verheißungsvollen Ankündigung erst mal eine Kurve. Und dann noch eine. Und danach die nächste. Und so weiter, irgendwann hörte ich auf zu zählen. Und dann, zu guter Letzt, rückte mein letzter Sargnagel ins Bild: Erneut ragten supersteile Stufen vor uns auf. Wirklich, ich weine so gut wie nie, aber bei diesem Anblick schossen mir tatsächlich die Tränen in die Augen. Ich war richtiggehend verzweifelt. Aber es nützte nichts, es gab keine andere Option als da irgendwie hochzukraxeln.

Und so stehe ich jetzt hier mit einer hochroten Bombe, die wohl ihresgleichen vergeblich sucht. Ich vermute sogar, dass mein Gesicht eher schon lila als rot sein wird. Aber wie gesagt, ein Selfie scheidet aus, ich will diese Bombe nicht sehen. Und auf den Fotos der Begleiterin bin ich ja glücklicherweise nicht im Großformat zu sehen, sondern nur als Gruppenmitglied und dankenswerterweise auch noch leicht verdeckt von Bettina.

Magda war übrigens beim Anblick der Stufen wohl noch verzweifelter als ich. Sie macht auch jetzt noch immer einen vollkommen fertigen Eindruck und wirkt leicht apathisch. Wobei sie immerhin das „Glück" hatte, die Letzte im Trupp zu sein und damit unsere Begleiterin an ihrer Seite zu haben – die dann das gesamte letzte Stück Magdas Rucksack trug.

Auf jeden Fall kann ich mit absoluter Sicherheit sagen, dass ich in meinem jetzigen Trainingszustand den „richtigen" langen Inka-Trail über vier Tage und vor allem auch streckenweise über mehr als viertausend Meter Höhe niemals nie nicht schaffen würde!

Wir bleiben noch ein paar Minuten hier, dann geht es weiter, von nun an dankenswerterweise nur noch bergab runter zum Machu Picchu.

Dort werden wir uns allerdings nicht aufhalten, sondern mit dem öffentlichen Bus runter nach Aguas Calientes fahren. Für die ausführliche Besichtigung von Machu Picchu ist der komplette morgige Vormittag vorgesehen.

Jetzt hätte ich auch wahrlich keinerlei Kapazitäten mehr, auch nur noch die klitzekleinste Information aufzunehmen. Ich will einfach nur noch duschen und mich lang auf einem Bett ausstrecken!

17.15 Uhr

Im Bus

Selbst die Busfahrt ist anstrengend, eine Haarnadelkurve folgt der anderen. Gut, dass ich nicht zur Reiseübelkeit neige…

Ein besonderer Clou dieser Fahrt: Nach jeder neuen Kurve stand ein Junge in Tracht am Straßenrand und winkte uns zu. Irgendwann sagte einer von uns: „Sag mal, ist das nicht immer derselbe Junge?!" Aber das konnte ja nicht möglich sein. Oder doch? Doch, das konnte es. Der Junge war nämlich immer in gerade Linie das Bergstück runtergerannt, um welches der Bus sich in derselben Zeit mühselig herumschlängelte. Irgendwann hielt der Bus dann an, der Junge stieg ein und alles klatschte begeistert. Dann fing er an, zu winken und mit unglaublich penetranter hoher Stimme zu rufen: „Adios", „Goodbye", „Auf Wiedersehen", „Arrivederci" und ähnliches, lief dann durch den Bus und bekam für diesen Auftritt von jedem Geld – ja, auch von mir.

Bevor wir in den Bus eingestiegen sind, haben wir uns alle von unserer Begleiterin verabschiedet – und Magda und Jakob haben ihr ihre Wanderstöcke geschenkt, als Dank dafür, dass sie sich so lieb um Magda gekümmert hat. Sie hat sich wirklich riesig gefreut!

18.20 Uhr

Aguas Calientes. Im Hotel

Das ist ein merkwürdiges Zimmer, in dem ich hier bin. Am Kopfende des Bettes befindet sich ein Fenster mit Vorhang in der Wand, und als ich es neugierig öffnete und meinen Kopf rausstreckte, blickte ich in den Gang. Aber in Bettinas Zimmer ist es noch seltsamer: Da geht das Fenster hinterm Bett raus ins Treppenhaus!

Aber Hauptsache, die Dusche funktioniert, und das tut sie. Ich bin jetzt wieder frisch und sauber – ich war tatsächlich richtig dreckig, das habe ich den Tag über gar nicht so bemerkt.

Und wenn ich es gleich geschafft haben werde, das riesige Ungetüm von sperriger goldener Tagesdecke vom Bett zu ziehen, werde ich mich kurz noch in selbiges legen, bevor es dann zum Restaurant geht.

Apropos: Wegen des Restaurants gab es vorhin eine mittelschwere Verstimmung auf Seiten von Charly. Ich hoffe, dass er sich bis nachher wieder beruhigt hat.

Also, es war folgendermaßen: Gestern Abend beim Essen schlug Charly uns vor, heute Abend doch mal „etwas besser" essen zu gehen. Er habe da ein ganz bestimmtes, super tolles Restaurant im Blick. Allerdings würde dort ein Menü vierzig Euro kosten.

Vierzig Euro! Das ist ja für hiesige Verhältnisse einfach utopisch!

„Ein Sterne-Restaurant?", fragte ich mich kurz, und auch die anderen sahen etwas verwundert aus. Bettina holte bereits Luft. Doch noch bevor irgendjemand von uns etwas zu seinem Vorschlag sagen konnte, hob Charly gebieterisch die Hand und sagte: „Das entscheidet ihr nicht jetzt, sondern ich frage euch morgen früh im Zug noch mal.“

Gut, alles klar. Nur, dass er heute früh im Zug eben nicht noch mal gefragt hat. Und als wir nun vorhin hier im Hotel ankamen und dann das Thema aufkam, wo wir denn heute Essen gehen wollen, da sagte er – wieder gebieterisch: „Wieso, das ist doch schon entschieden, wir gehen in das Restaurant mit dem Menü, von dem ich euch gestern erzählt habe.“

Wir sind ja nun wirklich ein lammfrommer Trupp, aber da regte sich doch allseits Widerspruch. Den einen waren vierzig Euro grundsätzlich zu viel, die anderen wollten keinen langen Abend mit einem mehrgängigen Menü verbringen, sondern einfach nur etwas essen und dann ins Bett, die nächsten wollten erst mal wissen, was genau es denn da geben würde, bevor sie sich entscheiden könnten… Schwer entnervt von unserem Aufbegehren hob Charly die Hand und rief aus: „Gut, alles klar. Dann gehen wir eben zu meinem Onkel. Da gibt es Pizza. Ich muss ihn anrufen, ob er so einen großen Tisch frei hat. Aber das geht auf jeden Fall klar. Bei mir geht immer alles klar.“

Damit drehte er sich um und zog erhobenen Hauptes von dannen, ohne uns noch weiter zu beachten. Selbst von hinten sah man ihm das Beleidigtsein an.

Aber wie auch immer, ich freue mich auf die Pizza. Nach dem anstrengenden Tag heute habe ich wirklich einen Riesenhunger, und da brauche ich genau so etwas Stopfiges.

21.20 Uhr

Im Hotel

Ich liege schon im Bett, bin fix und fertig nach diesem Tag.

Das Hotel ist total hellhörig. Ich höre immer, wenn Tomas nebenan seine Nase putzt – er hat sich einen kleinen Schnupfen eingefangen.

Die Pizza war richtig gut, das Bier dazu ebenso, gekostet hat es insgesamt ungefähr acht Euro, die Pizzeria war gemütlich, Charlys Onkel sehr nett und Charly selbst wieder gut drauf. Also ein versöhnlicher Tagesabschluss. Und nun wünsche ich mir selbst eine gute und erholsame Nacht! Morgen früh fahren wir nämlich schon um halb acht wieder los…

Machu Picchu
Oder: Ein magischer Ort?

Montag, 12. November

07.15 Uhr

Im Zimmer

Gleich geht es wieder los. Aber dankenswerterweise heute ohne nennenswerte körperliche Anstrengung, wir müssen lediglich zum Busbahnhof laufen und werden dann die Serpentinen wieder hochgeschaukelt zum Machu Picchu. Noch so ein Wandertag – ich würde streiken! Erstaunlicherweise habe ich aber vom gestrigen Tag keine Blessuren davongetragen, weder irgendwelche Blasen an den Füßen noch Muskelkater in den Beinen. Ich fühle mich tatsächlich ziemlich gut heute Morgen.

Vielleicht trägt zu diesem Gesamtwohlsein auch bei, dass ich so tief geschlafen habe wie selten. Und das trotz der Umstände. Es ist nämlich eiskalt hier im Zimmer, und vor allem wahnsinnig feucht. Alles ist klamm, die Bettdecke, die Handtücher und natürlich auch meine Klamotten – dieselben von gestern, in die ich nach dem Duschen wieder reinsteigen musste, weil ich in meinen Tagesrucksack nicht auch noch ein frisches Trekkinghemd gepackt habe. Hätte ich aber besser gemacht, denn dieses hier ist feucht und schmierig, und innen am Kragen klebt von gestern eine Mischung aus Schweiß und Mückenspray – das eigentlich überflüssig war, denn während der gesamten Tour ist uns nicht eine einzige

Mücke begegnet. Und auch kein einziger Regentropfen ist vom Himmel gefallen – Gott sei Dank, denn mit meinem DEUTSCHLAND-Regenponcho wäre ich nur sehr, sehr ungern durch den peruanischen Nebelwald gewandert. Insgesamt habe ich mehr als die Hälfte meines Rucksackinhalts nicht gebraucht. Aber im Nachhinein ist man immer schlauer.

Übrigens möchte ich noch einen Preis verleihen an dieses Hotel hier, und zwar für das schlechteste Frühstück auf der bisherigen Reise! Es war wieder das übliche karge Mahl, nur dass diesmal die Brötchen so bockelhart waren, dass man um den Erhalt seiner Zahngesundheit bangen musste, und dann fehlte auch noch das obligatorische Rührei! Was für ein Glück, dass ich ganz unten in meinem Rucksack noch einen Müsliriegel gefunden habe!

11.45 Uhr

Machu Picchu, allein auf einer kleinen Mauer

Wir haben gerade „Zeit zur eigenen Verfügung", und das ist auch gut so. Der heutige Tag ist zwar nicht anstrengend in körperlicher Hinsicht, dafür aber in geistiger. Absoluter Informations-Overkill! Charly schäumte fast über vor lauter Drang, uns hier in dieser riesigen Ruinenstadt alles zu zeigen und zu erklären – und uns mit den diversen Theorien zu beglücken, die zu diesem Ort aufgestellt wurden.

Die große Frage ist: Warum wurde Machu Picchu überhaupt gebaut, an dieser absolut entlegenen Stelle, so hoch in den Bergen, auf über 2.400 Metern?

Und der Antworten gab und gibt es viele:

Theorie 1: Machu Picchu war der letzte Rückzugsort der Inkas im Kampf gegen die spanischen Eroberer. Diese Theorie stellte sich als falsch heraus, denn später wurde ein anderer Ort gefunden, den man definitiv als den tatsächlich letzten Rückzugsort identifizieren konnte.

Theorie 2: Macchu Picchu war ein Frauenkloster. Diese Theorie stellte sich als falsch heraus, weil die gefundenen Skelette aufgrund ihrer geringen Größe allesamt für Frauenskelette gehalten worden waren, spätere Untersuchungen aber zeigten, dass es sich bei der Hälfte der Skelette um die Gebeine von Männern handelte – die damals eben auch sehr klein waren.

Theorie 3: Machu Picchu war ein heiliges Zentrum, und der Inka-Trail diente der Pilgerreise dorthin. Diese Theorie wurde bisher nicht widerlegt.

Theorie 4: Machu Picchu war eine Sommerresidenz der Inka-Könige, die sich hier oben im angenehmen Klima erholten, jagen gingen und Gäste empfingen. Auch diese Theorie wurde noch nicht widerlegt.

Theorie 5: Machu Picchu könnte auch eine Kombination aus Königssitz und heiligem Zentrum gewesen sein.

Theorie 6: Na ja, und zu guter Letzt dürfen natürlich auch die Ufo-Gläubigen nicht fehlen, die felsenfest davon überzeugt sind, dass dieses Wunderwerk nur von Außerirdischen erschaffen worden sein kann – wie immer meine Lieblingstheorie.

Das ist jetzt natürlich eine sehr kurze Kurz-zusammenfassung, Charly hat uns unendlich viel mehr erzählt und auch gezeigt, wie zum Beispiel ein bestimmtes Fenster im sogenannten Sonnentempel, durch den im Juni am Tag der Sonnenwende die Sonne bei Sonnenaufgang einen Lichtstrahl „schießt", der dann wiederum ein perfektes Rechteck bildet – was für die Theorie des heiligen Zentrums sprechen soll. (Jetzt gerade frage ich mich, ob denn in den Tagen vor und nach der Sonnenwende der Sonnenaufgang so dermaßen anders verläuft, dass dieses „Spektakel" dann nicht zu sehen ist. Hm…).

Aber selbst wenn man sich für das „Warum" von Machu Picchu nicht so sehr interessiert, bleibt ja immer noch die phänomenale Baukunst der Inka, die man bewundern kann. Wie schon in Ollantaytambo gibt es diese perfekt ineinandergefügten Steine ohne jeden Füllstoff, die trapezförmigen Fenster und Türen, die nach innen geneigten Wände – das ist schon alles zum Staunen.

Nicht umsonst ist Machu Picchu von der UNESCO als Weltkulturerbe aufgenommen worden. Und außerdem auch – wenn auch nicht von der UNESCO – zu einem der „neuen sieben Weltwunder" erklärt worden. Wobei Charly voller Verachtung kundtat, dass er davon nichts wissen wolle. Diese sogenannten neuen Weltwunder entbehrten jeglichen ernstzunehmenden Hintergrundes; irgendwelche Privatleute hätten einfach die „normalen Menschen" abstimmen lassen, ohne jegliche wissenschaftlichen Kriterien. Gut, ok, es wären wohl immerhin siebzig Millionen Menschen gewesen, die an dieser Wahl teilgenommen hätten, aber trotzdem…

Apropos Charly: Ich muss wirklich sagen, dass ich ihm als Reiseführer auf einer Skala von null bis zehn tatsächlich eine zehn geben würde. So viel Wissen, gepaart mit echter Liebe zu seiner Heimat, das Ganze gewürzt mit Leidenschaft und durchaus auch Humor – das habe ich selten erlebt. Oder vielleicht sogar noch nie? Müsste ich mal drüber nachdenken bei Gelegenheit.

Trotzdem bin ich froh, dass die Führung jetzt beendet ist, meine Aufnahmekapazität ist nämlich vollkommen erschöpft. Irgendwann rauschten Charlys Ausführungen nur noch wie von weiter Ferne durch mich hindurch.

Apropos erschöpft – oder vielmehr nicht-erschöpft: Einigen wenigen von uns hat der gestrige Tag wohl nicht gereicht und sie sind erneut zu einem Bergaufstieg aufgebrochen: Tomas und Martin klettern zusammen mit Eduardo auf den Huayna Pichu. Übersetzt „der junge Berg“, während Machu Picchu, man ahnt es schon, „der alte Berg“ heißt. Übrigens sprechen wir Deutsche Machu Picchu immer falsch aus – wir sagen „Matschu Pitschu“, aber richtigerweise heißt es „Matschu Pi**k**tschu“, mit k in der Mitte, wie Charlys uns beibrachte.

Wir anderen fahren demnächst mit dem Bus zurück nach Agua Calientes und werden dort etwas essen gehen, und anschließend geht es dann mit dem Zug zurück nach Ollantytambo und von dort aus mit dem Bus nach Cusco.

Ach so, über das Wetter habe ich ja noch gar nichts geschrieben. Ziemlich wolkig ist es. Aber perfekt für die Besichtigung.

Und es ist hier sehr voll – viele Touristen und vor allem lauter Schulklassen. Vielleicht liegt es an dem allgemeinen Gewimmel und der Lautstärke, dass sich bei mir so gar kein Hauch von spirituellem Gefühl einstellen will. Oder gar von Magie. Ich habe ja wie immer vor der Reise nicht viel über das Land gelesen, um mir nicht schon irgendwelche Vorstellungen zu machen und dann enttäuscht zu sein. Und um vor Ort nicht nur das zu sehen, was ich aufgrund des Gelesenen auch erwarte zu sehen. Aber unvoreingenommen nach Machu Picchu zu kommen, das geht kaum. Man muss nur irgendwo erwähnen, dass man nach Peru fährt, schon fällt dieses Stichwort. Und eben meist im Zusammenhang mit dem Begriff „magischer Ort“.

Wenn ich nur an meine enthusiastische Tante denke, die mir einen Tränenausbruch prophezeit hat. Gut, die neigt ja immer sehr zu emotionalen Übertreibungen. Aber selbst mein bodenständiger Reisefreund Matthias aus meiner China-Reisegruppe erzählte, dieser Ort würde ihm auf ewig in Erinnerung bleiben. Wie er dort stundenlang gesessen und über sein Leben nachgedacht habe. Geplant habe er das definitiv nicht, aber irgendetwas an diesem Ort hätte ihn dazu gebracht, er wäre selbst überrascht worden von all seinen Gedanken und Erkenntnissen. Und tatsächlich hätte er anschließend auch einiges in seinem Leben verändert. Mein weltenbummelnder Freund Frank aus Berlin sagte nur kryptisch: „Machu Picchu – na, du wirst es schon selbst merken.“

Aber ich merke nichts. Nichts Übernatürliches, nichts Göttliches, keine besondere Energie – auch wenn Charly uns erklärt hat, dass dies definitiv ein so genannter Kraftort ist, an dem Energien zusammenfließen. Ich will nichts von alldem in Abrede stellen, aber ich persönlich fühle das alles eben nicht. Ich kann einfach all diese aufgeregten Menschen und Kinder um mich herum nicht wegfiltern, und auch die vielen Informationen von Charly liegen schwer in meinem Kopf.

Vielleicht hätte ich die Chance auf ein spirituelles Erlebnis, wenn ich frühmorgens hierher käme, allein wäre und noch mit keinem gesprochen hätte. Aber ob es überhaupt einen Tag im Jahr gibt, an dem man hier allein sein könnte? Oder zumindest nur zusammen mit einer Handvoll Leute, die sich auf dem großen Areal hier verlieren würden? Selbst wenn man es schaffen würde, zum Sonnenaufgang hier zu sein – mit Sicherheit würde man sich in Gesellschaft einer Horde von Fotografierwütigen befinden, die wegen des perfekten Lichts gekommen wären und nun hier auf der Suche nach dem perfekten Standort wetteifern würden – und solche Leute können extrem humorlos sein, da habe ich schon so meine Erfahrungen gemacht. Durchaus könnte sich da in mir eine negative Energie entwickeln, und schon wäre es wieder vorbei mit der Chance auf das Erfühlen der heiligen Energie. Abgesehen davon reise ich grundsätzlich nicht zweimal in dasselbe Land, dafür warten in der Welt noch zu viele andere Orte auf mich, die ich sehen möchte.

Und so werde ich Machu Picchu einfach als wunderschönen Ort in Erinnerung behalten, der einzigartig ist, über den man staunen kann und über dessen Sinn die Welt vielleicht ewig rätseln wird.

14.00 Uhr

Aguas Calientes. In einem mexikanischen Restaurant

Oh Mann, Bombenstimmung! Falls Machu Picchu über eine positive Energie verfügen sollte – auf uns hat sie sich definitiv nicht übertragen. Im Gegenteil. Zum ersten Mal gibt es Knatsch in unserer sonst so harmonischen Gruppe.

Schuld ist im Grunde Charly, der mal wieder beleidigt ist und jetzt auch nicht hier mit uns zusammen sitzt. Mit „uns“ meine ich Bettina, Birgit, Ellen und mich.

Tomas, Martin und Eduardo waren noch nicht zurückgekehrt von ihrer Wanderung auf den Huayna Pichu, als wir unseren Rückweg per Bus antraten, und so waren wir von vornherein schon ein etwas kleinerer Trupp als sonst, der nun in Aguas Calientes etwas essen gehen wollte. Charly bestimmte sofort gebieterisch: „Wir gehen dahin“, zeigt auf das erstbeste Restaurant und stiefelte los, ohne sich umzudrehen. Und wir als gute Schafherde trotteten erst mal hinterher. Aber dort drin gefiel es uns – speziell Bettina und mir – überhaupt nicht. Das Restaurant war ein langer, dunkler und ungemütlicher Schlauch, eigentlich auch eher ein Café, und ein Blick auf die Speisekarte verriet, dass es sagenhaft teuer war. Also beschlossen wir – genauer gesagt erneut Bettina und ich – wieder zu gehen. Wir beide gingen voran, wieder nach draußen, die anderen folgten uns.

Nun standen wir also wieder auf der Straße, zu siebt im Kreis. Oder besser zu sechst, denn Charly baute sich sofort demonstrativ ein Stück entfernt von uns auf. Klar

– dass er eingeschnappt sein würde, wenn man seine Entscheidung in Frage stellt, war vorherzusehen.

„Also, dann macht ihr eben, wie ihr wollt, ist eure Entscheidung. Aber ich bin jetzt raus. Ich geh zum Markt, muss sowieso mal war Richtiges essen. Aber für euch ist das nichts!“ Sprach`s, blieb aber trotzdem stehen.

Bevor wir aber überhaupt beratschlagen konnten, wohin wir nun gehen wollten, fing plötzlich auch noch die sonst immer so liebe Ellen an zu motzen: „Also, ich find es unmöglich, wie ihr euch verhalten habt, man kann doch nicht erst da mit so vielen Leuten reinstürmen und dann einfach wieder rausgehen. Das ist ja total peinlich. Auch für Charly! Der ist hier doch bekannt!“

Jakob und Magda wurde die angespannte Stimmung offensichtlich zu viel, sie tuschelten kurz miteinander und sagten dann: „Wir beide gehen wieder in die Pizzeria von gestern Abend.“ Und in dem „Wir beide“ klang unausgesprochen, aber unüberhörbar ein „und zwar ohne euch“ mit. Die beiden marschierten auch gleich los, und – man höre und staune – Charly sagte: „Gute Idee, da komme ich mit.“ So nach dem Motto „Was interessiert mich mein Geschwätz von gerade eben noch?“. Und weg war auch er.

Warum Ellen den dreien nicht auch gefolgt ist, verstehe ich nicht so ganz. Mir wäre es auf jeden Fall lieber gewesen, denn jetzt sitzt sie hier mit immer noch mürrischem Gesicht, zurückgelehnt mit verschränkten Armen. Zu essen hat sie sich auch nichts zu essen bestellt.

„Mir hat es den Appetit verschlagen!“, sagte sie.

Seitdem redet sie nicht mehr. Und vergiftet mit ihrem demonstrativen Schweigen die gesamte Stimmung an unserem Tisch. Sie anzusprechen ist sinnlos, sie hat so richtig „zugemacht“, wie man so sagt. Aber ich glaube, ihr völlig überzogenes Beleidigtsein hat eigentlich gar nichts mit uns dreien zu tun. So schlimm und peinlich war unser Kurzauftritt in dem anderen Restaurant nun auch wieder nicht. Ich vermute vielmehr, es hat irgendetwas mit Martin zu tun. Vielleicht hat sie Angst um ihn, weil er auf diesen Berg geklettert und sie es zu gefährlich findet. Vielleicht hatten sie Streit, weil sie ihn davon abhalten wollte, er aber nicht auf sie gehört hat. Oder vielleicht wäre sie auch gern mitgeklettert, hat sich aber nicht getraut und ärgert sich nun über ihren fehlenden Mut. Oder vielleicht hat Martin zu ihr gesagt hat, sie solle lieber nicht mitkommen, es wäre zu gefährlich. Oder oder oder. Tausend Möglichkeiten. Ich hoffe nur, sie beruhigt sich wieder. Unsere Gruppe ist zu klein für eine dauerhaft beleidigte Leberwurst. Bei nur acht Leuten kann niemand mit schlechter Stimmung „in der Masse untergehen“. Aber wird schon wieder.

Allerdings fühlt sie sich im Moment auch noch in ihrer Meinung bestätigt, dass wir besser in das von Charly vorgeschlagene Restaurant gegangen wären. Hier geht es nämlich leicht chaotisch zu. Das ging schon los mit der Bestellung. Wir alle – außer Ellen – bestellten sowohl Getränke als auch Essen bei einer netten jungen Frau. Soweit so gut. Doch fünf Minuten später kam eine andere Bedienung an unseren Tisch und forderte uns auf zu bestellen. Und obwohl auch hier Bettina wieder einmal auf Spanisch alles versuchte, um zu erklären, dass wir bereits bestellt hätten, war nichts zu machen. Nein, wir mussten alle alles noch mal bestellen.

Wenige Minuten später kam diese zweite Bedienung wieder an unseren Tisch und brachte – die Rechnung. Wir waren natürlich mehr als erstaunt, das hatte von uns auch noch niemand erlebt, dass man im Restaurant schon zahlen muss, noch bevor man das Essen bekommen hat. Bei näherer Betrachtung stellten wir dann aber fest, dass das gar nicht unsere Rechnung war. Nicht eines der dort aufgeführten Essen hatten wir bestellt! Ich staune eigentlich bis jetzt, dass wir – allen voran natürlich Bettina – es geschafft haben, das der herbeigerufenen Bedienung klarzumachen. Des Rätsels Lösung: Es war die Rechnung vom Nachbartisch, an dem ebenfalls vier westliche Touristen saßen. Diese vier bekamen nun die besagte Rechnung überreicht und gaben der Bedienung ein paar Scheine, mit denen sie von dannen zog. Kurz darauf kehrte sie zurück mit dem Wechselgeld – das sie aber unglaublicherweise an unseren Tisch brachte! Wie kann denn das nur möglich sein? Sehen wir für Peruaner vielleicht alle gleich aus? Aber selbst wenn das so wäre, dann müsste man sich doch wenigstens den Tisch merken. Wirklich unerklärlich!

21.55 Uhr

Cusco. Im Hotel

Diesmal habe ich ein wesentlich besseres Zimmer als vor drei Tagen. Oder waren es nicht viel eher drei Wochen? So fühlt es sich irgendwie an…

Nach dem Aufenthalt in Aguas Calientes auf „nur“ gut zweitausend Metern Höhe bewegen wir uns jetzt wieder auf 3.300 Metern. Aber ich habe den Eindruck, als würde die Höhe mir diesmal gar nichts mehr ausmachen. Meine Begründung dafür wäre ja, dass mein Körper sich beim letzten Aufenthalt hier schon an die Höhe gewöhnt hat, aber Charly hat erzählt, dass die gesteigerte Produktion von roten Blutkörperchen, die eine Gewöhnung an die Höhe überhaupt erst ermöglicht, sofort nachlässt, sobald man wieder unter die Dreitausendermarke kommt. Danach fängt man dann wieder bei Null an.

Außerdem hat Charly auch noch behauptet, dass Afrikaner und Asiaten schon rein genetisch die Höhe über dreitausend Meter nicht vertragen können. Warum auch immer dem so sein sollte. Haben diese Menschen denn andere rote Blutkörperchen? Und überhaupt, „die Afrikaner“ – meint er mit diesem Ausdruck alle Menschen aus Afrika, von Marrokko und Tunesien bis runter nach Namibia und Südafrika? Und „die Asiaten“ – meint er damit die Inder, Japaner, Kirgisen, Georgier und all die vielen, vielen anderen von diesem riesigen Kontinent? Hm.

Apropos Charly: Nachdem wir uns vorhin vor dem Hotel von ihm verabschiedet haben, kann ich nicht behaupten, dass ich sonderlich traurig bin, ihn ab morgen nicht mehr zu sehen. Auch wenn ich ihm als Reiseleiter die volle Punktzahl gegeben habe – als Mensch würde er auf einer Skala von null bis zehn leider über eine drei nicht hinauskommen.

Aber noch mal zurück zum Rest des Tages. Als wir in Aguas Calientes aus dem Restaurant traten, trafen wir Jakob und Magda, die erzählten, sie hätten „die Jungs“ schon getroffen, die drei seien wohlbehalten zurück von ihrer Bergtour. Woraufhin Ellen losstürmte, um „ihren“ Martin zu suchen.

Birgit dagegen hatte es nicht so eilig, Tomas zu finden, und ging mit Bettina und mir auf den Markt, auf dem wir herumschlenderten, bis es an der Zeit war, zum Bahnhof zu gehen und mit den anderen gemeinsam in den Zug zu steigen.

Die Fahrt nach Ollantaytambo wurde beherrscht von lautstarkem Schnarchen zweier Personen: Eduardo und Charly. Ich selbst bin erst später eingeschlafen, im Bus auf der Fahrt nach Cusco.

Um halb acht kamen wir hier an. Und dann ging es direkt noch mal los, diesmal aber nur zu zweit: Zusammen mit Bettina bin ich noch eine gute Stunde durch die Gegend gelaufen, Richtung Plaza de Armas. Beide hatten wir trotz Dunkelheit kein unsicheres Gefühl, außerdem vorsorglich unsere Taschen im Hotel gelassen und nur etwas Bargeld in der Hosentasche. Von selbigem habe ich mir ausnahmsweise sogar etwas gekauft: ein Paar silberne Ohrringe, ein kleines Inka-Kreuz und einen Kugelschreiber mit Lederumhüllung.

Und jetzt kommt beinahe so etwas wie ein Urlaubsgefühl bei mir auf: Ich muss nicht schon wieder meinen Koffer packen, damit es morgen früh schneller geht, auch keinen Rucksack, muss mir noch nicht mal überlegen, was ich morgen anziehe – denn wir bleiben jetzt tatsächlich sagenhafte zwei Nächte in diesem Hotel. Und dann können wir auch noch ausschlafen: Die Stadtführung startet doch allen Ernstes erst um neun Uhr! Verrückt!!

Cusco
Oder: Endlich mal kein Kofferpacken

Dienstag, 13. November

06.25 Uhr

Im Bett

Na ja, mit dem Ausschlafen hat es schon mal nicht geklappt. Zu sehr sind Körper und Geist schon darauf gepolt, frühmorgens aus dem Bett zu springen und sofort alle Morgenabläufe abzuspulen, um spätestens um sieben Uhr am Frühstückstisch zu sitzen. Aber gut, nun weiß ich wenigstens, dass hier die Sonne schon um kurz nach fünf aufgeht. Kurz habe ich sogar überlegt, nach draußen zu gehen und ein Stimmungsfoto zu machen. Aber bei der Überlegung ist es dann auch geblieben.

Apropos Sonne: Als wir vor drei Tagen von hier aus Richtung Ollantaytambo starteten, ebenfalls bei Sonnenschein, sagte Charly: „Am besten macht ihr jetzt schon vom Bus aus ein paar Fotos von Cusco. Wenn wir hierher zurückkommen, ist sehr wahrscheinlich das Wetter schon schlecht." Scheint nicht zu stimmen, diese Aussage, wenn ich so aus dem Fenster sehe. Und der ultrablaue Himmel sieht nicht so aus, als hätte er die Absicht, sich demnächst zu beziehen. Aber dieses schöne Wetter, das wir die ganze Zeit über haben, scheint sehr untypisch für die Jahreszeit zu sein. Eduardo wird auch nicht müde, immer wieder zu betonen, was für ein Glück wir doch hätten.

Heute freue ich mich sogar mal aufs Frühstück, auf das Buffet mit Müsli und Pfannkuchen. Und dann noch mit genügend Zeit, es diesmal auch genießen zu können und nicht wie beim letzten Mal runterschlingen zu müssen.

09.25 Uhr

An den Ruinen von Sacsayhuaman

Sacsayhuaman – dieses für uns schwierige Wort wird von englischsprachigen Reiseführern gern wie „sexy woman" ausgesprochen. Sagte Iwan, unser heutiger örtlicher Reiseleiter. Soweit ganz lustig – aber ich fürchte, das wird das einzig Lustige von seiner Seite bleiben. Wie schnell man seine Meinung ändern kann: Gestern war ich noch froh, Charly los zu sein, heute sehne ich ihn mir inbrünstig wieder herbei.

Dieser Iwan ist einfach schrecklich. Ja, genau, Iwan der Schreckliche… Er ist winzig klein, Eduardo wirkt neben ihm geradezu wie ein Riese, trägt eine wahnsinnig dicke Brille und eine viel zu große und vor allem viel zu lange Herrenjeans. Aber diese Äußerlichkeiten sind natürlich völlig nebensächlich. Das Wichtigste an einem Reiseleiter ist ja nicht sein Aussehen, sondern seine Art, einem Wissen über die jeweilige Sehenswürdigkeit zu vermitteln. Und eben diese Art ist bei Iwan so schrecklich. Er leiert alles runter, so als würde er es von einem inneren Zettel ablesen. Und dann spricht er immer einfach so in die Gegend und gar nicht zu uns gerichtet, irgendwie so über uns hinweg.

Birgit sagt: „Wie ein Prediger."

Ich erwidere: „Oder wie ein Kassettenrecorder auf zwei Beinen."

Eduardo ergänzt: „Der ist schwul."

Was das jetzt mit seiner leiernden Sprechweise zu tun haben soll, weiß ich allerdings auch nicht.

Erschwerend zu diesem Geleiere kommt noch hinzu, dass Iwans Vortrag für uns auch inhaltlich nicht so wahnsinnig interessant ist. Er ergeht sich in langen Ausführungen über die Bauweise der Inka, es geht wieder um die faszinierende Art, wie sie die Steine ineinandergefügt haben, um trapezförmige Fenster und Türen, um Erdbebensicherheit… Das alles hat uns Charly ja bereits rundum erschöpfend erzählt. Das kann Iwan natürlich nicht wissen. Aber sagen mag man es ihm auch nicht, er ist sicher so ein Typ, der vollkommen aus dem Tritt geraten würde, wenn er spontan von seinem üblichen Konzept abweichen sollte.

Na ja, und dann ist es natürlich auch hier wieder so, dass man nicht weiß, welchem Zweck diese Anlage ursprünglich gedient hat. War es eine Festung? Oder doch vielleicht ein zeremonieller Tempel? Die einen meinen mal wieder dies, die anderen das. Und selbst hier sind auch meine Freunde mit ihrer Außerirdischen-Theorie wieder vertreten. Wie bereits schon vor gefühlt ewigen Zeiten gesagt: „Peru – das Land der vielen Theorien".

10.30 Uhr

Coricancha-Tempel

Das hier war einst der wichtigste Tempel in Cusco – über diese Tatsache scheint es keinen Theorienstreit zu geben.

Allerdings ist von dem Bauwerk nicht mehr viel zu sehen, weil es die Zerstörungen der Spanier nicht überstanden hat. Nur ein paar Mauerreste blieben übrig, und die wurden dann auch noch überbaut durch eine Kirche, den Convento de Santo Domingo. Diese aber stürzte bei einem schweren Erdbeben 1950 ein, und dabei wurden die alten Inka-Grundmauern wieder sichtbar.

Das ist natürlich interessant, aber so wahnsinnig viel zu sehen gibt es nicht – jedenfalls nicht so viel, dass man sich eine ganze Stunde hier aufhalten muss. Diese lange Zeit hat unser lieber Iwan aber angesetzt für diesen Ort, zur eigenen Erkundung, nachdem er zehn Minuten lang im Grunde schon alles erklärt und gezeigt hat. Warum hat er uns jetzt noch so viel Zeit gegeben? Hat er vielleicht schon keine Lust mehr?

Auf jeden Fall hat dieser Typ wirklich einen Knall. Mal ein Beispiel: Auf dem Weg hierher kamen wir an einem Restaurant vorbei. Er zeigte darauf und sagte: „Hier-gibt-ein-Gericht-besteht-aus-Fleisch-Gemüse-Minze-lecker-aber-macht-dick-man-kann-nicht-alles-haben-im-Leben." Alles komplett auf einer Tonhöhe gesprochen. Wie ein Roboter. Oder eine ganz schlecht programmierte Navi-Stimme.

Wie auch immer, ich weiß so langsam wirklich nicht mehr, was ich hier noch machen soll. Zur Toilette gegangen bin ich auch schon, zum Zeitvertreib. Dort stand ein vollkommen aufgelöstes italienisches Pärchen an den Waschbecken – ja, der Mann war in der Damentoilette. Denn ihr war eine Riesenspinne in die Hose gekrochen während ihres Toilettenganges, und da hat sie wohl so geschrien, dass er herbeigeeilt kam. Nun versuchte er sie zu beruhigen. Ob es ihm gelungen ist, kann ich nicht sagen. Als ich die Örtlichkeit wieder verließ, zeterte sie noch unvermindert weiter. Würde mich nicht wundern, wenn man die beiden heute Abend schon am Flughafen antrifft, weil sie sich weigert, auch nur noch eine einzige Nacht in diesem schrecklichen Land zu verbringen.

14.00 Uhr

Im Zimmer

Ist das herrlich! Ich habe ein Mittagsschläfchen gehalten! Eine Stunde lang herrlich geschlummert. Und ich kann noch gemütlich so lange im Bett liegenbleiben wie ich will und mir in aller Ruhe überlegen, was ich gleich mache – oder ob ich überhaupt irgendwas mache. Es gibt doch tatsächlich keinen nächsten Termin (jedenfalls nicht in den nächsten fünf Stunden). Der Nachmittag steht „zur freien Verfügung". Die anderen haben sich zwar nach dem Ende unserer Führung in unterschiedlichen Konstellationen verabredet, gemeinsam heute Nachmittag etwas zu unternehmen, aber da habe ich mich gleich aus dem Staub gemacht und bin auf direktem Wege zurück zum Hotel gegangen. Ich musste unbedingt mal allein sein.

Apropos Führung: Nach dem Coricancha-Tempel gab es noch zwei weitere Besichtigungspunkte zu absolvieren. Zum einen die unausweichliche Kathedrale an der Plaza de Armas, zum anderen den so genannten „zwölfeckigen Stein". Darunter habe ich mir sonst was vorgestellt – auf jeden Fall einen einzelnen Stein, der irgendwo ausgestellt ist, auf einem speziellen Platz, hinter Glas sogar… Aber tatsächlich handelt es sich dabei nur um einen von vielen Steinen in einer „normalen“ Mauer an einer Straße, der Calle Hatunrumiyoc. Es handelt sich dabei um die Steinmauer des ehemaligen Palastes des Inka-Herrschers Roca. Und hier eingebaut ist der große zwölfeckige Stein, der mit den umgebenden Steinen lückenlos verbunden ist. Es handelt es sich nicht um den größten Stein, sondern um den mit den meisten Ecken – eben besagte zwölf. Und es gibt mal wieder eine Theorie dazu: Einige Archäologen meinen, dass die Anzahl der Ecken die Monate eines Jahres darstellt.

18.25 Uhr

Zurück im Zimmer

Tja, von meinem Nachmittag „in Freiheit“ hatte ich irgendwie auch mehr erwartet. Ich habe mich einfach ein bisschen treiben lassen – manchmal erlebt man dabei ja die verrücktesten Dinge, manchmal aber halt auch nicht.

Mein erster Weg führte mich zur Markthalle am Bahnhof, von der unser Iwan der Schreckliche gesagt hatte, sie sei einfach toll und man würde mindestens drei Stunden dort verbringen müssen. Das mag vielleicht stimmen, wenn man das Bedürfnis hat, jede der dort angebotenen Waren einmal in die Hand zu nehmen und eingehend zu begutachten und anschließend mit dem Verkäufer um den Preis zu feilschen. Ich dagegen stand nach zwanzig Minuten schon wieder auf der Straße, und ich bin mir sicher, in jedem Gang gewesen und an jedem

Stand einmal vorbeigekommen zu sein. Also alles gesehen zu haben. Und ein Inkakreuz als Kettenanhänger habe ich mir in dieser Zeit auch noch gekauft. Aber ob ich das jemals tragen werde…

Anschließend ging es wieder hoch zur Plaza de Armas und von da aus noch weiter nach oben, über viele Treppen, nach San Blas. In meinem Reiseführer stand wieder mal das Wort „Künstlerviertel", von dem ich ja nie so recht weiß, was genau damit gemeint ist. Zumindest in dem Teil von San Blas, durch den ich gekommen bin, gab es in den engen Gassen schlichtweg eine Menge von Läden, die ähnliche Dinge anboten, wie wir sie inzwischen oft schon auf den Märkten und in den Markthallen gesehen haben. Möglicherweise waren die Sachen hier hochwertiger, das kann ich nicht so genau sagen. Mein Bedarf an Mitbringseln ist nämlich im Moment gedeckt, und so bin ich nur kurz und etwas halbherzig in den einen oder anderen Laden gegangen.

Auf dem Rückweg hierher habe ich mir noch etwas für den kleinen Hunger zwischendurch zugelegt: Eine Tüte mit etwas, das ich für Nüsse hielt, sich aber gerade hier beim Öffnen als salzige Maiskörner erwies. Und eine Art von Müsliriegel namens Energia Inka, bestehend aus Weizen, Amarant, Maca, Quinoa, Rosinen, Nüssen und Kokosnuss. Klingt super, ist leider nur etwas trocken. Aber ansonsten nicht schlecht.

Sehr rätselhaft war allerdings der Ablauf beim Kauf dieser beiden Snacks. Insgesamt bezahlen musste ich 3,30 Soles, umgerechnet gut achtzig Cent. Ich gab der Verkäuferin ein Fünf-Soles-Stück hin. Das nahm sie und legte es auf den Tresen. Anschließend griff sie zum Taschenrechner, tippte darauf herum, legte ihn wieder auf den Tresen und sah mich ratlos an. Ich blickte genauso ratlos zurück – was für ein Problem konnte sie wohl haben? Nach einiger Zeit des gegenseitigen Sich-Anguckens öffnete sie ihre Geldtasche. Um sie direkt danach wieder zu schließen. Dann gab es wieder eine Pause mit ratlosem Gucken. Nach einiger Zeit, in Schweigen verbracht, nahm sie wieder den Taschenrechner zur Hand, tippte diesmal aber nicht darauf, sondern sah ihn nur an – und legte ihn wieder weg. Dann guckte sie wieder in ihre Geldtasche. Wenn sie nur irgendetwas gesagt hätte, untermalt mit irgendwelchen Gesten, vielleicht hätte ich ja begriffen, um was es geht. Aber so wusste ich einfach nicht, was ich machen sollte. Kurz überlegte ich, ob ich einfach gehen sollte – das Wechselgeld von umgerechnet vierzig Cent nicht zu bekommen hätte mich ja nicht gerade an den Rand des Ruins gebracht. Aber plötzlich tat sich etwas: Sie zog eine Schublade auf und holte eine Papierrolle heraus! Ohne weiteres Zögern öffnete sie diese, und nun lag ein Stapel Münzen vor ihr. Sie nahm ein paar dieser Münzen, zählte sie ab und – nein, nein, sie gab sie nicht mir! Sie zählte sie erst ein weiteres Mal ab. Und dann endlich streckte sie mir mein Wechselgeld entgegen. Ich nahm die Münzen und zählte sie NICHT ab, sondern steckte sie einfach in mein Portemonnaie, sagte „Adios“ und ging.

Bis jetzt denke ich darüber nach, was da los war. Ist es nicht üblich, sich ein so vergleichsweise geringes

Wechselgeld auszahlen zu lassen? Oder ist es genauer gesagt von Touristen nicht üblich? Hat sie die ganze Zeit darauf gewartet, dass ich abwinke und gehe? Oder durfte sie vielleicht als „kleine Angestellte" nicht einfach so eine neue Münzrolle anbrechen, sondern hätte erst den Chef oder die Chefin fragen müssen, die aber gerade nicht da waren? Oder konnte sie nicht mit dem Taschenrechner umgehen und war verzweifelt, weil sie einfach nicht wusste, wie viel Geld sie mir zurückgeben musste? Vielleicht hat sie mir gar nicht die richtige Summe in die Hand gedrückt. Aber da ich das Geld ja nun mal unkontrolliert zu den anderen Münzen in meinem Portemonnaie gesteckt habe, werde ich es wohl nie erfahren.

21.45 Uhr

Wieder im Zimmer

Vorhin im Restaurant haben wir festgestellt, dass jeder aus der Gruppe gerötete Augen hat. Eduardo sagte, die Luft in Cusco sei ausgesprochen schmutzig, das wäre wohl der Grund. Hm. Ich weiß ja nicht so recht…

Gegessen habe ich heute Abend direkt opulent – ein Drei-Gänge-Menü, bestehend aus einer Quinoasuppe, dem Hauptgericht Lomo Saltado und einem Dessert aus Maissaft-Gelee. Das Ganze hat umgerechnet drei Euro gekostet.

Lomo Saltdado ist eines der typischsten Gerichte in Peru. Ein relativ einfaches Pfannengericht, bestehend aus Rindfleisch, Kartoffeln, Tomaten, Paprika, Zwiebeln und Chilli, serviert mit Reis. Erstaunlich lecker. Nur die fast noch rohen Tomaten machen mir ein bisschen Sorge, etwas mehr durchgekocht wären sie mir lieber gewesen, so rein magentechnisch gesehen. Aber bisher gab es in dieser Hinsicht ja noch gar keine Probleme, bei keinem aus der Gruppe.

Vielleicht sollte ich mir mehr Gedanken über die Blase außen an meinem rechten großen Zeh machen, die ich mir heute „erlaufen" habe. Schon verrückt, da wandert man einen ganzen Tag lang durch die Anden und bleibt ohne jegliche Blessuren, und ausgerechnet beim Rumschlendern durch die Stadt passiert es dann. Aber nicht so schlimm, vorerst werden wir nicht viel laufen müssen. Morgen früh fahren wir mit dem Bus mitten aufs Land, in einen Ort oder eher ein Dorf namens San Pedro, das wiederum in der Nähe von Sicuani liegt.

Und wenn ich dem Programm vertrauen darf, erwartet uns dort kein Fußmarsch – sondern Schlimmeres! Reiten! Außerdem ist die Rede von Mehrbettzimmern. Aber darüber denke ich lieber gar nicht nach, sonst schlafe ich nicht …

Von Cusco nach Sicuani
Oder: R wie Reiten und Ruinen

Mittwoch, 14. November

08.45 Uhr

Im Bus, wieder mit unserem Fahrer Julio

Und weiter geht`s. Von der Großstadt ins Dorf. Ich habe keine Vorstellung, was uns dort erwartet in unserer „einfachen Unterkunft, in der wir euch keine Einzel- oder Doppelzimmer anbieten können“. Aber falls ich eine schlaflose Nacht haben werde, wenn ich in einem Raum mit einem der Schnarcher Tomas oder Jakob schlafen muss, dann ist es nicht ganz so dramatisch, nachdem ich jetzt so viele Stunden Schlaf hinter mir habe. Ich bin sogar heute zum ersten Mal von meinem Wecker geweckt worden. Sonst war ich wirklich jeden Tag lange vor dem Klingeln schon wach. Bettina ging es heute genauso, wie sie gerade erzählte, und Ellen und Martin haben sogar verschlafen. Ob das daran liegt, dass wir uns in der zweiten Nacht schon an das Hotel gewöhnt hatten und dadurch unser sonstiger „Auf-der-Flucht-Modus“ etwas runtergefahren war?

Mein Magen beziehungsweise Darm befindet sich nicht im Optimalzustand. Vielleicht liegt es tatsächlich an den Tomaten von gestern Abend? Oder an meiner Angst davor, dass die Tomaten Probleme machen könnte? Oder an meiner Angst vor dem, was noch so alles auf uns zukommt? Nicht nur der Programmpunkt Reiten und die

Mehrbettzimmer heute bereiten mir Unbehagen, auch die Übernachtung bei einer Familie am Titicacasee, der Trip in die Wüste, die Fahrt im öffentlichen Bus, der Grenzübertritt nach Bolivien, die Mountainbiketour über die „gefährlichste Straße der Welt" …

Schon komisch, dass der Angsthase in mir so schlagartig wieder erwacht ist. Wo doch bisher auf dieser Reise alles gut gegangen ist. Mal abgesehen von irgendwelchen Planänderungen, aber die waren ja allenfalls ärgerlich.

Oh, während ich geschrieben habe, hat sich direkt etwas ereignet! Der Bus wurde angehalten und kontrolliert von der „Policia Transito". Und unser Julio musste glatt eine Strafe von umgerechnet knapp vierzig Euro zahlen, weil er keine Fahrerlaubnis für Cusco besitzt. Na sowas!

Jetzt mal etwas ganz anderes, etwas sozusagen Zwischenmenschliches, das ich einerseits nachvollziehen kann, andererseits auch gemein finde. Es geht um Jakob und Magda. Bettina hat sich vorhin bitterlich bei mir beklagt, dass diese beiden offensichtlich sie auserkoren haben, um Fragen aller Art zu stellen.

So habe es zum Beispiel gestern Morgen in aller Frühe an ihrer Zimmertür geklopft, und davor stand Magda. Sie wollte wissen, ob denn heute wohl jemand in die Zimmer kommen würde zum Putzen oder Bettmachen und ob man deshalb alles aufräumen müsste.

Im ersten Moment mutet die Frage natürlich seltsam an, weil wir schließlich schon seit zwei Wochen in Hotels übernachten, aber es war ja das erste Mal, dass wir nicht gleich am frühen Morgen wieder abgereist sind, so dass diese Frage sich tatsächlich bisher nicht gestellt hat. Und man darf ja nie vergessen, dass Jakob und Magda noch nie zuvor in ihrem Leben gereist sind.

Eigentlich fand ich diese Geschichte deshalb ganz anrührend, aber Bettina schnaubte nur, als ich ihr das sagte.

„Ja, DU hast sie ja auch nicht dauernd am Hals. Ich glaube, die halten mich deshalb für besonders kompetent, weil ich Spanisch spreche. Im Grunde helfe ich ja auch immer gerne, aber mich nervt so dermaßen, dass die beiden immer so indirekt fragen, so durch die Blume. Vorhin beim Frühstück zum Beispiel. Ich komme in den Raum und werfe gerade einen ersten Blick auf das Buffet, da kommt Jakob zu mir angelaufen und fragt, ob es denn heute kein Rührei gibt. Dass dort keines stand, war offensichtlich. Und am liebsten hätte ich deshalb auch gesagt: „Offensichtlich nicht." Aber mir war ja klar, dass seine eigentliche Frage war: „Kannst du bitte für mich fragen gehen, ob ich ein Rührei bekommen kann?" Ja, ja, ich weiß, jetzt sagst du gleich, dass die beiden eben sehr höflich sind und nicht so mit der Tür ins Haus fallen wollen. Aber mich strengt es total an, wenn ich immer überlegen muss, was die eigentlich konkret von mir wollen. Außerdem könnten sie ja auch Eduardo fragen. Aber ich glaube, weil er ja nun mal unser Reiseleiter ist, sehen sie ihn irgendwie als Respektsperson an, die man nicht mit solche banalen Fragen zu belästigen hat. Ach, keine Ahnung!"

Sie seufzte noch einmal schwer, damit hatte es sich dann. Einen Kommentar schien sie von mir nicht zu erwarten, sie wollte das alles wohl nur mal loswerden.

11.45 Uhr

Cuchuma

Wir sind da. An unserer Unterkunft. Die sich nicht wie gedacht in San Pedro befindet, sondern in einem noch kleineren Ort namens Cuchuma. Und hier stehen oder hocken wir jetzt vor unserer Unterkunft rum. Zu tun gibt es im Moment rein gar nichts. Die Zimmer sind noch nicht fertig, obwohl sie es längst hätten sein sollen. Eduardo ist richtig wütend auf die Leute hier – die letzten Gäste wären schließlich schon vor einer Woche abgereist!

Ich habe die Wartezeit dazu genutzt, meinem Reisefreund Matthias Glückwünsche zum Geburtstag zu schicken und ihm zu berichten, dass ich in Machu Picchu auf seinen Spuren gewandelt sei (dass dieser Ort mich nicht ganz so sehr inspiriert hat wie damals ihn, habe ich für mich behalten). Er hat auch prompt geantwortet und Grüße aus dem ausgesprochen winterlichen Frankfurt geschickt. Unvorstellbar im Moment, bei diesem sommerlichen Wetter hier.

12.10 Uhr

Es tut sich immer noch nichts. Ich bin in der Zwischenzeit schon zusammen mit Bettina die komplette Dorfstraße rauf- und runtergewandert. Aber außer ein paar ärmlich wirkenden Häusern gab es nichts zu sehen. Nicht mal Leute auf der Straße.

In unserem Programm ist zu lesen, dass unsere Unterkunft von einer NGO, also einer Nicht-Regierungs-Organisation, für die Bewohner des Dorfes gebaut wurde und heute von diesen selbst verwaltet wird. Ich vermute, dass unser Aufenthalt hier vorrangig dazu dient, dieses Sozialprojekt zu unterstützen.

12.40 Uhr

In der Unterkunft

Hip-Hip-Hurra! Die Zimmer sind fertig. Und entgegen meiner Befürchtungen habe ich nun doch ein Zimmer für mich allein. Ein ziemlich überdimensioniertes sogar, über zwei Etagen, mit vier Betten. Drei Stück stehen nebeneinander in der unteren Ebene und eines befindet sich eine Etage höher auf einem Zwischenboden, über eine Trittleiter zu erreichen. Und oben im Dach ist ein Fenster, durch das die Sonnenstrahlen gerade hereinfallen. Richtig schön!

Mal wieder alle Sorgen umsonst. Was aber vermutlich dem Umstand zu verdanken ist, dass unsere Gruppe so klein ist und es keine anderen Gäste zu geben scheint. So konnte man uns auf alle vorhandenen Zimmer verteilen. Vielleicht ist so aber auch zu erklären, dass vorhin noch nicht alles für uns bereit war. Ich vermute, den Leuten wurde nur mitgeteilt, dass acht Leute kommen, und so haben sie nur die Betten in zwei Vierer-Zimmer bezogen. Und Eduardo wird ihnen dann bei unserer Ankunft gesagt haben, dass wir alle getrennt schlafen wollen. Nun ja, so kann es gewesen sein, muss es aber auch nicht.

14.00 Uhr

Wieder im Zimmer

So, jetzt erst mal eine kleine Siesta nach dem Mittagessen hier im Speisesaal. Wir saßen an einem großen Tisch mit einer knallgelben Tischdecke. So wie schon die knallgrünen Wände beim Fluss-Shrimps-Essen uns wie bleich wie Nachtgespenster aussehen ließen, verhält es sich auch mit dieser Farbe – irgendwie sahen wir alle leicht kränklich aus. Und Martin sah nicht nur so aus, sondern ist es tatsächlich. Magenmäßig nicht so gut drauf, wie er sagte. Ob gestern Abend das Essen vielleicht wirklich nicht so ganz in Ordnung war?

Hier zu essen gab es Gemüsesuppe, Reis mit Quinoa, Gemüse und Fleisch, und zum Nachtisch einen sehr festen und dementsprechenden gar nicht wackelnden Wackelpudding, der original wie die grünen Gummibärchen schmeckte, aber aus Ananassaft hergestellt war.

Nun erst mal ein kleines Schläfchen einlegen und dann auf zum Reiten. Oder auch nicht. Man muss nicht, die Strecke zu unserem Ziel kann auch zu Fuß zurückgelegt werden. Ich werde mir die Sache und vor allem die Pferde erst mal ansehen und dann kurzfristig entscheiden.

Vielleicht muss ich mal meine Bedenken erläutern: Als Kind hat man mich auf ein Pony gesetzt, einfach mal so, ohne Sattel, ohne irgendwas. Mir gefiel das nicht besonders, dem Pony allerdings noch viel weniger: Es stürmte einfach los. Instinktiv hielt ich mich an seiner Mähne fest, aber dadurch wurde es noch erboster und machte Bocksprünge. Tja, was soll ich sagen – meine

Landung auf dem Boden war schmerzhaft und für mich damit das Thema Reiten abgehakt. Das Ganze ereignete sich übrigens bei unseren „Ferien auf dem Bauernhof" auf Bornholm. Ansonsten erinnere ich mich in dem Zusammenhang noch sehr lebendig an Unmengen von so genannten Ohrenkneifern. Aber das ist eine andere Geschichte. Jedenfalls habe ich mich seitdem auf keinen Pferderücken mehr gesetzt.

Nun ja, auch wenn man es nicht glauben mag, aber in mir wohnt doch eine gewisse Bereitschaft, manchen Dingen doch noch mal eine zweite Chance zu geben. Und deshalb schließe ich nicht aus, dass ich die Sache mit dem Reiten nachher doch mal versuche.

15.55 Uhr

An den Ruinen von Raqchi

Yes, I did it! Ich bin doch tatsächlich hierher geritten!!

Na ja, ok, geritten ist vielleicht etwas übertrieben ausgedrückt. Sagen wir mal, ich saß auf einem Pferd. Auf einem sehr kleinen Pferd namens Richy. Und dieses Pferd ist mir mit auf seinem Rücken hierher ganz langsam gegangen. Oder noch genauer gesagt, es wurde mit mir auf seinem Rücken hierher geführt. An einer Leine. Von einem Jungen. Einem zehnjährigen Jungen namens Jonathan.

Eigentlich an Peinlichkeit kaum zu überbieten, ich als großer Mehlsack hocke auf diesem Pferdchen, das von einem Kind an der Leine geführt wird. Aber was soll ich sagen, ich bin trotzdem stolz auf mich. Ich musste mich tatsächlich überwinden und hatte heftiges Herzklopfen und nasse Hände, als ich auf Richys Rücken geklettert bin. Und so ganz unanstrengend war das Ganze auch nicht. Auch als mehr oder weniger passiver Passagier musste man mit auf den Weg achten und dafür sorgen, dass man oben blieb. Es ging teilweise über ausgesprochen schmale Wege, manchmal mit dem Bein nur Zentimeter an einem Felsen vorbei, und oft mussten die Pferde durch kleine Gräben klettern. Das letzte Stück mussten wir dann ohne unsere Pferde zurücklegen, weil es für sie einfach zu steinig wurde.

Das „wir" bezieht sich übrigens nur auf vier Personen, denn mehr Pferde standen gar nicht zur Verfügung. Wir mussten uns also einigen, wer verzichten wollte.

Bettina war die erste, die abwinkte.

„Nee, also ehrlich, ich bin jahrelang geritten, da lasse ich mich doch jetzt nicht führen! Ich muss schon sagen, da hatte ich aber wirklich etwas anderes erwartet. Großkotzig schreiben die in unserem Programm: „Heute satteln wir die Pferde und reiten durch die Berge", und dann sowas!"

Sie war wirklich ziemlich erbost.

Magda hatte schon vornherein gesagt, dass sie sich auf keinen Fall auf ein Pferd setzen würde, Martin war mit seinen Magenschmerzen im Bett geblieben, und Birgit überließ Tomas das Feld.

So hatten also nur Ellen, Jakob, Tomas und ich das Vergnügen des betreuten Reitens. Die anderen liefen das Stück zu Fuß. War ja schließlich keine allzu weite Strecke – so dachten wir jedenfalls alle. Eine halbe Stunde, so hatte Eduardo gesagt. Das war ja problemlos zu machen. Tatsächlich dauerte es dann aber dreimal so lange. Geschlagene eineinhalb Stunden. Sowohl der Fußmarsch als auch unser Ritt. Für uns „Reiter“ weniger dramatisch, aber unsere „Fußgänger“ schnauften doch sehr, als sie hier an der Ruine ankamen. Magda hatte schon wieder einen ganz roten Kopf.

Bettina stürmte gleich zu Eduardo.

„Du hast doch gesagt, die Wanderung hierher würde nicht lange dauern!“

„Nein, ich hab gesagt, dauert einhalbstund!“, verteidigte Eduardo sich.

Ja, in der Tat, genauso hatte er es gesagt, mir klang es noch nach. Unsere Ohren hatten daraus „eine halbe Stunde“ gemacht. Aber gemeint hatte er „eineinhalb Stunden“. Eduardo spricht zwar wirklich gut Deutsch, aber eben nicht perfekt, und Endungen vernuschelt er oft – vermutlich, weil er sich gerade bei Pluralbildungen nicht sicher ist. Bisher haben wir ihn trotzdem immer verstanden, zumindest aus dem Kontext weiß man ja oft auch schon, was gemeint ist. Aber an dem Ausdruck „eineinhalb Stunden“ war Eduardo mit seiner Nuschelmethode nun gescheitert. Das ist ja auch wirklich kein ganz einfaches Wort, wenn man es mal so vor sich hin sagt. Muss man ganz schön den Mund bewegen, um es deutlich auszusprechen. Abgesehen davon sind Zahlen in einer fremden Sprache sowieso immer eine besondere Herausforderung.

Allerdings hätte Eduardo vielleicht doch selbst merken können, dass wir ihn missverstanden haben. Denn als er uns vor unserem Abmarsch an der Unterkunft sein „einhalbstund" mitgeteilt hatte, fingen wir bezüglich des Abendessens an zu rechnen: „Eine halbe Stunde hin, eine halbe Stunde an der Ruine, eine halbe Stunde zurück. Dann sind wir gegen vier Uhr wieder hier. Kann man sich noch duschen und ausruhen, und wenn wir dann um sieben Uhr essen, passt es bestens." Und das alles hat Eduardo immer begeistert mit „Genau!" kommentiert.

Ob er vielleicht viel weniger versteht als wir alle so meinen? Es aber nicht zugeben mag? Jedenfalls ist er jetzt gerade leicht beleidigt, nachdem Bettina gesagt hat, dass er sich zukünftig bei Zeitangaben klarer ausdrücken müsse und diese am besten in Minuten machen solle. Da hat er ein Gesicht gezogen und ist weggegangen. Aber wird schon wieder.

Jetzt gleich startet unsere Führung hier. Der örtliche Reiseleiter, ein freundlich wirkender älterer Mann, steht schon in den Startlöchern.

16.20 Uhr

An den Ruinen von Raqchi

Das sind mal Ruinen der ganz anderen Art. Ich habe es als geradezu erholsam empfunden, endlich mal keine exakt und perfekt ineinandergefügten Steine zu betrachten, sondern etwas ungenau gearbeitete, dafür aber sehr hohe Säulen und einen dazugehörigen Tempel. Die gesamte Stätte stammt vermutlich aus der Prä-Inkazeit und wird der Tiwanaku-Kultur zugeordnet, die vor allem im heutigen Bolivien stark vertreten war. Den Funden zufolge waren die Tiwanaku aber in ihrer Hochzeit zwischen den Jahren 400 und 1.200 in der gesamten Region vertreten und schufen unter anderem Raqchi. Die bedeutendste Ruinenstätte der Tiwanaku liegt im westlichen Bolivien und ist – mal wieder – ein Hot-Spot für Ufo-Enthusiasten! Herrlich, ich hatte sie schon vermisst…

Also, nicht dass hier Missverständnisse aufkommen – ich stelle die Existenz außerirdischen Lebens nicht grundsätzlich in Frage. Ich halte alles für möglich, selbst die „Sie-sind-längst-unter-uns"-Theorie. Trotzdem löst die Besessenheit mancher Ufologen (nennt man die so?) bei mir ein leichtes Amüsement aus.

Obwohl die Raqchi-Ruinen wohl nicht unbedingt von jedem Perureisenden besucht werden – heute zumindest waren wir allein auf weiter Flur –, gibt es auch hier wieder diverse Verkaufsstände. Und ich habe mir doch tatsächlich auch schon wieder etwas gekauft! Ein wunderschönes Armband aus schwarzen, glänzenden Steinen. Eduardo sagt, das sei Magnetit. Davon habe ich ehrlich gesagt noch nie vorher gehört. Gekostet hat das Armband unfassbare fünf Soles, umgerechnet gerade mal 1,25 Euro. Die musste ich mir allerdings von Jakob leihen, denn ich hatte all mein mitgenommenes Geld in der Hosentasche bei der Verabschiedung dem kleinen Jonathan gegeben.

Apropos Jonathan: Ich habe den Jungen nicht ein einziges Mal lächeln gesehen. Während unserer Tour drehte er sich öfter mal nach mir um, und ich grinste ihn jedesmal an wie ein Honigkuchenpferd, aber sein Gesicht blieb vollkommen ausdruckslos. Selbst bei der

Verabschiedung, als ich ihm das Geld gab, verzog er keine Miene. Warum das so ist, kann ich wirklich nicht sagen. Dass es mit mir persönlich etwas zu tun hat, glaube ich ehrlich gesagt nicht. Jedenfalls habe ich in meinem ganzen Leben noch nie so ein ernstes Kind gesehen.

20.45 Uhr

Im Zimmer

Tja, und was jetzt? Gegessen haben wir, uns lange unterhalten auch, und nun sind alle schon in ihre Zimmer gegangen. Ein Abendspaziergang scheidet aus, es ist stockfinster da draußen. Dabei würde ich mich gern noch ein bisschen müde laufen, denn im Gegensatz zu sonstigen Abenden um diese Zeit bin ich hellwach.

Gut, dann berichte ich mal ein bisschen vom Essen und von den Tischgesprächen des heutigen Abends, die mir aufgrund einer gewissen Komik im Gedächtnis geblieben sind.

Zuerst zum Essen. Die Leute hier hatten für uns paar Gäste wahnsinnig aufgetischt, ein ganzes Büffet aufgebaut mit Suppe, Reis, Quinoa, Gemüse, Fleisch, Pudding, Kuchen … Und unser „Herbergsvater" Pedro ließ über Eduardo immer wieder nachfragen, ob es denn auch reichen würde. Ja, für uns alle war es wirklich mehr als genug. Für uns alle, bis auf eine Ausnahme: Eduardo selbst. Nachdem er sämtliche Angebote des Büffets in sich reingeschaufelt, noch einmal nachgelegt und auch Dessert und Kuchen verputzt hatte, ging er anschließend noch in die Küche und kam zurück mit einer panierten Forelle, die er komplett verspeiste, um sich danach noch einmal Kuchen zu holen. Na ja, aber er meint ja nach wie vor, wenn er zum Frühstück auf Eier verzichtet, wird er abnehmen…

Und nun zu den Gesprächen, die manchmal eine etwas überraschende Wendung nahmen. Uns war zum Beispiel aufgefallen, dass unser „Herbergsvater" Pedro optisch so ein ganz anderer Typ ist als Eduardo und unsere Busfahrer Walter und Julio. Diese drei haben sehr runde, flächige Gesichter mit kräftiger Nase und auch kräftige, leicht untersetzte Figuren. Pedros Gesicht dagegen ist ausgesprochen schmal, mit ganz feinen Gesichtszügen, hohen Wangenknochen und einem schmalen Näschen, und auch sein Körperbau ist fast als filigran zu bezeichnen. Ob Pedro zu einer anderen Volksgruppe gehört? Bettina versuchte, von Eduardo auf diskrete, nicht-diskriminierende Weise etwas über mögliche ethnische Unterschiede herauszufinden.

„Du, Eduardo, sag mal, wie kommt es eigentlich, dass Pedro so anders aussieht als …" Sie druckste kurz, und fuhr dann fort: „ … als Walter."

Ich spürte förmlich, wie sie in Gedanken noch formulierte „ … und Julio und du", aber dies dann doch lieber unausgesprochen ließ, weil diese beiden ja mit uns am Tisch saßen – und schließlich wusste man nicht, ob das vielleicht eine beleidigende Frage sein könnte.

Ich weiß selbst nicht, was für eine Antwort ich erwartet habe – aber auf jeden Fall nicht diese.

„Walter hatte früher Akne."

Ich hätte Tränen lachen können. Vor allem beim Anblick von Bettinas vollkommen verblüfftem Gesicht.

Bis jetzt kann ich nicht sagen, ob Eduardo auf eine absolut unangemessene Frage brillant gekontert hat – oder ob er einfach gar nicht verstanden hat, auf was Bettina hinauswollte. Oder ob die Frage schlichtweg blödsinnig war, weil das unterschiedliche Aussehen nichts mit irgendeinem ethnischen Hintergrund zu tun hat, sondern einfach eben so ist. So wie die Menschen nun man unterschiedlich aussehen. Würde man Bettina und mich fragen, warum wir beide uns so gar nicht ähnlich sehen, würden wir vermutlich auch keine langen Vorträge über unsere Vorfahren und deren Herkunft halten, sondern einfach sagen: „Weil wir unterschiedliche Eltern haben." Oder so.

Aber Bettina ließ sich nicht unterkriegen und wurde etwas allgemeiner.

„Aber die Menschen hier in Peru sehen doch schon sehr unterschiedlich aus …"

„Ja, wir sind hier eben alle sehr gemischt", fiel Eduardo ihr ins Wort. „Ich könnte zum Beispiel auch ein ganz schwarzes Kind bekommen. Oder ein ganz weißes."

Man merkte, für ihn war dieses Thema nun endgültig abgeschlossen. Aber Bettina war in Fahrt gekommen und wollte wohl unbedingt wenigstens irgendetwas in Erfahrung bringen. Dann eben zu einem anderen Thema.

„Du, Eduardo, Pedro trägt ja so eine tolle bunte Weste – hat die irgendeine bestimmte Bedeutung?"

Eduardo rief diese Frage Pedro zu, der gerade dabei war, am Buffet noch Reis nachzufüllen. Pedro antwortete auch prompt, und Eduardo übersetzte seine Antwort.

„Er trägt sein Karnevalskostüm."

Tja. Was soll man von dieser Antwort halten?

Möglichkeit eins: Das ist tatsächlich die Wahrheit. Aber warum sollte er ohne jeden Anlass sein Karnevalskostüm anziehen? Gut, vor drei Tagen war der 11.11. und damit zumindest in den deutschen Karnevalshochburgen der Beginn der Karnevalszeit. Aber selbst in Köln zieht man nur an diesem Tag selbst schon mal sein Kostüm an und läuft nicht durchgehend bis Aschermittwoch darin rum. Außerdem wage ich mal stark zu bezweifeln, dass dieses Datum auch in Peru zelebriert wird.

Möglichkeit zwei: Pedro ist so genervt davon, dass die Gäste immer wieder nach seiner für ihn normalen traditionellen Kleidung fragen, dass er sich diese Antwort inzwischen „zugelegt" hat.

Oder Möglichkeit drei: Pedro hat irgendetwas ganz anderes geantwortet, aber Eduardo hat heute einen Clown verspeist, vielleicht als Beilage zu seiner Forelle, und sich diese lustige Antwort einfach ausgedacht.

Auf jeden Fall hat Bettina danach aufgehört zu fragen. Dafür war nun ich dran. Allerdings mit einem ganz anderen Thema.

„Sag mal, Eduardo, wir sind doch morgen am Titicacasee bei Familien untergebracht. Ist es möglich, dass Bettina und ich zusammen zu einer Familie kommen?"

Ich hatte Bettina nämlich irgendwann im Laufe des Tages erzählt, dass es mir sehr davor graut, ganz allein bei einer peruanischen Familie zu sitzen und so gar nicht mit den Leuten kommunizieren zu können. Im Hinterkopf habe ich nämlich immer noch meine Reise nach Sibirien, bei der ich gemeinsam mit meiner Reisefreundin Nina größtenteils in Privathaushalten übernachtete. Obwohl unsere Reise-Organisatorin im Vorfeld von „guten Deutsch- oder Englischkenntnissen“ der Gastgeber gesprochen hatte, sah die Wirklichkeit vor Ort manchmal ganz anders aus, und nur mit Ach und Krach konnte man sich gerade noch dahingehend verständigen, wann wir denn am nächsten Morgen frühstücken wollten. Zu zweit war die Situation noch ganz gut zu bewerkstelligen, aber allein hätte ich mich sicher sehr unwohl gefühlt.

Zu meinem Erstaunen sagte Bettina, sie habe auch schon mit einiger Sorge an diese Übernachtung gedacht. Das hätte ich bei dieser sehr tatkräftigen Frau gar nicht erwartet, zumal sie immerhin Spanisch spricht. Aber Überraschungen gibt es ja immer wieder. Und so waren wir uns schnell einig, dass wir versuchen wollten, zusammen unterzukommen.

„Ja, ja, kein Problem“, antwortete Eduardo auf meine Frage und widmete sich dann schon wieder seinem Teller, ohne irgendwelche Nachfragen. Ich bin mir nicht so ganz sicher, ob er überhaupt verstanden hat, was wir wollten. Aber noch mal nachsetzen mochte ich auch nicht. Versucht habe ich es ja immerhin.

Morgen geht es mal wieder sehr früh los, der Bus startet um sieben Uhr. Also jetzt noch ein bisschen lesen, um endlich müde zu werden, und dann hoffentlich ab ins Reich der Träume!

Von Sicuani nach Capachica
Oder: Auf zum Titicacasee!

Donnerstag, 15. November

05.50 Uhr

Im Zimmer

Die Dusche hier als abenteuerlich zu bezeichnen dürfte wohl eine mittelschwere Untertreibung sein. Der Duschkopf, der an einer Stange befestigt aus der unverputzten Wand ragt, scheint zwar sehr neu zu sein. Aber die Art, wie man ihn in Gang setzt! Zuerst muss man das Wasser andrehen, soweit ganz normal. Aber um warmes Wasser zu bekommen, muss man an einem kleinen Kasten an der Wand, aus dem diverse Stromkabel offen heraushängen, einen Schalter umlegen. Ich überlegte erst, ob ich nicht einfach kalt duschen sollte, um keinen Stromschlag zu riskieren, aber was soll ich sagen, ich bin nun mal eine Warmduscherin. Also nahm ich allen Mut zusammen und betätigte mit lang ausgestrecktem Arm diesen Schalter. Wirklich belohnt wurde mein Mut aber nicht, das Wasser wurde nur so gerade eben lauwarm. Aber besser als eiskalt.

Geschlafen habe ich wie ein Murmeltier, nachdem ich mich endlich müde gelesen hatte. So ein bisschen Schlaf auf Vorrat ist auch sicher nicht das Schlechteste, denn wer weiß, was uns da am Titicacasee erwartet. Im Programm steht: „Es wird nachts kalt werden und ein Schlafsack ist für kälteempfindliche Teilnehmer daher empfehlenswert! Die Ausstattung in den Hütten ist sehr einfach, neben dem Bett gibt es meist nur ein kleines Tischlein und ein paar Haken, um Klamotten aufzuhängen."

Man sollte es gar nicht für möglich halten, dass der Angsthase in mir diese Informationen vor Reiseantritt gelesen und trotzdem KEINEN Schlafsack mitgenommen hat! Nein, da ist er ausnahmsweise nicht in Panik verfallen, sondern hat mit kühlem Kopf eine Aufwand-Nutzen-Kalkulation angestellt. Für eine einzige Übernachtung drei Wochen lang einen Schlafsack mitschleppen? Das steht in keinem vernünftigen Verhältnis. Auf meinen bisherigen Reisen habe ich schon so manche eiskalte Nacht verbracht, im Nachtzug in China zum Beispiel, und daher weiß ich: Ich kann auch bei Grabeskälte schlafen, wenn ich alle Klamotten anlasse und eine Mütze aufsetze. So ein richtig tiefer, stundenlanger Schlaf war das zwar nicht, aber es ging schon. Hoffentlich auch diesmal…

07.30 Uhr

Im Bus

Seit einer halben Stunde sind wir unterwegs. Das Frühstück war sehr gut und vielfältig, es gab sogar Haferbrei. Pedro trug wieder sein „Karnevalskostüm", im Gegensatz zu seiner Frau, die wir heute Morgen erstmalig zu Gesicht bekamen. Sie war etwas schlichter gekleidet mit einer hellen Bluse zu einem bräunlichen Rock.

Als wir uns von den beiden verabschiedeten, fiel mir auf, wie ernst beide schauten. Kein Anflug von Lächeln, genau wie der kleine Jonathan gestern. Auch wenn ich an Pedros Verhalten gestern Abend zurückdenke – er war super freundlich, aber gelächelt hat er kein einziges Mal.

Unser Fahrer Julio dagegen lächelt, grinst und lacht fortwährend. Heute Morgen beim Frühstück saß ich ihm schräg gegenüber, und als er wieder über irgendeine Bemerkung von Eduardo so lachte, dass er seinen gesamten Mund aufriss, habe ich zum ersten Mal seine Zähne so richtig gesehen und sehr gestaunt – denn alle seitlichen Zähne sind golden! Ob er darauf wohl stolz ist? Ich hatte jedenfalls durchaus den Eindruck, dass er diese Zähne gerne präsentierte. Sind Goldzähne hierzulande vielleicht ein Statussymbol?

08.40 Uhr

La Raya Pass

Wir befinden uns auf sagenhaften 4.335 Metern Höhe. Der höchste Punkt auf der Fahrt zum Titicacasee und offensichtlich ein beliebter Foto-Stopp-Haltepunkt für Reisebusse. Denn wie sonst sollte zu erklären sein, dass hier oben im Nichts, bei eisiger Kälte, diverse Souvenirhändler mit ihren Waren stehen? Wirklich nicht zu beneiden, die Leute.

09.30 Uhr

Im Bus

Oh Hilfe, was für eine Aufregung gerade eben! Vor uns tauchte wieder einmal eine Straßenkontrolle auf, und Eduardo schrie geradezu in heller Panik: „Alle anschnallen!“

Ich musste erst einmal nachsehen, wo sich denn überhaupt ein Gurt befindet. Von Anschnallpflicht war ja auf der gesamten Reise noch kein einziges Mal die Rede gewesen. Aber schon Sekunden später hatte ich mich angeschnallt und saß brav und der peruanischen Straßenverkehrsordnung entsprechend auf meinem Sitz, so wie alle anderen auch. Nur: Der Typ von der Straßenkontrolle stieg gar nicht ein, sondern winkte den Bus einfach durch.

Übrigens befinden wir uns auf derselben Straße, die wir in umgekehrter Richtung vor knapp einer Woche schon einmal gefahren sind, von Juliaca nach Cusco. Deshalb weiß ich schon jetzt, dass wir nicht mehr lange so schön entspannt dahingleiten wie im Moment, sondern bald wieder auf einer löchrigen Straße durchgeschüttelt werden.

10.40 Uhr

Noch immer im Bus

Und schon wieder eine Straßenkontrolle, und wieder hieß es: „Alle anschnallen", denn zwischenzeitlich hatten wir alle unsere Gurte wieder gelöst. Aber nun sind wir so langsam schon Profis im blitzschnellen Anschnallen. Nur dass es wieder niemanden interessiert hat. Erneut wurden wir nur gelangweilt durchgewinkt.

Unser Fahrer Julio ist ein echtes Phänomen. Seit Fahrtantritt vor nun mehr als dreieinhalb Stunden redet er ohne Unterbrechung. Bei der Pause am La Raya Pass habe ich Eduardo gefragt, ob Julio wohl die ganze Zeit telefoniert. Oder ob er vielleicht Selbstgespräche führt.

„Nein, nein, der redet mit mir", sagte Eduardo.

Aber ich habe Eduardo hat noch kein einziges Mal irgendetwas erwidern gesehen. Er schaut nicht mal in Julios Richtung, wenn der seine feurigen Reden schwingt.

11.10 Uhr

Im Bus in Juliaca

Juliaca ist eine echte Überraschung. Man erreicht diese Stadt über eine Piste aus Schotter und Schutt und erwartet dementsprechend einen eher rückständigen, ärmlich wirkenden Ort. Und gerät dann in ein unglaubliches Gewimmel, ein geradezu asiatisches Chaos mit Tuktuks und Rikschas und Autos mit den unglaublichsten Ladungen auf dem Dach. Vor uns fährt jetzt gerade ein Auto, das auf dem Dach turmhoch zehn Riesenpackungen Toilettenpapier transportiert. Überall an den Straßenrändern stehen Verkaufsstände, und Menschen über Menschen laufen geschäftig herum.

Eduardo erzählt gerade, dass Juliaca eine Industriestadt ist, Schwerpunkt ist die Textilindustrie. Für Touristen wäre das kein schöner Ort, und auch wir würden hier keine Pause machen. Unsere „technische Pause", wie er die Pinkelstopps gerne nennt, würden wir erst außerhalb der Stadt einlegen. Ob er Angst hat, dass wir in diesem Chaos hier abhanden kommen könnten?

11.50 Uhr

Irgendwo im Nichts

Technische Pause. Es war mal wieder Wildpinkeln angesagt. Ich suchte mir einen großen Stein aus, hinter den ich mich begeben wollte, ging um ihn herum – und unglaublich, aber wahr, saß da doch, ganz allein auf weiter auf Flur, eine Frau mit zwei Schafen! Wirklich mitten im Nichts. Wie lange die da wohl schon so sitzt? Und noch sitzen wird? Vermutlich so lange, bis ihre beiden Schafe die paar kärglichen Grashalme abgegrast haben werden. Und dann geht es weiter auf der Suche nach dem nächsten bewachsenen Fleckchen.

Auch für uns geht es gleich weiter. Noch 37 Kilometer Schotterpiste liegen vor uns.

13.45 Uhr

Chifron auf der Halbinsel Capachica. In einer Lehmhütte

Oh Mann. In solchen Situationen wie jetzt frage ich mich dann gerne mal, was meine Eltern wohl sagen würden. „Kind, warum tust du dir sowas bloß an?“, vermutlich.

Natürlich wusste ich vorher, dass unsere Unterbringung hier an diesem Ort eher „einfach“ sein wird, das Programm weist schließlich darauf hin. Aber es ist doch ein gewaltiger Unterschied, ob man etwas nur liest oder ob man es dann am eigenen Leib erlebt. Auf jeden Fall habe ich im Moment das Gefühl, den absoluten Tiefpunkt der Reise erreicht zu haben.

Bis zu einem gewissen Grad mitverantwortlich für meinen momentanen Trübsinn mag das Wetter sein. Es ist grau in grau und dermaßen wolkenverhangen, dass man den See kaum vom Himmel unterscheiden kann, und dazu ist es feuchtkalt.

Ich möchte an dieser Stelle mal einen kurzen Exkurs einschieben, und zwar zu dem Spruch „Es gibt kein schlechtes Wetter, nur schlechte Kleidung“. Das ist für mich eine der dümmsten Aussagen überhaupt. Es macht doch einen riesigen Unterschied in der Wahrnehmung eines Ortes oder einer Landschaft, ob der Himmel blau ist und die Sonne scheint oder ob es grau und wolkenverhangen ist oder sogar regnet. Das hat doch rein gar nichts damit zu tun, ob man nun die passende Kleidung anhat oder nicht – der triste Eindruck bei Regen ist mit oder ohne Kapuze immer gleich. Und ich möchte wetten, dass ich diesen Ort hier bei Sonnenschein und blauem Himmel toll finden würde. Wahrscheinlich würde ich gar nicht hier in der Hütte hocken, sondern wäre längst zum See gelaufen und würde mich dort jetzt an seinen Gestaden ergehen.

Aber zurück zum Anfang unseres Aufenthaltes hier. Der war noch sehr vielversprechend. Wir wurden herzlich empfangen vom Bürgermeister des Dorfes, Emiliano, einem ausgesprochen sympathischen Mann, der über das ganze Gesicht strahlte, als er jedem Einzelnen von uns die Hand schüttelte. Er führte uns gleich ins Gemeinschaftshaus, eine Holzhütte in der Dorfmitte. Dort war bereits ein langer Tisch mit einer schönen roten Tischdecke für uns gedeckt, und schon kurze Zeit später wurde aufgetafelt. Zuerst gab es eine Quinoa-Suppe, anschließend Forelle mit Reis und Kartoffeln. Soweit war alles bestens.

Dann ging es ans Verteilen der Unterkünfte. Wie gesagt, Bettina und ich hatten Eduardo gebeten, zusammen bei einer Familie untergebracht zu werden. Und tatsächlich hocken wir beide jetzt auch hier zusammen. Bettina sitzt auf dem Bett gegenüber und staunt ebenso wie ich darüber, wo wir hier gelandet sind.

Und beide fragen wir uns, wieso wir eigentlich davon ausgegangen sind, dass wir bei einer Familie mit in deren Haus wohnen würden, also quasi eine „Übernachtung mit Familienanschluss" gebucht hätten. Davon steht nämlich bei näherer Betrachtung gar nichts im Programm. Dort ist zu lesen: „Die Unterbringung erfolgt in verschiedenen Häusern, um genauer zu sein, auf verschiedenen kleinen Bauernhöfen." Und aus diesen Worten ist in unser beider Vorstellung das Bild entstanden, wie wir bei einer Familie mit in der Küche am Tisch hocken.

Tatsächlich sieht die „Unterbringung auf einem kleinen Bauernhof" so aus, dass es ein Haupthaus gibt, in dem die Familie lebt. Wobei „Haupthaus" jetzt auch schon wieder so gewaltig klingt. Es ist ein ganz schlichtes kleines Haus aus Lehm. Und an dieses Haupthaus angebaut sind rechts und links zwei Lehmhütten mit Strohdach. In einer der beiden Hütten wohnen Bettina und ich, uns gegenüber in der anderen Hütte Jakob und Magda.

Das Innere der Hütte besteht aus einem einzigen Raum, ein Bett steht links, eines rechts. An den Wänden hinter den Betten sind Bastmatten angebracht. Die Betten selbst sind ebenfalls aus Lehm gebaut, darüber liegt eine Schicht aus Stroh und darauf eine Schaumstoffmatratze. Zum Zudecken gibt es eine Wolldecke. In der Mitte des Raums steht auf dem Sandboden ein Baumstumpf mit einer Kerze obendrauf. Das war`s. Licht gibt es keines, da müssen heute Abend die Taschenlampen ran.

Und was es auch nicht gibt: Eine Toilette!

Und damit meine ich nicht, dass es keine „richtige" Toilette im Sinne von Becken, Brille, Deckel, Spülkasten, Waschbecken gibt. Nein, es gibt einfach gar keine, auch keine einfache Hocktoilette. Jedenfalls nicht hier, in oder bei unserem kleinen Bauernhof. Sondern nur weit entfernt in der Dorfmitte, in der Nähe des Gemeinschaftshauses. Wir müssen also erst mal raus aus unserer Hütte, ein paar Stufen runter, über den Hof, dann durch das Tor in der Mauer rund um unseren Bauernhof herum, und dann die Straße hoch zum Toilettenhaus laufen. Dort erwartet einen zwar eine „richtige" Toilette im Sinne von Sitztoilette mit Kloschüssel, aber ohne Spülung. Wenn man sein „Geschäft" verrichtet hat, muss man erst mal wieder raustreten und zu einem großen Wasserfass gehen, wo man mit einem kleiner Eimer Wasser holt und damit dann zum Spülen wieder in das Toilettenhaus geht.

Im Moment ist das alles gar nicht weiter schlimm. Aber was ist heute Abend, wenn es stockdunkel ist? Gar nicht zu sprechen von heute Nacht. Leider muss ich ja jede Nacht einmal zur Toilette gehen. Ich mag noch gar nicht daran denken. Vielleicht sollte ich ab nachmittags das Trinken einstellen?

14.10 Uhr

Noch immer in der Hütte

Jetzt fängt es auch noch an zu regnen! Eigentlich war für heute vorgesehen, eine nette kleine Bootstour auf dem Titicacasee zu machen, dann irgendwo auszusteigen und hierher zurückzuwandern. Doch schon gleich bei unserer

Ankunft teilte Emiliano uns mit, dass es für eine Fahrt mit dem Boot viel zu windig sei. Aber eine schöne Wanderung würden wir auf jeden Fall unternehmen. Die soll gleich starten, in zwanzig Minuten. Auch bei dem Regen?

14.35 Uhr

Im Gemeinschaftshaus

Die Wanderung ist fürs Erste gestrichen. Es regnet zu heftig. Aber es kann durchaus sein, dass es bald wieder aufhört, sagt Emiliano. Jetzt sitzen wir hier und trinken Koka-Tee. Schließlich befinden wir uns auf einer Höhe von 3.800 Metern, da ist so ein Tee zur Vorbeugung gegen die Höhenkrankheit nicht das Schlechteste.

20.20 Uhr

In der Hütte

Auf jeder meiner Reisen hatte ich mindestens ein Mal das Gefühl, den Tiefpunkt erreicht zu haben, so wie heute Nachmittag. Aber meistens sah schon nach ein paar Stunden die Welt wieder anders aus. Das ist diesmal leider nicht der Fall. Im Gegenteil. Ich bin inzwischen noch schlechter gestimmt und will einfach nur weg hier!

Selbst die anderen aus der Gruppe gehen mir heute auf den Geist. Dieses begeisterte Getue gerade beim Essen in der eiskalten Hütte. Wie urig und authentisch es hier doch wäre. Was für ein tolles Erlebnis! Dabei musste ich ja nur in Ellens totenblasses Gesicht sehen, um zu wissen, dass sie mindestens genau so friert wie ich. Und

Jakobs und Magdas Dauerlächeln erschien mir auch reichlich verkrampft.

Vor dem Essen gab es noch eine Art von Unterhaltungsprogramm. Ein Mann aus dem Dorf gab zusammen mit seinen beiden Töchtern, neun und zehn Jahre alt, ein „Konzert". Er spielte Ukulele. Genauer gesagt schlug er abwechselnd zwei verschiedene Akkorde an. Und die beiden Mädchen sangen dazu. Und zwar sowas von schief. Und dann waren es auch noch Endloslieder. Ja, natürlich, es sind Kinder, sie waren auch wirklich süß und lieb und haben sich solche Mühe gegeben. Aber dieses schiefe Gesinge auszuhalten war für mich wirklich grenzwertig. Und dann wurde es noch schlimmer: Zu dem Lied „Blaue Augen", wie Eduardo übersetzte, holten die beiden Mädchen Ellen und Martin zum Tanz, und die beiden hoppelten dann ungelenk durch die Hütte. Dass ihnen ihr Auftritt mehr als peinlich war, konnte man wirklich nicht übersehen. Vor allem Ellen schämte sich in Grund und Boden. Aber später dann, beim Essen, hieß es wie gesagt: „Einfach toll!"

Gut, das Ganze hier ist ja ein Sozialprojekt, und mit unserem Aufenthalt unterstützen wir das Dorf. Und deshalb finden wir hier eben alles super. Punkt. Nur so kann ich mir diese aufgesetzte Begeisterung erklären.

Oder ist das alles hier wirklich ein einmalig tolles Erlebnis, aber ich habe im Moment einfach eine vollkommen verzerrte Wahrnehmung und so dermaßen schlechte Laune, weil ich gesundheitlich angeschlagen bin? Seit heute Nachmittag habe ich nämlich irgendwas mit dem Magen. Wann genau es damit losging, kann ich gar nicht sagen. Ich weiß nur, dass ich auf der kleinen Wanderung, die wir nach dem Koka-Tee-Trinken dann noch unternahmen, plötzlich solche Bauchkrämpfe bekam, dass mir der Kreislauf wegsackte und ich Angst hatte, gleich ohnmächtig zu werden.

Seitdem rumpelt es fortwährend in meinem Bauch herum. Das wär ja wirklich der Jackpot, ausgerechnet hier, bei dieser desolaten Toilettensituation, Durchfall zu bekommen und in der Nacht dann ständig mit der Taschenlampe in der Hand durch das halbe Dorf rennen zu müssen. Oder gleich dort zu bleiben, ganz allein in der finstersten Dunkelheit bei Grabeskälte neben diesem Toilettenhaus zu campieren. Die Frage ist natürlich: Ist mir irgendetwas vom Mittagessen nicht bekommen? Oder bin ich so ein Psycho, dass mir allein schon meine Gedanken von heute Nachmittag bezüglich des nächtlichen Toilettengangs auf den Magen geschlagen sind?

Was auch immer die Ursache ist, ich muss jetzt etwas unternehmen. Durchfall geht einfach nicht! Das Problem ist nämlich nicht nur die weit entfernte Toilette. Sie ist zwar weit entfernt, doch immerhin vorhanden. Aber morgen wird die Lage noch viel prekärer werden: Wir starten schon um sechs Uhr morgens und fahren dann drei Stunden lang zu den schwimmenden Inseln im Titicacasee. Mit einem Boot – das natürlich keine Toilette haben wird!

Mein Gehirn läuft mal wieder Amok und malt sich schon aus, wie es sein wird, wenn mich mitten auf dem Titicacasee eine Durchfallattacke überkommt. Ich möchte jetzt hier nicht schwarz auf weiß festhalten, welche Handlungsmöglichkeiten mir für diesen Fall in den Sinn kommen. Ich sage nur so viel, dass es genau zwei sind. Eine Möglichkeit ist so ekelhaft wie die andere. Nein, es sind sogar drei Möglichkeiten – wenn ich nämlich noch in Betracht ziehe, über Bord zu springen und dann in dem eiskalten Wasser den schnellen Herztod zu sterben.

Nein, zu keiner der drei Varianten wird es kommen. Ich nehme jetzt Kohletabletten. Und zwar so hoch dosiert, dass mein Darm einfach nicht anders kann als Ruhe zu geben. Punkt.

Von Capachica nach La Paz
Oder: Schwimmende Inseln und Straßenkinder

Freitag, 16. November

06.40 Uhr

Auf dem Boot

Unter der Bezeichnung „Boot“ in unserem Programm hatte ich mir irgendeine Art von offenem Boot vorgestellt, so etwas wie ein größeres Ruderboot vielleicht, jedenfalls irgendetwas „Traditionelles“, auf dem wir Wind und Wetter ausgesetzt sein würden. Tatsächlich aber sitzen wir hier jetzt überdacht und geschützt auf einem Motorschiff und knattern lautstark über den Titicacasee. Nicht gerade wild-romantisch, aber dafür einigermaßen warm und bequem

Mit an Bord ist unser heutiger örtlicher Guide, ein freundlicher Mann mittleren Alters namens Alvaro, der uns nach dem Frühstück im Gemeinschaftshaus abholte. Nachdem wir uns herzlich und noch einmal allesamt mit Händeschütteln von Emiliano verabschiedet hatten, gingen wir zusammen mit Alvaro Richtung See zu einem Steg und bestiegen dort unser Boot. Unser Gepäck haben wir in den Bus geladen. Julio wird um den See herumfahren und uns nach unserer Tour auf der anderen Seite in Puno wieder abholen.

So, und nun zu dem für mich Wichtigsten: Die Kohletabletten haben Wunder gewirkt! Es geht mir magenmäßig wieder gut. Und das ist die Hauptsache!

Dass die Nacht trotzdem nicht gerade berauschend war, tritt deutlich dahinter zurück – will aber trotzdem erzählt werden.

Nachdem Bettina und ich eine Weile im Lichte unserer Taschenlampen gelesen hatten, beschlossen wir, diese auszumachen – um die Batterien zu schonen, denn wir wussten ja nicht, ob oder wie oft in der Nacht wir die Taschenlampen vielleicht noch brauchen würden. Müde waren wir allerdings beide noch nicht wirklich, und so ging es ein bisschen zu wie im Landschulheim, wo man sich in den Schlafsälen in der Dunkelheit noch stundenlang etwas erzählt. Ich habe viel über Bettina erfahren, über ihre schwierigen Familienverhältnisse, ihren aktuellen Freund, ihre beruflichen Zukunftspläne – während ich mir zeitgleich ständig die Füße massierte, denn die waren Eisklumpen, trotz zweier Paar Socken. Ansonsten bestand mein „Schlafanzug" aus einer Jeans, zwei übereinander gezogenen Langarmshirts und einem Fleecepulli.

Und dann hieß es: Ab zur Toilette. Das Trinken hatte ich nämlich entgegen meiner ursprünglichen Planung doch nicht schon ab nachmittags eingestellt. Also musste ich mich komplett wieder anziehen, Schuhe, Jacke, und dann mit der Taschenlampe im Anschlag los, die Stufen vor der Hütte runterkraxeln, über den Innenhof gehen, das Tor in der Mauer nach innen aufziehen und dann – erstarren! Direkt vor dem Tor lag etwas Riesiges, Dunkles auf dem Boden. Eigentlich staune ich bis jetzt, dass ich nicht geschrien habe vor Schreck. Vorsichtig begann ich, dieses riesige Etwas mit der Taschenlampe zu beleuchten und musste dann fast lachen: Eine Kuh hatte sich direkt vor dem Tor zur Ruhe begeben. Dankenswerterweise hatte sie zwischen sich und der Mauer einen kleinen Spalt frei gelassen, in den ich nun einen Fuß hinter den anderen setzte, um so an dieser Dame vorbeizukommen. Der eigentliche Toilettengang war dann vergleichsweise unspektakulär. Allerdings habe ich die Tür offenstehen lassen, das erschien mir weniger gruselig, und die Gefahr, dass genau in diesem Moment jemand vorbeilaufen würde, tendierte dann ja doch gegen Null.

Wieder zurück in der Hütte war ich nach wie vor noch sehr wach. Während ich auf meinem Lehmbett lag und auf den Schlaf wartete, widmete ich mich den seltsamen Knistergeräuschen irgendwo über meinem Kopf. Waren dort irgendwelche Lebewesen dabei, sich durch das Strohdach zu fressen? Die Antwort werde ich wohl nie bekommen. Auf mich drauf geplumpst ist zumindest nichts – oder sagen wir mal, jedenfalls nichts Sichtbares.

Um halb zwei wurde ich dann gemeinsam mit Bettina wach, irgendwas wird uns geweckt haben. Wieder dauerte es eine ganze Weile, bis Morpheus mich in seine Arme zog. Brutal aus dem Schlaf gerissen wurden wir dann um 4.57 Uhr – durch einen markerschütternden Eselsschrei. Wir sind beide wirklich hochgeflogen vor Schreck.

Wenn ich jetzt hier auf unserem „Boot“ so in die Runde schaue, muss ich feststellen, dass niemand wirklich ausgeschlafen aussieht. Alle wirken ziemlich gerädert und gucken stumm vor sich hin. Eduardo hat sogar die Augen geschlossen, er scheint schon wieder zu schlafen. Im Grunde das Beste, was man machen kann. Kräfte sammeln für den erneut anstrengenden Tag, der vor uns liegt. Im Moment ist ja auch nichts zu sehen außer viel Wasser rund um uns herum.

Der Titicacasee ist nicht nur der höchste schiffbare See der Welt, wie es überall heißt, sondern auch einfach riesengroß. Mit rund 8.300 Quadratkilometern ungefähr fünfzehnmal so groß wie der Bodensee. Deshalb brauchen wir auch so lange mit unserem „Boot" bis zu unserem Ziel, obwohl wir nicht gerade langsam fahren.

Hoffentlich lohnt sich der weite Weg. „Reise&Erlebe" selbst scheint daran Zweifel zu haben. „Wir machen einen kurzen Stopp auf den schwimmenden Inseln der Uros, die leider ihre Kultur völlig dem Tourismus geopfert haben." Hm.

09.15 Uhr

Insel San Miguel

Nach meiner etwas negativen Erwartungshaltung bin ich jetzt doch positiv überrascht. Ja, es stimmt, unübersehbar regiert hier der Tourismus. Aber trotzdem finde ich das Ganze interessant, vor allem die Inseln selbst.

Sie bestehen komplett aus Schilf, dem Tortora-Schilf, das hier in rauhen Mengen am Ufer des Sees wächst. Es hat eine hohle Struktur und deshalb einen guten Auftrieb im Wasser. Offensichtlich kann man es auch essen, jedenfalls sieht man einige Bewohner auf so einem Halm herummümmeln. Das Schilf wird in Bündeln zusammengebunden und schichtweise kreuzförmig übereinandergelegt, so dass schließlich ein dicker, tragfähiger „Teppich" entsteht, auf dem es sich sehr wattig-weich und angenehm läuft. Allerdings verfaulen diese Schichten von unten her und müssen immer wieder erneuert werden, weil sie sich sonst vollsaugen und die Inseln zum Sinken bringen würden. Was für eine Sisyphos-Arbeit! Verankert sind die Inseln durch Steine im Boden.

Ebenfalls aus Schilf gebaut sind die im Kreis aufgestellten Hütten, genauso wie der Torbogen am Anleger und nicht zuletzt auch die Boote der Uros, die so genannten Balsaboote, bunte Drachenboote. Sehr dekorativ, wie sie hier so im Wasser liegen und darauf warten, fotografiert oder von Touristen für eine Rundfahrt bestiegen zu werden. Denn das ist der Hauptzweck dieser Boote heutzutage. Die Uros selbst bewegen sich mit Holz- oder Motorbooten fort. Auf den rund vierzig schwimmenden Inseln leben insgesamt ungefähr zweitausend Uros. Wobei das Wort „leben" doch eher in Anführungsstriche zu setzen ist, denn tatsächlich sind die Uros überwiegend „Pendler": Die meisten von ihnen sind aufs Festland übergesiedelt und pendeln morgens mit ihren Booten zu den Inseln und abends wieder zurück. Im Grunde sind die Inseln also zum Arbeitsplatz geworden, zu einem Arbeitsplatz in der Tourismusbranche. Denn die Haupteinnahmequelle besteht im Verkauf von Getränken und Souvenirs in Form von kleinen handgeflochtenen Schiffchen, bunten Teppichen, Decken, Schmuck… Außerdem muss man schon mal grundsätzlich eine Art Eintritt bezahlen, um die Inseln überhaupt betreten zu dürfen. Und für Besucher gibt es sogar ein Restaurant, auf der Hauptinsel

„Capital de Uros". Die werden wir aber nicht besuchen, für ein Mittagessen wäre es ja noch reichlich früh.

Wir haben jetzt hier noch eine Viertelstunde Zeit „zur freien Verfügung", aber eigentlich gibt es nichts mehr zu erkunden auf diesem kleinen Eiland von vielleicht zwanzig mal dreißig Metern. Deshalb habe ich mich auf einer „Bank" niedergelassen, einer dicken Rolle aus Schilf, und beobachte die geschäftstüchtigen Frauen beim Verkauf ihrer Waren. Ihre Kleidung unterscheidet sich von dem bisher Gesehenen dadurch, dass sie keinerlei Muster aufweist, dafür aber sehr ausdrucksstarke Farben, die ziemlich gewagt miteinander kombiniert sind. Die rundliche Dame links in meinem Blickfeld trägt eine feuerrote Jacke und einen orangefarbenen Rock, die ebenfalls mollige Frau neben ihr ist in ein pinkfarbenes Oberteil mit kiwigrünem Rock gewandet. Diese beiden direkt nebeneinander – ein echter Farbenrausch! Ein schöner Ausgleich für das nach wie vor grau in graue Wetter.

09.40 Uhr

Insel Santa Maria

Also, ehrlich gesagt weiß ich nicht, warum wir jetzt noch auf diese zweite schwimmende Insel gefahren sind. Hier sieht im Grunde alles genauso aus wie auf San Miguel. Mit dem einzigen Unterschied, dass diese Dorfbewohner hier einen jungen Kondor gefangen halten und ihn zur Schau stellen. Ich hoffe nicht, dass das der Grund für unseren Trip hierher ist. So etwas kann „Reise&Erlebe"

doch nicht ernsthaft unterstützen! Selbst Eduardo hat den Kopf geschüttelt.

10.10 Uhr

Puno. Am Hafen

So, sicher wieder an Land. Unser Bus steht schon bereit, gleich geht es los – auf nach Bolivien!

11.45 Uhr

Noch immer am Titicacasee, irgendwo am Straßenrand

Wie groß dieser See ist! Wir fahren und fahren und werden ihn einfach nicht los. Jetzt machen wir erst einmal Mittagspause, am Straßenrand, mit Kühlbox, in der sich Snacks befinden, die man uns in Chifron noch mitgegeben hat. Wie die Hühner auf der Stange hocken wir hier auf einem Mäuerchen direkt am See und kauen schweigend vor uns hin. Ich habe den Eindruck, dass so langsam bei allen eine tiefe Erschöpfung einsetzt. Es sind einfach zu viele verschiedene Eindrücke in zu schneller Abfolge…

14.45 Uhr bolivianische Zeit (13.45 Uhr in Peru)

In einem neuen Bus

So, wir sind in Bolivien angekommen. Nach einem total chaotischen Grenzübergang. Passend zum Thema „zu viele verschiedene Eindrücke in zu schneller Abfolge" – was da gerade innerhalb kürzester Zeit wieder auf uns eingeprasselt ist…

Los ging es mit der für uns etwas überraschenden Nachricht, dass wir uns gleich sowohl von Julio als auch von unserem Bus würden verabschieden müssen. Beide würden in Peru bleiben. Und über die Grenze würden wir zu Fuß gehen.

„Und was ist mit unserem Gepäck?!", fragte Bettina fassungslos.

„Müssen wir selbst mitnehmen", lautet Eduardos knappe Antwort.

Während wir uns noch verdutzt gegenseitig ansahen, hielt der Bus schon an. Wir waren mittlerweile in einer kleinen Stadt namens Desaguadero angekommen.

„Alle aussteigen und mitkommen. Pässe mitnehmen", kommandierte Eduardo.

Plötzlich wirkte er gar nicht mehr so schläfrig wie sonst, sondern ausgesprochen angespannt. Deshalb wohl traute sich niemand von uns zu fragen, was denn nun passiert. Brav stiegen wir alle aus und trotteten hinter Eduardo her. Er führte uns in ein Gebäude, das – wie sich herausstellte – ein Polizeigebäude war. Hier wurden unsere jeweiligen Ausreisezettel, die wir schon bei der Einreise bekommen hatten, abgestempelt. Wortlos. Dann ging es weiter in das benachbarte Gebäude, das – wie sich herausstellte – das Grenzgebäude war. Hier bekamen wir alle einen Stempel in unseren jeweiligen Pass gedonnert. Wortlos. Dann zockelten wir wieder zurück zum Bus.

Hier hatte zwischenzeitlich Julio unsere Koffer ausgepackt, sie standen bereits auf der staubigen Straße. Nun ging es ans Verabschieden. Glücklicherweise hatte Bettina schon irgendwann zwischendurch mal Trinkgeld für Julio eingesammelt und in einen Umschlag gepackt, den sie ihm nun überreichte – vielleicht hatte sie schon geahnt, dass es einen abrupten Abschied geben könnte und man darauf vorbereitet sein sollte.

Winkend und grinsend fuhr Julio mit seinem Bus davon und ließ uns mit unseren Koffern im Staub allein zurück.

„Sollen wir jetzt loslaufen?“, fragte Bettina den ziemlich abwesend wirkenden Eduardo, der nach irgendetwas Ausschau zu halten schien.

„Nein, warten, kommt jemand.“

Und tatsächlich, kurz darauf kam jemand. Und zwar ein Mann mit einem riesigen Handkarren – für unser Gepäck. Also mussten wir unsere schweren Koffer doch nicht per Hand über die Grenze schleppen.

Das Gepäck wurde aufgeladen, mit Spannguten festgezurrt, und nun ging es zu Fuß im Pulk hinter Eduardo und dem Handkarren-Mann her – ins absolute Chaos. Denn die Grenze verlief mitten durch einen Markt. Einen ausgesprochen gut besuchten Markt. Menschen über Menschen! Alles kreuz und quer durcheinander. Händler, Kunden, andere verschreckt aussehende Touristen, Handkarren, Fahrräder, Rikschas (von denen mir eine ungebremst in die Hacken gedonnert ist!) – ein unbeschreibliches Durcheinander. Eduardo war sofort von den Menschenmassen verschluckt, und auch die anderen verloren sich für meine Augen schnell im Gewimmel. Also orientierte ich mich an unserem Handkarren, denn glücklicherweise lag mein orangefarbener Koffer ganz oben, so dass ich ihn auch mit größerem Abstand immer sehen konnte.

Der Grenzübertritt vollzog sich in der Weise, dass wir unter einem blauen Schild hindurchgingen, in dem sich Peru mit der Aufschrift „Gracias por su visita“ für den Besuch bedankt, und anschließend, ungefähr fünfzig Meter weiter, von einem grünen Schild mit dem Willkommensgruß „Bienvenidos a Bolivia“ empfangen wurden.

Kurz dahinter trafen wir uns dann alle wohlbehalten wieder. Nun mussten wir unsere Einreise nach Bolivien amtlich vollziehen. Eduardo führte uns ein vollkommen runtergekommenes Haus, das ich niemals als Grenzgebäude identifiziert hätte. Darin angekommen überraschte uns Eduardo erneut.

„Ihr müsst allein machen, ich muss anderen Weg nehmen.“

Sprach`s und war schon weg. Ich kann bis jetzt nicht sagen, warum Eduardo sich die ganze Zeit so merkwürdig verhielt. Ob er Angst hatte, dass bei seiner Einreise irgendetwas schief gehen könnte? Kann es passieren, dass Peruanern ohne jeden Grund die Einreise verweigert wird? Oder darf er als Peruaner vielleicht gar nicht in Bolivien als Reiseleiter arbeiten, ist sein Aufenthalt dort dementsprechend nicht so ganz legal und befürchtete er, dies könnte bei der Einreise rauskommen?

Fragen über Fragen, die ich mir allerdings erst jetzt stelle. In dem Augenblick, als Eduardo weg war, lag mein Fokus doch mehr auf meiner eigenen Einreise. Aber ich war ja nicht allein, irgendwelche Ängste hatte ich nicht auszustehen. Obwohl es richtiggehend gruselig war in diesem Gebäude. Wir mussten in ein Zimmer gehen, in dem es wirklich stockfinster war, muffig dazu. Die drei Männer, die dort saßen, passten genau in diese Szenerie. Schlechtgelaunt donnerten sie jedem von uns den Einreisestempel in den Pass. Aber wenigstens gab es bei keinem von uns Probleme.

Bei Eduardo offensichtlich auch nicht. Als wir ihn draußen trafen, strahlte er. Die Anspannung war wie weggeblasen.

Ein paar hundert Meter wartete schon unser neuer, quietschgelber Bus auf uns. Mit ihm warteten unser neuer Fahrer, Carlos, und Susanne, Reiseleiterin aus dem „Reise&Erlebe"-Büro in Bolivien.

Und nun sind wir unterwegs Richtung La Paz, dem höchst gelegenen Regierungssitz der Welt (die Hauptstadt ist Sucre). Aber vor der Ankunft dort wird es noch mehrere Stopps geben.

16.40 Uhr

Wieder im Bus

Bei den Ruinen von Raqchi waren sie bereits Thema, nun haben wir sie auch noch mit eigenen Augen gesehen: Die Ruinen von Tiwanaku.

Ich denke, ich bin nicht die Einzige aus der Gruppe, die von sich sagen muss: Ich bin jetzt wirklich ruinenmüde. Auch die anderen mussten sich unübersehbar zusammenreißen, um Susannes Ausführungen angemessen interessiert zu lauschen. So manch unterdrücktes Gähnen konnte ich bei dem einen und der anderen immer wieder ausmachen.

Natürlich ist Tiwanaku spektakulär, wurde zum UNESCO-Weltkulturerbe erklärt, und es mangelt auch wieder nicht an Theorien hinsichtlich des Entstehens. Aber es ist jetzt einfach zu viel des Guten. Man müsste schon ein kleiner Hobbyarchäologe sein, um noch immer die volle Begeisterung aufzubringen, und so wie es aussieht, ist das aus unserer Gruppe niemand. Aber wenn ich das Programm so überfliege, dürften das jetzt die letzten Ruinen dieser Reise gewesen sein.

17.10 Uhr

Noch immer im Bus

Die Aussicht ist einfach fantastisch. Wir können die schneebedeckten Gipfel der Königskordilleren sehen. Wunderschön!

18.10 Uhr

El Alto

El Alto ist ein Vorort von La Paz. Wir befinden uns jedoch nicht in El Alto selbst, sondern außerhalb, bei einem Sozialprojekt für Straßenkinder, das von „Reise&Erlebe“ unterstützt wird.

Ich habe auf meinen Reisen ja schon des Öfteren Sozialprojekte besucht, weil sie auf dem Programm standen. Und jedes Mal frage ich mich: Reicht es nicht, dass mit einem Teil unseres Reisepreises das Projekt mitfinanziert wird? Müssen wir als Reisegruppe wirklich da auflaufen und die jeweiligen „Schützlinge“ vor Ort angucken? Vielleicht spinne ich ja, aber ist es für solche Kinder nicht irgendwie entwürdigend, wenn da alle paar

Tage so ein Trupp reicher Westler anrückt und sie mit mildem Lächeln betrachtet? Auf jeden Fall ist für mein Empfinden immer wahnsinnig viel Verlegenheit mit im Spiel, auf beiden Seiten.

Diesmal allerdings ist es für mich ein bisschen anders. Hier gibt es nämlich nicht nur die Kinder, sondern auch einen Hund, eine Boxerhündin. Beim Anblick von Hunden gibt es bei mir kein Halten, ich muss einfach Kontakt aufnehmen. Und so fragte ich einen der Jungs, wie der Hund da drüben denn heißt. Man mag es nicht glauben, aber diese Frage konnte ich sogar auf Spanisch stellen! Die Antwort war: „Bonita". Also rief ich die Hündin bei ihrem Namen, und sie kam tatsächlich zu mir und ließ sich streicheln. Darüber habe ich mich so von Herzen gefreut, dass der Junge fast über mich lachen musste und mit mir zusammen streichelte. Ja, ich gebe zu, kein Mega-Erlebnis, aber für mich war es eine kurze Begegnung auf Augenhöhe mit diesem Jungen, der jetzt wieder im Haus ist – die Jungs müssen den Tisch für ihr Abendessen decken. Und wir fahren gleich weiter.

19.45 Uhr

La Paz. Im Hotelzimmer

Also, jetzt bin ich aber wirklich sehr überrascht – von mir selbst! Mit dieser Entscheidung hätte ich nie gerechnet: Ich mache die Mountainbiketour auf der „gefährlichsten Straße der Welt" morgen NICHT mit.

Dabei hatte ich vor ein paar Tagen noch ohne zu zögern meinen Arm gehoben, als Eduardo fragte, wer denn alles bei dieser Tour dabei sein würde – der

Veranstalter wolle die Teilnehmerzahl vorab wissen, um das entsprechende Material bereitstellen zu können. Klar, ich war aufgeregt bei dem Gedanken an dieses Abenteuer, hatte definitiv auch Angst davor, aber nicht solch eine Art von Angst, die mich davon abhält, etwas zu tun, sondern eher eine freudige Angst – vielleicht könnte ich es ängstliche Vorfreude nennen. Oder es mit Lampenfieber vergleichen.

Welche Gefühle oder Gedanken ich in Bezug auf diese Tour auch immer hatte, eines war nicht dabei: irgendein Zweifel. Es stand für mich zu hundert Prozent fest, dass ich teilnehmen würde.

Bis wir vor einer halben Stunde im Hotel ankamen und im Foyer schon ein junger Mann auf uns wartete. Ein Angestellter der Agentur, die die Mountainbiketour durchführt. Er fragte, wer von uns morgen mit dabei sein würde. Bis auf Jakob und Magda waren das alle. Diejenigen sollten ihm bitte folgen zu einem Tisch mit Stühlen in der hinteren Ecke des Foyers, dort hätte er schon alles vorbereitet. Wir taten wie geheißen und setzten uns an besagten Tisch, auf dem an jedem Platz schon ein Vertrag lag. Den müssten wir unterschreiben, aber kein Problem, das wäre der übliche Standardvertrag.

Zeit für das gründliche Lesen dieses Vertrages ließ er uns allerdings nicht, er fing gleich an zu erzählen, was uns morgen denn so alles erwarten würde: Starten würde die Tour hoch oben in den Anden, auf dem La Cumpre Pass, auf sagenhaften 4.700 Metern. Dort werde es auf jeden Fall sehr kalt sein, zwei bis drei Grad, und mindestens nebelig, mit großer Wahrscheinlichkeit würde es aber wohl regnen. Also bitte dementsprechende Kleidung anziehen! Von dort aus würde es dann vier Stunden lang bergab gehen, 65 Kilometer Downhill, und zwar durch alle Klimazonen Südamerikas, bis am Ziel auf 1.200 Metern mollige feuchttropische Temperaturen auf uns warten würden. Also bitte zuunterst ein kurzärmeliges T-Shirt anziehen, denn alles andere wäre dort zu warm. Die Schutzausrüstung mit Helm, Handschuhen und Knieprotektoren würde man uns stellen, für die sonstige Bekleidung wären wir selbst zuständig.

Auf Ellens Frage, ob man denn vielleicht eine gepolsterte Fahrradhose bekommen könne, schüttelte er fast empört den Kopf. War wohl zu uncool, dieses Ansinnen. Überhaupt schien er an Fragen unsererseits kein gesteigertes Interesse zu haben, denn er erhob sich jetzt und forderte uns auf, den Vertrag zu unterschreiben.

Diesen hatte ich während seiner Ausführungen schon überflogen und dort neben der recht kurzen Auflistung der Agentur-Leistungen eine deutlich längere Liste vorgefunden mit Leistungen, die die Agentur *nicht* erbringt oder nur gegen zusätzliche Bezahlung, sowie zahllosen Haftungsausschlüssen. So nach dem Motto: „Wir geben dir ein Fahrrad, wir zeigen dir die Strecke, für den Rest bist du selbst verantwortlich." Vielleicht übertreibe ich da jetzt, wie gesagt, ich hab das Ganze nur überflogen, aber mir erschien das doch ein recht einseitiger Vertrag zu sein.

Die anderen unterschrieben bereits, und auch meine Hand schwebte mitsamt Kugelschreiber schon über dem Unterschriftsfeld. Aber dann war es, als würde mich plötzlich eine komplette Lähmung überkommen. Alles, aber auch alles in mir schrie: „NEIN! DU UNTERSCHREIBST DAS NICHT!! DU FÄHRST DA NICHT MIT!!!“

Was genau es war, dass urplötzlich zu diesem unumstößlichen NEIN führte, kann ich gar nicht sagen. Vermutlich das Gesamtpaket aus allem, was da in kürzester Zeit auf mich eingeprasselt war. Ich hatte einfach kein Vertrauen mehr zu der ganzen Unternehmung. Auf alle Fälle war es eine glasklare Entscheidung, die feststand wie das Amen in der Kirche. Es gab für mich nichts mehr zu fragen, zu klären, zu diskutieren.

„Ich fahre nicht mit“, sagte ich und stand auf.

Natürlich waren die anderen vollkommen perplex. Schließlich hatte ich mit keiner Silbe auch nur angedeutet, dass ich vielleicht irgendwelche Zweifel haben könnte. Die Reaktionen reichten von „Ach, das ist aber schade“ über „Na sowas, das kam jetzt aber plötzlich“ bis „Willst du dir das nicht noch mal überlegen? Nicht, dass du das hinterher bereust“.

Eigentlich rechnete ich auch damit, dass der Mann von der Agentur verkünden würde, bei einer so kurzfristigen Absage müsste ich trotzdem einen Teil der Anmeldegebühr zahlen. Oder sogar die gesamte Summe. Wäre mir total egal gewesen. Von ihm kam aber nichts, er zuckte nur gleichgültig mit den Achseln und packte meinen Vertrag wieder ein. Wahrscheinlich war ich nicht die Erste, die so kurzfristig kalte Füße bekommen hat.

Womit ich allerdings nicht gerechnet hatte, war Bettinas Reaktion.

„Was soll DAS denn?!“, fauchte sie mich geradezu an.

Ich war richtig erschrocken über diese blanke Wut, die sie mir entgegenschleuderte. Mir lag schon auf den Lippen, ihr mit „Was hast DU denn für einen Auftrag?“ zu antworten, ließ das dann aber lieber, sondern murmelte nur so etwas wie „Das ist einfach nicht das Richtige für mich“ und drehte mich weg. Ich bin ihr doch keine Rechenschaft schuldig! Und meine Entscheidung betrifft sie auch in keinster Weise. Wir wären morgen doch nicht als Zweier-Team angetreten. Im Zweifel wären wir nicht einmal nebeneinander gefahren, weil sie in punkto Mountainbike deutlich mehr Erfahrung hat und in Sachen Sport sowieso viel ehrgeiziger ist.

Jetzt, mit ein bisschen Abstand, frage ich mich, ob ihre heftige Reaktion überhaupt etwas mit mir persönlich zu tun hat oder ob ich da eine Art Stellvertreter-Rolle hatte, für irgendein Problem aus ihrem eigenen Leben.

Na, da ist wohl die Küchenpsychologin in mir mal wieder erwacht und stellt wilde Mutmaßungen an…

23.40 Uhr

Wieder im Hotelzimmer

Ein sehr netter Abend liegt hinter mir. Ich war mit Eduardo, Ellen, Martin, Birgit und Tomas in einer Kneipe, in der man auch etwas essen konnte. Es war richtig großstädtisch dort, hätte auch in Berlin sein können. Gegessen habe ich Hähnchen in Weißweinsauce mit Reis, getrunken ein dunkles süßes Bier. Gekostet hat das Ganze umgerechnet 3,50 Euro. Die Währung hier heißt Boliviano. Leicht zu merken. Geld wechseln konnte man ganz unkompliziert im Hotel.

Jakob und Magda sind nicht zum Essen mitgekommen, weil sie zu erschöpft waren. Und Bettina ist ebenfalls im Hotel geblieben. Warum auch immer.

Meine Entscheidung, morgen nicht mitzufahren, fühlt sich nach wie vor absolut richtig an. Und jetzt kann ich ganz entspannt ins Bett gehen und morgen ganz allein entscheiden, wann ich aufstehe, wann ich frühstücken gehe, was ich danach mache, ob ich überhaupt irgendwas mache oder mich vielleicht einfach wieder ins Bett lege... Komplett auf mich allein gestellt – ein Novum auf dieser Reise!

La Paz
Oder: Endlich mal Mittagsschlaf

Samstag, 17. November

09.10 Uhr
Im Hotelzimmer

Tja, was soll ich sagen. Meine Vorstellung von einem Tag ganz allein mit mir selbst ist schon über den Haufen geworfen. Alles kam mal wieder anders als gedacht.

Als ich ganz entspannt in den Frühstücksraum schlenderte, erblickte ich drei vertraute Gesichter: Jakob, Magda und Ellen. Die drei saßen an einem Tisch zusammen, und als sie mich sahen, winkten sie mich aufgeregt zu sich. Auch wenn ich auf ein Frühstück allein und in aller Ruhe eingestellt war und mich darauf gefreut hatte, gesellte ich mich zu ihnen. Unhöflich wollte ich ja nun auch nicht sein, außerdem würde ich ja den Rest des Tages für mich allein haben.

Aber ich saß noch nicht mal richtig, da fielen sie auch schon über mich her: Ich sollte unbedingt mit ihnen zusammen die City-Bustour machen!

„Was für eine City-Bustour?" Ich wusste von nichts.

Aber sie klärten mich auf. Jakob und Magda hatten Eduardo gestern gefragt, was sie denn hier in La Paz nun den ganzen Tag machen sollten, so ganz ohne Programm und ohne Reiseleiter. Er hatte ihnen diese besagte Bus-Tour empfohlen. Man würde an allen wichtigen Plätzen vorbeikommen, und es würde Kopfhörer geben, durch die man in allen möglichen Sprachen alles Wissenswerte erfahren könnte. Und man könne an jeder Haltestelle aussteigen, dort so lange verweilen wie man wolle, und dann einfach wieder in den nächsten Bus einsteigen. Eduardo hatte ihnen auch erklärt, wo die Tour startet und wo man die Tickets kaufen kann. Aber trotzdem trauten sie sich das Ganze allein nicht zu. La Paz erschien ihnen so unfassbar groß und gefährlich. All diese Hochhäuser! Und wenn sie bei dieser Tour dann irgendwo ausstiegen und sich verirrten, was dann? Ach, wenn doch nur irgendjemand sie begleiten würde!

Und so waren sie mehr als glücklich, als heute Morgen ganz unerwartet Ellen im Frühstücksraum auftauchte. Sie war ja eigentlich für die Mountainbiketour angemeldet. Aber in der Nacht hatte sie plötzlich Magenkrämpfe und Durchfall bekommen, und das Letzte, was sie sich in diesem Zustand vorstellen konnte, war stundenlanges Mountainbiken über Geröllpisten und ohne Toilette weit und breit. Eigentlich war ihr Plan für heute ähnlich wie meiner gewesen – erst mal wieder aufs Zimmer, vielleicht wieder hinlegen, vielleicht ein bisschen was unternehmen, auf jeden Fall alles ganz ruhig und langsam angehen lassen. Aber Jakob und Magda hatten sie wohl so lieb darum gebeten, doch bitte mit ihnen zusammen diese Bus-Tour zu machen, dass sie schließlich Ja gesagt hatte.

Und nun war es Ellen selbst, die mich so flehentlich bat, doch ebenfalls mitzukommen, dass auch ich mich bereitschlagen ließ. Zwei Frau, die nicht Nein sagen können – vielleicht sollten wir beide einmal über eine Gemeinschaftstherapie nachdenken. Wer weiß, vielleicht würde man uns ja einen freundlichen Mengenrabatt einräumen…,

In zehn Minuten treffen wir uns unten in der Lobby.

14.45 Uhr

Im Hotelzimmer

Ach, herrlich, so ein Mittagsschläfchen! Einfach mal zwanzig Minuten Ausklinken aus der Welt, wie schön das war!

Erstaunlicherweise hat mir aber auch der heutige Vormittag richtig gut gefallen. Die Tour mit dem Touristenbus war sehr kurzweilig, und dankenswerterweise wollten meine drei Mitreisenden auch nicht ständig aussteigen und sich alles genauer ansehen, sondern wir einigten uns auf einen einzigen Ausstieg: Am Aussichtspunkt Kille Killke, von wo aus man auf die gesamte Stadt runterschauen konnte, inklusive des Stadions. Oh Mann, wenn ich mir vorstelle, ich müsste auf gut 3.600 Metern Höhe ein neunzigminütiges Fußballspiel absolvieren… Da bräuchte ich wohl spätestens nach zehn Minuten eine Atemmaske! Auf jeden Fall dürfte die hiesige Fußballmannschaft bei Heimspielen konditionsmäßig klar im Vorteil sein, wenn Gegner aus tiefergelegenen Regionen antreten.

Den Namen Kille Killke konnte ich mir gut merken, ansonsten habe ich mir heute mal erlaubt, keine Notizen zu machen. Einfach mal nur im Bus sitzen, rechts und links gucken, während die Stimme im Kopfhörer redet, in dem Moment alles aufnehmen und es im nächsten schon wieder vergessen. Muss auch mal sein.

Nach meinem bisherigen Eindruck kann ich nicht gerade behaupten, dass La Paz eine schöne Stadt ist. Interessant ist sie aber mit Sicherheit. Ein schier endloses Häusermeer in einem Talkessel. Eine richtige Großstadt eben. Das habe ich ja schon gestern Abend an der Kneipe gesehen, die ich auch in Berlin verortet hätte. Ähnlich war es auch beim Mittagessen. Nach dem Ende unserer Tour gingen wir einfach in das nächstgelegene Restaurant, und auch hier war es von der Einrichtung her eher cool und lässig als traditionell südamerikanisch. Ich hatte Huhn in Currysauce mit Rosinen, dazu Reis – sehr lecker, um dieses schöne Wort mal wieder zu verwenden.

Nun gehe ich aber gleich wirklich mal allein los! Wohin auch immer, einen Plan habe ich nicht. Aber das Hotel liegt so dermaßen zentral, da kann ich einfach losgehen und werde schon irgendwas Interessantes entdecken. Vielleicht könnte ich mal Shoppen gehen? Mir ein T-Shirt oder so etwas kaufen? Aber dann eins, bei dessen Anblick nicht jeder ausruft: „Oh, schön bunt. Das haste wohl im Urlaub gekauft“…

18.00 Uhr

Im Hotelzimmer

Na ja, so großstädtisch wie gedacht ist La Paz nun auch wieder nicht. Die Geschäfte waren fast alle ab sechzehn Uhr geschlossen – weil Samstag ist. Geöffnet waren nur noch die Souvenirläden mit dem Üblichen darin. Und es gab auch einen Straßenmarkt, der sich schier endlos am Straßenrand entlang zog. Aber so wie ich so langsam keine Ruinen mehr sehen kann, verhält es sich auch mit den Märkten. Nach einiger Zeit will nicht mehr so die ganz große Begeisterung aufkommen.

Was ich ansonsten noch über meinen Alleingang sagen kann: Ich habe mich zu keiner Zeit gefährdet gefühlt in punkto Taschendiebstahl.

Gleich treffen wir uns in der Lobby und gehen dann in ein Restaurant. Ich bin ja mal gespannt, was die anderen so erzählen von ihrer Mountainbiketour.

22.30 Uhr

Wieder im Hotelzimmer

Also ehrlich, ist mir diese Bettina auf den Keks gegangen! Den ganzen Abend über fing sie immer wieder von Neuem an mit ihrem Lobgesang auf ihren super-mega-geilen Tag! Den tollsten Tag ihres Lebens! Noch nie so was Abenteuerliches erlebt! Einfach nur genial!

Das größte Vergnügen bereitete es ihr natürlich, mir meine vermeintliche „absolute Fehlentscheidung", wie sie es mehrfach ausdrückte, unter die Nase zu reiben. Ich hätte zählen sollen, wie oft sie gesagt hat: „Also, DA hast du wirklich was verpasst!". Schön war auch die Variation dieses Satzes: „Eigentlich ist es ja gut, dass du gar nicht weißt, was du da verpasst hast, sonst würdest du dich zu Tode ärgern."

Unglückseligerweise saß sie mir genau gegenüber, so dass ich mich ihren Ergüssen kaum entziehen konnte. Mit meiner Reaktion allerdings war sie wohl nicht so ganz zufrieden. Oder besser gesagt mit meiner Nicht-Reaktion. Ich ging nämlich einfach nicht auf ihre Provokation ein, sondern guckte sie nur wortlos an.

Mit der Zeit wurde ich ihr dann auch zu langweilig und sie beglückte nun die ganze Gruppe damit, dass sie ja „kein bisschen fertig sei“ und wie gut offensichtlich ihre Kondition sei, sie wäre ja wirklich so richtig fit, im Top-Zustand, das wäre ihr ja vorher gar nicht klar gewesen. Also, wenn es nach ihr ginge, sie könnte direkt gleich morgen noch mal wieder…

Auch bei den anderen stieß sie mit ihrer Selbst-Lobhudelei auf wenig Resonanz. Niemand bestätigte, was für eine fitte und tolle Person sie doch wäre. Im Gegensatz zu der aufgedrehten Bettina wirkten die anderen drei auch eher leicht entkräftet und waren ziemlich ruhig.

Überhaupt waren sie längst nicht so überschwänglich, was die Tour anbelangte. Sicher, gefallen hat es wohl allen gut, aber Birgit beispielsweise hatte mir schon während des Fußmarsches zum Restaurant erzählt, dass sie sich die ganze Zeit nur auf das unfallfreie Fahren und das Bremsen konzentriert hätte, von der tollen Landschaft und den wechselnden Klimazonen hätte sie kaum etwas registriert. Martin und Tomas machten insgesamt einen zufriedenen Eindruck, aber solch überbordende Begeisterung wie Bettina versprühten beide nicht mal im Ansatz.

Allerdings schaffte Bettina es letztlich doch noch, mich aus der Reserve zu locken, wenn auch mit einer ganz anderen Sache. Ich brauchte Eduardos Hilfe bei der Speisekarte, wollte von ihm wissen, was denn wohl der Unterschied zwischen den angebotenen Salaten „crudo“

und „cocido“ wäre. Noch bevor er antworten konnte, grätschte Bettina dazwischen.

„Mein Gott, lass dich doch einfach mal überraschen! Man muss doch nicht immer auf Nummer sicher gehen und alles schon vorher wissen wollen!“

„Jetzt ist aber mal gut, ja?!“, fauchte ich zurück.

Nun hatte sie endlich ihre Reaktion von mir, und tatsächlich sah sie direkt erschrocken aus. War zwar nicht gerade wortgewaltig von mir, aber mit so einer Schärfe rausgepfeffert, dass ich mich selbst wunderte. Danach war Ruhe. Ich hoffe, das bleibt jetzt auch so. Bisher war unser Verhältnis zueinander ja vollkommen freundlich-neutral und ich gehe jetzt einfach mal davon aus, dass es das ab jetzt auch wieder sein wird.

Wobei ich noch eine ganz wilde Theorie zu ihrer Veränderung auf Lager habe: Vielleicht löst die dünne Höhenluft hier oben bei manchen Menschen eine euphorisch-aggressive Stimmung aus. Schon gestern in El Alto befanden wir uns auf 4.100 Metern, und die Tour heute startete ja noch weitere sechshundert Meter höher.

Jetzt gerade in diesem Moment schießt mir plötzlich das Wort „Höhenkoller“ in den Sinn. Diesen Ausdruck benutzt man ja normalerweise, wenn sich jemand aufgrund plötzlichen Ruhms oder beruflichen Aufstiegs charakterlich unangenehm verändert. Aber vermutlich liegt der Ursprung dieses Begriffs in der Bergsteigerwelt.

Wie auch immer, wir werden ja sehen, wie sich die Dinge entwickeln, wenn wir uns wieder in niedere Gefilde begeben.

Salat crudo ist übrigens roh, cocida gekocht. Bestellt habe ich letztlich eine Tomatensuppe.

Und jetzt gehe ich schlafen. Morgen ist übrigens schon wieder Ausschlafen angesagt, und für den Vormittag ist doch glatt schon wieder kein Programm vorgesehen. Das reinste Lotterleben hier in Bolivien…

Aber das ist nur die Ruhe vor dem Sturm. „Reise&Erlebe" warnt im Programm für den morgigen Tag schon mal vor: „Heute haben wir einen langen Tag vor uns und wir tun gut daran, erst mal auszuschlafen."

Wobei man vielleicht auch während dieses langen Tages wird schlafen können. Wir werden ihn nämlich fahrend verbringen: Zuerst geht es per öffentlichem Bus in eine Stadt namens Oruro, und dort steigen wir dann in den Zug Richtung Uyuni, eine Stadt am Rande des Salzsees. Ankommen werden wir mitten in der Nacht. Da ist ein bisschen „Vorschlafen" sicher nicht das Verkehrteste.

Also: Licht aus!

Von La Paz nach Uyuni
Oder: Von Erholung war nie die Rede

Sonntag, 18. November

08.00 Uhr

Noch im Bett

Wie gut, dass wir heute länger schlafen konnten. Ich bin nämlich erst sehr spät in den Schlaf gekommen – weil über mir im 12. Stock eine Geburtstagsparty stattfand, mit höllenlauter Rambazamba-Musik. Und dann klingelte um kurz nach elf auch noch das Telefon auf meinem Nachttisch. Am anderen Ende war Eduardo, der fragte, ob ich vielleicht ein anderes Zimmer haben wollte, ein paar Etagen tiefer. Das fand ich wirklich sehr aufmerksam von ihm, aber dafür hätte ich mich ja zuerst wieder komplett anziehen, dann meinen gesamten Krempel zusammenpacken und schließlich im neuen Zimmer wieder alles auspacken müssen. Dadurch wäre ich vermutlich so wach geworden, dass ich stundenlang nicht hätte einschlafen können. Also lehnte ich dankend ab und entschied mich stattdessen für Ohrenstöpsel. Und damit klappte es ganz wunderbar.

Aber apropos Eduardo und Schlafen: Er hat gestern Abend im Restaurant erzählt, dass er seit zwölf Jahren nur mit Schlaftabletten schlafen kann. Das ist ja wohl ganz und gar unglaublich, er ist doch erst sechsundzwanzig, da müsste er ja seit seinem vierzehnten Lebensjahr Schlaftabletten nehmen! Die müsste er dann ja wohl von seinen

Eltern bekommen haben. Denn welcher Arzt würde denn einem Jugendlichen Schlaftabletten verschreiben? Oder hat er sich die Dinger vielleicht einfach aus dem elterlichen Medikamentenschrank genommen? Aber das hätte doch nach kurzer Zeit auffallen müssen.

Wir waren alle so schockiert, dass niemand weiter nachgefragt hat, und mir fällt erst jetzt auf, dass die Geschichte vielleicht etwas übertrieben sein könnte. Gut, aber einen gewissen Wahrheitsgehalt wird das Ganze haben – und es erklärt, warum Eduardo oft so abwesend wirkt und im Bus ständig einschläft.

12.10 Uhr

Wieder im Zimmer

Auch wenn ich sonst immer den dringenden Wunsch hatte, länger an einem Ort zu verweilen – jetzt möchte ich doch bald mal weiterziehen.

Ich habe gerade einen zweistündigen Gang hinter mir und nun das Gefühl, hier im Zentrum von La Paz doch so langsam alles gesehen zu haben. In punkto Shoppen war heute natürlich erst recht nichts los, die Geschäfte sind sonntags geschlossen.

Der Markt dagegen ist in kompletter Länge wieder aufgebaut. Bei näherer Betrachtung heute bin ich zu dem Schluss gekommen, dass es sich dabei um den Hexenmarkt von La Paz handelt. Wie schon in Arequipa kann man hier Lama-Föten kaufen und jede Menge Pülverchen in Kartons, auf denen sich zum Teil reichlich obszöne Bilder befinden. Also, bei diesem riesigen

Angebot an Potenzmitteln fragt man sich ja schon, ob der Bedarf daran hierzulande denn wirklich so enorm ist...

Natürlich hat La Paz wie jede südamerikanische Stadt auch einen Hauptplatz, der hier aber ausnahmsweise nicht Plaza de Armas oder Plaza Mayor heißt, sondern Plaza Murillo, benannt nach dem gleichnamigen Unabhängigkeitskämpfer. Gestern schon mit dem Citytour-Bus vorbeigekommen, heute noch mal zu Fuß erkundet. Aber bis auf den Namen unterscheidet der Platz sich nicht großartig von den anderen bisher gesehenen Hauptplätzen. Regierungspalast, Kathedrale, Reiterstandbild, alles vorhanden. Und wie immer ist es ein sehr schöner Platz.

Aber wie gesagt, meine Stadt-Lust ist jetzt am zweiten Tag voll und ganz befriedigt, nun kann es gern wieder in die Natur gehen.

13.30 Uhr

Am Busbahnhof

Wir sind mehr als eine Stunde zu früh hier. Jetzt heißt es: Bitte warten!

So einen südamerikanischen Busbahnhof hatte ich mir irgendwie auch aufregender vorgestellt. Heißt es doch in unserem Programm: „Ein Südamerikabesuch wäre ohne das Erlebnis eines Busbahnhofes auch nicht vollständig, und das penetrante „Cochabamba, Cochabamba, Cochabamba“ wird Euch noch einige Zeit in den Ohren liegen.“

Erst mal musste ich Eduardo fragen, was es denn mit diesem Begriff „Cochabamba“ überhaupt bedeuten soll.

„Das ist eine Stadt hier in Bolivien“, war seine Antwort.

Hm. Ich hatte gedacht, dass es sich um ein Wort handelt, das irgendwelche Händler ständig rufen. Sowas wie „Sonderangebot“. Auf jeden Fall hat bisher noch niemand „Cochabamba“ oder sonst irgendwas gerufen. Eigentlich ist es eher leise hier. Das bunte Leben und Treiben aus meiner Vorstellung sucht man hier vergebens. Liegt es am Wochentag?

Das Aufregendste bisher war eigentlich schon die Sache mit dem Übergewicht unserer Koffer. Die Höchstgrenze für Freigepäck liegt bei zehn Kilo. Und für jedes Kilo mehr pro Gepäckstück muss man einen Boliviano zahlen. In meinem Fall waren es zehn Bolivianos, die man von mir haben wollte. Strenggenommen hätte ich eigentlich 11,7 Bolivianos zahlen müssen, weil mein Koffer exakt 21,7 Kilo auf die Waage gebracht hat, aber das wurde großzügig abgerundet.

Genau umgekehrt lief es bei Tomas und Birgit. Ihre Koffer wurden mit zweiundzwanzig und sechsundzwanzig Kilo gewogen. Zusammen brachten die Koffer also achtundzwanzig Kilo zu viel auf die Waage, dementsprechend waren achtundzwanzig Bolivianos fällig. Aufgerundet wären dreißig auch ok gewesen. Tatsächlich aber forderte man fünfzig Bolivianos von Tomas! Der drehte sich hilfesuchend zu Eduardo, der direkt neben ihm stand.

„Eduardo, sag mal, das kann doch nicht stimmen!“

Aber Eduardo zuckte nur hilflos mit den Achseln. Und Tomas zahlte.

Wie soll man sich das nun wieder erklären? War Eduardo schon wieder so geistesabwesend, dass er gar nicht mitbekommen hatte, um was es ging? Oder meinte er, bei dieser geringen Summe von etwas mehr als umgerechnet einem Euro lohnte sich keine Debatte? Oder weiß er aus Erfahrung, dass man bei diesen Leuten besser keinen Stress machen sollte?

14.25 Uhr

Im Bus

Ach, was haben wir uns alle darunter vorgestellt – eine Fahrt in einem öffentlichen Bus! Dass wir zusammen mit bolivianischen Bauersfrauen in Tracht und mit Hühner und Ziegen reisen würden. Oder mit Großfamilien mit zig Kindern. Oder mit irgendwelchen Händlern mit Säcken voll von Waren. Na ja, gut, ich übertreibe, ganz so wild waren die Erwartungen nun auch wieder nicht. Aber ganz bestimmt haben wir nicht mit etwas so Langweiligem gerechnet: Wir sitzen in einem ganz normalen, modernen Reisebus. Zusammen mit lauter anderen Touristen. Nicht ein einziger Einheimischer.

15.15 Uhr

Im Bus

Ein fahrender Sarg ist dieser Bus. Damit meine ich nicht, dass ich einen tödlichen Unfall vorhersehe, sondern dass ich mich wie eingegraben fühle. Nirgendwo kann ich nach draußen sehen, obwohl ja noch heller Tag ist. Aber alles ist zugezogen. Hinter dem Fahrer befindet sich ein Vorhang, das heißt, ich kann ihn von meinem Platz in

Reihe zwei am Gang aus nicht sehen. Ebenso verbarrikadiert ist der Platz neben dem Fahrer auf der anderen Seite des Ganges, auf dem der zweite Fahrer sitzt. Immerhin lässt ein ganz schmaler Spalt der Windschutzscheibe ein bisschen Licht nach hinten rein. So weiß ich wenigstens, dass die Sonne scheint. Aber irgendetwas von der bolivianischen Landschaft kann ich so natürlich nicht sehen. Die Vorhänge rechts und links an den großen Scheiben sind ebenfalls geschlossen, eben wegen der Sonne.

16.00 Uhr

So, jetzt ist der Sarg wirklich zu. Der letzte Sargnagel wurde gerade eingeschlagen, bumm. Der zweite Fahrer ist aufgestanden und hat auch noch den Vorhang vor den Lichtspalt von der Windschutzscheibe gezogen. Jetzt ist Nacht hier an Bord.

Aber nicht, dass man jetzt schlafen soll! Kommt ja gar nicht in Frage! Jetzt ist Kino-Zeit! An der Decke hängt ein Fernseher, und dort läuft der wunderbar feinsinnige Film „Gladiator“. Der ja bekannt ist für seine leisen Töne… Und jeder muss sich diesen Krach anhören, der Ton läuft nicht über Kopfhörer, sondern dröhnt in voller Lautstärke aus den Boxen. Na, Prost Mahlzeit!

19.00 Uhr

Bahnhof von Oruro. Schon im Zug

Also, eines möchte ich noch einmal festhalten an dieser Stelle: Auf die Pünktlichkeit von Bus und Bahn kann man sich hier wirklich verlassen. Wer sich davon ruhig eine

Scheibe abschneiden könnte, lasse ich zur Abwechslung mal unausgesprochen…

ABER: Auch hier hängt wieder ein Riesenfernseher von der Decke, in dem bolivianische Musikvideos laufen. In einer Lautstärke, man glaubt es nicht! Wenn das die gesamten nächsten sieben Stunden so bleibt, bin ich ein Fall für die Klapse!

21.35 Uhr

Schlimmer geht immer: Nun hat das Programm gewechselt, von launiger Musik zum Katastrophen-Film. „Armaggedon“. Eine fürchterliche Geräuschkulisse. Und das ist ja auch noch einer dieser wahnsinnig langen Filme. Ich meine mich zu erinnern, dass er sagenhafte zweieinhalb Stunden dauert. Na super. Aber wenigstens läuft er auf Spanisch, dann kann ich zumindest während der Dialoge weghören.

Diesmal sind die Fenster zwar nicht mit Vorhängen zugezogen, aber inzwischen ist es draußen dunkel. Gibt also wieder nichts zu sehen.

Also, diesen Reisetag habe ich mir wirklich ganz und gar anders vorgestellt. Falls mich nach der Reise jemand fragt, wie es denn so in Bolivien war, werde ich antworten können, ich hätte zwar eine durchaus weite Strecke in diesem Land zurückgelegt, von La Paz bis Uyuni, eine Entfernung von stattlichen 550 Kilometern. Aber wie die Landschaft dort aussehe könne ich leider nicht sagen – ich sei von Anfang bis Ende von Dunkelheit umgeben gewesen.

00.15 Uhr

Nun ist es endlich still. Müde bin ich trotz der Uhrzeit überhaupt nicht, an Schlaf ist nicht zu denken. Ein bisschen lesen wäre jetzt schön. Geht aber nicht. Jakob hinter mir fühlt sich durch meine Leselampe gestört. Also sitze ich hier jetzt im Stockdunkeln und kann vor mich hinphilosophieren. Dass ich überhaupt noch schreiben kann, liegt an der eingeschalteten Leselampe zwei Reihen vor mir, die spendet mir noch so einen Hauch von Licht. Aber Spaß macht das Schreiben so nicht.

Nur eins noch: Es scheint keinerlei Belüftung in diesem Zug zu geben. Die Luft ist unfassbar mies, es riecht wie in einem Pumakäfig. Ob das der Grund dafür ist, dass mir seit einiger Zeit ein bisschen schlecht ist?

03.15 Uhr

Uyuni. Im Hotel

Noch schlimmer geht auch immer. Als wir endlich, endlich nach dieser langen Zugfahrt am Bahnhof von Uyuni aus dem Zug stiegen und auf den Bahnsteig traten, waren wir sofort von schwärzester Dunkelheit umgeben. Nirgendwo brannte auch nur ein Lichtlein. Totaler Stromausfall!

Dementsprechend chaotisch ging dann schon die Gepäckausgabe vonstatten. Wir hatten zu Beginn der Zugfahrt unsere Koffer an einem speziellen Gepäckwagen abgeben müssen, und nun gab der Zug-Angestellte einen Koffer nach dem anderen aus, aber es war so dunkel, dass keiner wusste, ob es nun gerade sein Koffer war, der da rausgereicht wurde. Immerhin fiel

Eduardo dann ein, dass er eine Taschenlampe in seinem Rucksack hatte. Er leuchtete den jeweiligen Koffer an, und so klappte es schließlich. Ich war wieder einmal froh über mein oranges Ungetüm, das war mit einem Blick zu identifizieren, im Gegensatz zu den schwarzen und dunkelblauen der anderen. Aber am Ende zuckelte doch jeder mit seinem eigenen Gepäck los, immer hinter Eduardos Taschenlampe her.

Vor dem Bahnhof wartete schon ein Pickup auf uns. Auf dessen Ladefläche verfrachteten wir unser Gepäck, mit dem er dann in der Dunkelheit verschwand. Wir dagegen mussten unseren Weg zum Hotel zu Fuß antreten, ebenfalls im Schein der Taschenlampe.

Ja, ich gebe zu, eigentlich ist das lustig, wie wir da im Gänsemarsch durch die bolivianische Nacht marschiert sind, immer hinter unserem Gänsevater Eduardo hinterher. Normalerweise werde ich in solchen Situationen gerne mal von einem akuten Kicheranfall übermannt. Aber in diesem Fall nicht. Mir war nämlich nach wie vor ziemlich schlecht. Inzwischen sogar noch mehr als im Zug. Trotz der jetzt ausgesprochen frischen Luft.

Hier im Hotel steht immerhin in jedem Zimmer eine Kerze, schon angezündet für uns, da man uns bereits erwartete. So musste man zumindest nicht in einem stockdunklen Raum herumtasten, sondern konnte wenigstens erahnen, wo was steht und rannte nicht gleich gegen den Schrank.

Aber mir reichte dieser Lichtschein nicht für das, was ich nun tun musste. Kaum in meinem Zimmer angekommen, riss ich meinen Koffer auf, auf der fast panischen Suche nach meiner Taschenlampe. Konnte sie aber nicht finden. Und so musste ich dann die Kerze vom Tisch nehmen, mit ihrer Hilfe das Bad finden und dort dann im Kerzenschein das verrichten, was ich nicht mehr unterdrücken konnte: Mich übergeben. Mir war wirklich inzwischen so dermaßen übel geworden.

Jetzt fühle ich mich besser. Keine Ahnung, was das ist. Etwas Falsches gegessen? Aber was? Gefrühstückt habe ich sehr ausführlich, das Hotel hatte ein Büffet und ich viel Zeit. Aber was genau ich da zu mir genommen habe, weiß ich gar nicht mehr. Nichts Außergewöhnliches zumindest. Aber natürlich kann immer irgendwas verdorben sein. Und ansonsten ging es heute eher kärglich zu. Zwei Käse-Sandwiches und Kekse, am Bahnhof gekauft, ansonsten Müsliriegel und Nüsse aus meinem eigenen Bestand, getrunken nur Wasser. Und im Zug ein Bier.

Oder ist es die Psyche? Dieser unerfreuliche Reisetag heute, ohne Tageslicht, dafür mit Höllenlärm. Und dann auch wieder ein gewisses Unbehagen – ich will das Wort Angst nicht überstrapazieren – vor dem, was uns ab morgen erwartet: Eine zweitägige Tour im Jeep durch eine Region mit spektakulären Naturphänomenen: Salzsee, Vulkane, Geysire, heiße Quellen und Wüste. Darauf freue ich mich riesig! Für mich eines der Highlights der Reise!

Aber da gibt es natürlich auch wieder mal die Schattenseiten: Am Tag wird es brütend heiß, in der Nacht „schweinekalt“, wie „Reise&Erlebe“ es so vornehm ausdrückt. Und übernachten werden wir in einer „sehr einfachen Unterkunft“ – und zwar in einem Bettensaal! Und warmes Wasser gibt es nur für eine Stunde!

Bisher ist ja alles, was ich mir im Vorfeld beängstigend ausgemalt hatte, in der Realität dann doch vergleichsweise glimpflich ausgefallen. Ich hoffe natürlich, dass sich das Ganze auch diesmal wieder dramatischer liest als es dann tatsächlich sein wird. Der Angsthase in mir ist allerdings alarmiert. Eigentlich habe ich ihn zum Schweigen verdonnert. Aber vielleicht lässt er sich das nicht gefallen? Sollte er so weit gegangen sein und mir diese Übelkeit verschafft haben?

Wie auch immer, falsches Essen oder Psyche, ich hoffe, jetzt ist alles raus, was raus musste, und nun ist es wieder gut.

An Schlaf ist noch nicht zu denken, ich bin ganz aufgekratzt, bei gleichzeitiger Totalerschöpfung. Aber wenigstens können wir ausschlafen. Immerhin.

Ich bin übrigens froh, genügend Batterien dabei zu haben. Beim Packen habe ich mich noch selbst gescholten – diese schweren Dinger in diesen rauhen Mengen. Aber da ahnte ich ja noch nicht, wie oft meine Taschenlampe tatsächlich zum Einsatz kommen würde.

Aber nun werde ich sie ausschalten und in der absoluten Dunkelheit versinken.

Von Uyuni nach Chuvica
Oder: Darf ich bitte sterben?

Montag, 19. November

08.40 Uhr

Im Zimmer

Ich glaube, ich bin richtig krank. Mir ist noch immer so was von schlecht, und heftigen Durchfall habe ich auch. Ganz zitterig bin ich. Und fiebrig fühle ich mich auch, das Thermometer zeigt aber nur 36,8 Grad an.

Einen schlechteren Tag hätte ich mir dafür ja wohl kaum aussuchen können. Den ganzen Tag im Jeep durchgeschüttelt werden und in der Salzwüste herumfahren, ohne jegliche Toilette natürlich, aber auch ohne Baum und Strauch, hinter den man sich zur Not begeben könnte.

Und es gibt keine Alternative. Hier im Hotel kann ich nicht bleiben, denn die anderen kommen ja nicht wieder hierher zurück. Ich muss mitfahren, ob ich will oder nicht.

Was für ein Alptraum!

10.30 Uhr

Im Zimmer

Was für ein Glück, dass es heute erst so spät losgeht. So konnte ich mich noch ausruhen. Aber ob das irgendwas nützt… Trotz meiner Übelkeit bin ich zum Frühstück gegangen, um wenigstens etwas zu trinken. An Essen mochte ich nicht mal denken. Aber selbst die eine Tasse Mate-Tee ganz auszutrinken habe ich nicht geschafft, denn da merkte ich, dass mir der Kreislauf wegzusacken beginnt. Vor aller Augen ohnmächtig wollte ich aber nicht werden, also stand ich schnell auf und schaffte es gerade noch in mein Zimmer, wo ich mich schnell auf den Fußboden warf und die Beine hoch aufs Bett legte. Gerade noch die Kurve gekriegt.

Nachdem der Kreislauf sich irgendwann wieder stabilisiert hatte, krabbelte ich langsam wieder hoch und legte mich aufs Bett.

Dann klopfte es an der Tür. Nach meinem „Herein" stand Ellen da – mit einer Tüte voller Medikamente. MCP-Tropfen gegen die Übelkeit und Korodin gegen die Kreislaufschwäche. Was eine Apothekerin so alles dabei hat auf Reisen! Immodium befand auch noch in ihrer Tüte, aber die zumindest habe ich selber dabei und hatte auch schon zwei Stück genommen.

Ich war wirklich gerührt, dass sie sich so um mich kümmerte und dankte ihr von Herzen. Jetzt hoffe ich, dass all die Medikamente auch anschlagen und ich den Tag irgendwie gut überstehe.

In einer Stunde geht es los.

12.15 Uhr

Im Jeep

Mir ist so schlecht. Horrortrip. Glühend heiß draußen und so blendend hell, kann gar nicht aussteigen, bin als Einzige im Auto geblieben.

Sind an einem Eisenbahnfriedhof, überall stehen verrostete Lokomotiven und Wagen.

Kann meine Augen kaum aufhalten, jetzt nur kurz fürs Schreiben. Fahrt hierher mit geschlossenen Augen verbracht oder nur aufs Handschuhfach gestarrt. Sitze auf dem Beifahrersitz, die anderen haben gesagt, hinten wird mir erst recht schlecht. Meinetwegen. Ist mir egal. Mir ist alles egal. Ich will nur, dass das aufhört.

12.45 Uhr

Im Jeep

Wieder ein Stopp. Keine Ahnung, wo. Die anderen laufen draußen rum. Kann die Augen fast nicht aufhalten. Vorhin mit letzter Kraft ausgestiegen, hinten auf die Bank gelegt. Liegen ist besser. Aber die kommen gleich zurück, deshalb wieder nach vorne gesetzt. Ich will sterben!

14.10 Uhr

In einem Bett

Gerade aufgewacht. Weiß nicht wo ich bin. Krankenhaus? Magda ist hier. Warum. Oder ist sie das gar nicht. Mir ist so schlecht. Muss wieder schlafen.

16.30 Uhr

Im Bett

Nicht Krankenhaus, ist das Hostel. Bettensaal. Hab das letzte Bett in der Reihe, an der Wand. Magda ist wirklich hier. Vorhin nicht eingebildet. Mir ist so schlecht. Ich will nicht mehr!

18.30 Uhr

Im Bett

Die anderen sind zurück. Mehrere sind an mein Bett gekommen. Hab gesagt, ich kann nicht, sie sollen weggehen. Mir ist so schlecht.

20.15 Uhr

Im Bett

Bettina hat mir Tee gebracht. Muss ich trinken. Sie war streng. Ich versuche.

23.30 Uhr

Wieder im Bett

Mit letzter Kraft ins Bad und mich noch mal übergeben.

01.30 Uhr

Im Bett

So langsam kommt wieder Leben in mich. Seitdem ich mich übergeben habe, ist die Übelkeit weg, auch diese Starre. Ich lag vorher wirklich nur wie eine Mumie die ganze Zeit auf dem Rücken, bei jedem Versuch, mich auf die Seite zu drehen, wurde mir nur noch elender. Entweder schlief ich oder ich war zwar wach, aber irgendwie weggedämmert. Wie hinter dickem Glas. Und wie von einer großen Schraubzwinge festgehalten.

Jetzt lebe ich wieder. Und will doch noch nicht sterben.

Von Chuvica nach San Pedro
Oder: Lagunen, Flamingos und Geysire

Dienstag, 20. November

03.55 Uhr

Im Bett

Ich kann gar nicht sagen, wie glücklich ich bin, wieder gesund zu sein. Zwar etwas zittrig und schwach, aber ansonsten fit. Die Übelkeit ist komplett weg, der Kopf ist wieder klar.

Nicht auszudenken, noch im selben Zustand zu sein wie gestern. Denn heute steht ein eisenhartes Programm an. Wir müssen gleich aufstehen, genauer gesagt sind die ersten sogar schon aufgestanden. Abfahrt ist nämlich schon um fünf Uhr!

Fünfhundert Kilometer mit dem Jeep werden wir heute zurücklegen. Wüste, Vulkane und Geysire werden wir sehen, dabei die Höhenmarke von 4.000 Metern erneut überschreiten, und dann geht es noch über die Grenze nach Chile. Krank hier zurückbleiben wäre definitiv keine Option! Bin ich froh, dass es mir wieder halbwegs gut geht, ich kann es nicht oft genug sagen!

Ich weiß, man soll den Tag nicht vor dem Abend loben. Oder „es nicht beschreien“. Aber es fühlt sich einfach so an, als wäre alles Schlechte aus mir raus. Was auch immer dieses Schlechte gewesen sein mag.

04.35 Uhr

Am Frühstückstisch

Essen kann ich noch nichts, nur an einem trockenen Brötchen habe ich ein bisschen rumgemummelt, ansonsten Tee getrunken.

Bettina hat mir gerade erst mal erzählt, was gestern überhaupt passiert ist. Wieso ich mich irgendwann im Hostel wiedergefunden habe.

Also, es war so: Die anderen kehrten von ihrem Fotostopp zurück und fanden mich völlig apathisch auf dem Beifahrersitz vor. Auf Ansprache hätte ich nur noch mit einem Brummen reagiert. Alle waren sich einig, dass ich auf keinen Fall die Tour weiter mitfahren könnte. Aber was tun? Eduardo glänzte laut Bettina wieder einmal durch absolute Hilflosigkeit. Aber immerhin taugte er als Übersetzungshelfer, und so überlegte Bettina zusammen mit den beiden Jeepfahrern, was man machen könnte.

Eines war klar: Man musste mich ins Hostel bringen. Alles war nur eine Frage der Logistik. Wir waren mit zwei Jeeps unterwegs, also einmal vier und einmal fünf Leute in einem Auto. Ich in dem einen Jeep, die übrigen acht in dem anderen, das würde nicht passen.

Doch da stellte sich heraus, dass auch Magda schon die ganze Zeit über schlecht gewesen war und dass sie heftige Magenschmerzen hatte. Sie hatte es nur nicht sagen wollen, um den anderen nicht zur Last zu fallen. Aber nun gestand sie, dass auch sie viel lieber schon ins Hostel fahren würde. Und so ging die Sache dann auf: Magda und ich mitsamt sämtlichem Gepäck wurden in einen der beiden Jeeps geladen, die anderen quetschten sich in den anderen Wagen.

Wie Bettina sehr anschaulich schilderte, erinnerte ich sie die ganze Zeit über an einen Zombie: Bewegt sich zwar, hat aber kein Leben in sich. Wie schmeichelhaft. Aber genauso habe ich mich ja auch wirklich gefühlt. Mehr tot als lebendig. Ich kann mich nicht erinnern, mich jemals in meinem Leben in einem derartigen Zustand befunden zu haben.

Bettina hat auch noch eine Kurzzusammenfassung dessen gegeben und mir Bilder davon gezeigt, was die anderen nach meinem Abgang noch so alles gesehen haben: Ein Salzhotel und einen Salzbildhauer mit seinen Skulpturen, außerdem eine „Insel“ inmitten dieses ansonsten absolut lebensfeindlichen Salzsees – die Isla del Pescado, auf der Kakteen und Büsche wachsen. Ein Picknick gab es auch noch, und zum Schluss einen Sonnenuntergang.

Aber vor allem, so scheint es mir, haben sie lustige Fotos gemacht. Die endlose weiße Fläche des Salzsees macht es nämlich möglich, mit Perspektiven zu spielen. Ein Beispiel: Man stellt eine Flasche auf den Boden. Eine Person baut sich ein Stück weiter hinter der Flasche auf. Der Fotograf legt sich hin und macht von beiden ein Bild, das dann so aussieht, als würde die Person oben auf dem Flaschenhals stehen. Ich kann gar nicht sagen, wie viele von diesen Bildern mir Bettina gerade gezeigt hat – auf denen alle immerzu strahlen. Das muss wirklich Spaß gemacht haben.

Taktvollerweise sagt Bettina diesmal nicht: „Also, DA hast du ja wirklich was verpasst.“ Dabei entspricht es in diesem Fall tatsächlich meinem Empfinden. Dieser gestrige Tag, wie die anderen ihn erlebt haben, hätte mir sicher sehr gefallen.

Glücklicherweise verfüge ich aber über einen ganz bestimmten Charakterzug nicht: Mich über Dinge, die ich nicht mehr ändern kann, zu ärgern oder sie zu betrauern. Dieses „Ach, hätte ich doch…“ oder „Ach, wäre ich doch…“, verbunden mit stundenlangem Nachdenken darüber, wie es gewesen wäre, wenn… oder warum man denn nicht… – damit muss ich mich nicht aufhalten. Mein Gehirn arbeitet rückwärts nicht im Konjunktiv. Dafür vorwärts umso mehr. Mir auszumalen, was alles passieren könnte, darin bin ich ja quasi Weltmeisterin.

Auf jeden Fall gräme ich mich nicht über den gestrigen Tag. Sondern freue mich, dass es mir jetzt wieder gut geht und ich heute wieder alles miterleben kann, zwar noch etwas wackelig auf den Beinen, aber wieder mit wachem Geist. Ja, ich weiß, ich wiederhole mich…

Mal etwas anderes: Im Programm war ja angekündigt, es würde hier nachts „schweinekalt“ werden. Ich will ja nicht abstreiten, dass das zu bestimmten Jahreszeiten zutreffen mag. Jetzt allerdings ist es hier zwar kühl, aber eine dicke Wolldecke hat in der Nacht zum Wärmen vollkommen ausgereicht. Und hier beim Frühstück sitzt niemand von uns in eine dicke Jacke gemummelt, alle tragen ganz normale Pullover oder Sweatshirts.

07.30 Uhr

Im Jeep

Ein erster kurzer Foto-Stopp, der eigentlich gar nicht vorgesehen war. Aber einer der beiden Fahrer hat mit geübtem Blick einen Nandu erspäht, der mit seinen langen Beinen über die Steppe donnerte. Schwer zu erkennen mit seinem grauen Gefieder auf dem grauen Boden. Aus der Ferne war es natürlich nicht zu sehen, aber der Fahrer erklärte uns, übersetzt durch Eduardo, dass der Nandu auch am Hals Gefieder hat – im Gegensatz zum afrikanischen Strauß, der mit vollkommen kahlem Hals durchs Leben geht. Oder rennt.

Ich habe übrigens wieder den Spitzenplatz, neben dem Fahrer. Die anderen waren geradezu empört, als ich mich nach hinten setzen wollte.

„Auf keinen Fall! Da wird dir doch wieder schlecht! So gesund bist du noch nicht wieder!"

Dabei war das Autofahren gestern ganz bestimmt nicht schuld an meinem Zustand. Aber gut, Widerstand war zwecklos, und nun freue ich mich über die gute Sicht. Wir werden heute übrigens unglaubliche 430 Kilometer zurücklegen, davon den größten Teil auf Schotterpisten in diesen Jeeps!

07.45 Uhr

Neben dem Jeep

Tja, sehr weit sind wir nicht gekommen seit dem letzten Halt. Wir haben einen platten Reifen! Aber die Fahrer machen einen tiefenentspannten Eindruck, das wird nicht ihre erste Panne sein. Es wirkt alles sehr eingespielt. Einer der beiden liegt unter dem Wagen, im Sand, der andere schraubt an dem Reifen herum, und Eduardo schaut mit den Händen in den Hosentaschen zu.

Während die beiden den Reifen wechseln, stehen wir wartend in der Gegend herum und können uns an einem tollen Blick erfreuen – vor uns ragt ein riesiger Vulkan auf.

08.45 Uhr

An der Laguna Canapa

Mein Talent zur Fotografin ist nicht allzu stark ausgeprägt, aber bei diesem Motiv fällt es nicht schwer, ein tolles Bild zu machen. Ein See, in dessen glasklarem Wasser sich nicht nur die gegenüberliegenden Berge spiegeln, sondern auch Dutzende von Flamingos, die im Wasser umherwaten und nach Nahrung suchen. So schön! Und irgendwie auch verrückt. Wir befinden uns auf fast 4.300 Metern Höhe, rundherum herrscht nur Kargheit, und dann stehen da plötzlich diese großen rosa Vögel. Absolut unwirklich.

Der See hat eine Art weißen Rand – man könnte ihn für Schnee halten. Aber es handelt sich um das Mineral Borax (von dem ich noch nie zuvor gehört habe).

09.30

An der Laguna Hedionda

Und noch viel mehr Flamingos. Ich bin wirklich entzückt. Und auch überrascht. In unserem Programm ist an keiner Stelle auch nur angedeutet, dass wir heute Flamingos sehen würden. Dabei ist das doch ein absolutes Highlight!

Sicher, auch die Landschaft ist spektakulär, aber diese wunderschönen Vögel so aus nächster Nähe beobachten zu können ist doch etwas ganz Besonderes! Und sie lassen sich von uns auch gar nicht beirren, man kann nah an das Ufer herantreten, ohne dass sie Notiz von uns zu nehmen scheinen.

Und dann noch diese tollen Spiegelungen im Wasser! Glücklicherweise haben wir keinen besessenen Hobbyfotografen in unserer Runde, der sich mit Händen und Füßen dagegen wehrt, diesen Ort hier bald wieder zu verlassen zu müssen, weil er noch nicht genug Bilder gemacht hat. Nachvollziehen könnte ich es, denn selbst ich könnte mich hier noch sehr lange mit dem Fotografieren aufhalten.

Übrigens heißt „hedionda“ übersetzt „stinkend“, sagt Eduardo. Nachvollziehen kann ich das nicht. Vielleicht stinkt der See ja bei bestimmten Wetterlagen. Heute jedenfalls nicht.

11.15 Uhr

Am Arbol de Piedra

Und noch so ein tolles Fotoobjekt! Arbol de Piedra heißt übersetzt Baum aus Stein. Es ist wirklich erstaunlich, was die Natur so erschaffen kann. Der Arbol de Piedra ist ein Felsen, der tatsächlich die Form eines Baumes hat: Unten ein relativ schmaler Stamm, oben die breite Krone. Entstanden ist dieses Gebilde durch Erosion. Die starken Winde, in Bodennähe besonders stark mit Sand vermischt, haben den Felsen in diese verrückte Form „genagt“.

11.35 Uhr

Irgendwo am Straßenrand

Jetzt ist wieder irgendetwas mit unserem Jeep nicht in Ordnung. Keine Ahnung, was das Problem ist. Ich kann nur sagen, dass unser Fahrer gerade eben den Benzinschlauch in den Mund gesteckt und damit Benzin angesogen hat. Er wirkte dabei so entspannt, als hätte er das schon oft gemacht.

Und so mache ich mir einfach mal keine Sorgen, dass er vielleicht versehentlich Benzin verschluckt haben könnte und nachher während der Fahrt ohnmächtig am Lenkrad zusammenbricht…

12.15 Uhr

Am Laguna Colorado

Heute komme ich wirklich aus dem Staunen nicht raus. Dieser See toppt das Ganze ja wirklich noch mal. Er ist nämlich knallrot! Diese irre Farbe kommt zustande durch ein Zusammenspiel von roten Algen und kupferhaltigen Mineralien. Und in diesem roten Wasser stehen wieder die rosafarbenen Flamingos. Ich bin wirklich sprachlos bei diesem Anblick!

Bei all den Ruinen, die wir auf unserer Reise besucht haben, hieß es stets: „Unglaublich, was Menschen hier vollbracht haben.“ Aber ich staune mindestens genauso sehr darüber, was die Natur so alles vollbringt. All die Bauwerke wie Ollantaytambo und Machu Picchu habe ich sozusagen mit dem Verstand bewundert. Aber all die Naturschönheiten, die wir heute sehen, berühren mein Herz.

12.50 Uhr

Beim Mittagessen

Wir sind noch immer an der Laguna Colorado, inzwischen aber in einem Hostel, das unserer letzten Unterkunft sehr ähnlich ist. Dichtgedrängt an einem langen Tisch in einem sehr schmalen Raum sitzend haben wir unser Mittagessen gerade hinter uns.

Ich habe mal gewagt, die erste Nahrung seit meinem Debakel zu mir zu nehmen – einen halben Teller Quinoa-Suppe. Ich glaube, das wird mir nicht schaden.

Dafür, dass ich gestern um diese Zeit noch ein Zombie war, fühle ich mich erstaunlich gut. Ein bisschen komisch ist mir zwar noch, aber bei dem Gerüttel und Geschüttel während der Fahrt auf den Schotterpisten auch kein Wunder.

Ich frage mich zwischendurch immer noch mal, was genau es wohl war, das mich so dermaßen ausgeknockt hat, auch wenn es im Grunde egal ist – vorbei ist vorbei (hoffentlich!!). Vermutlich werde ich es nie wissen. Und selbst wenn ich die Ursache finden würde, den verlorenen Tag zurückbringen würde mir das auch nicht.

14.20 Uhr

Die Geysire von Sol de Manana

Was für ein Naturspektakel! Es blubbert und brodelt und dampft überall um uns herum aus dem Boden heraus. Und wie es nach Schwefel stinkt!! Wenn mir jemand sagen würde, dass sich hier unter unseren Füßen die Hölle befindet – ich würde es glauben!

Wir befinden uns auf dem höchstgelegenen Geysirfeld der Welt, auf einer Höhe von 4.900 Metern. Man sollte meinen, in dieser Höhe müsste eiseskalt sein. Aber das Gegenteil ist der Fall. Es ist heiß und dampfig aufgrund all der kochenden Schlammlöcher und weißen Fontänen aus Dampf und Wasser.

Mir fehlen tatsächlich die Worte, um diese unwirkliche Welt hier oben angemessen beschreiben zu können. Sowieso bin ich einfach sprachlos angesichts all dessen, was wir heute sehen und erleben. Die Programmbeschreibung für diesen Tag klang eigentlich relativ „lahmarschig" – niemals hätte ich solch ein Übermaß an Naturwundern erwartet, eines spektakulärer als das andere.

15.10 Uhr

Aguas Termales de Polques

Und jetzt bekommen wir hier oben auch noch ein Wellness-Angebot: Heiße Thermalquellen, in denen man baden kann. Was zwei von uns sogar machen: Eduardo und Tomas. Wir anderen beschränken uns darauf, wie die Hühner auf der Stange am Beckenrand zu sitzen und die Füße in dem fast dreißig Grad heißen Wasser baumeln zu lassen. Herrlich!

16.20 Uhr

An der Laguna verde

Und weiter geht es mit den Naturwundern: Jetzt sind wir an der Laguna verde, der grünen Lagune. Und die Frage, woher dieser See seinen Namen hat, stellt sich gar nicht:

Er leuchtet in einem wunderschönen zarten Türkisgrün. Das ist aber nur seine tagesaktuelle Farbe. Der jeweilige Grünton hängt von der Wetterlage ab. Bei Windstille wie heute weist er diesen zarten Ton auf, doch je stärker der Wind, desto dunkler sein Grün. Der Wind wirbelt nämlich die Ablagerungen der Mineralien auf, die für die Grünfärbung sorgen. „Magnesium, Kalziumkarbonat, Blei und Arsen“ liest Eduardo von seinem Zettel ab. Und er erzählt, dass aufgrund des hohen Arsengehalts hier so gut wie nie Flamingos zu sehen sind. Im Gegensatz zu der Laguna blanca, die hier quasi „um die Ecke“ liegt und zu der wir gleich noch fahren.

Apropos fahren: Auf der Fahrt von den Geysiren hierher bin ich doch glatt im Jeep eingeschlafen. Bei dem Gerüttele schon eine Meisterleistung!

Aber nicht nur der Farbton des Wassers ist spektakulär, sondern auch der Vulkan, der hier in unmittelbarer Nähe aufragt: Der Licancabur. Fast 6.000 Meter hoch. Ein toller Anblick! In seinem Krater befindet sich ein See, in dem es trotz der extremen Bedingungen eine Vielzahl von Lebewesen gibt – was ihn interessant macht für die verschiedensten Arten von Wissenschaftlern. So gab es unter anderem auch schon eine (Oder waren es mehrere? Ich habe nicht so ganz genau zugehört bei Eduardos Ausführungen, weil ich gleichzeitig fotografiert habe) Expedition des SETI-Instituts – das ist das Institut, das sich mit der Suche nach intelligentem außerirdischem Leben befasst. Also, die Sache mit den Außerirdischen verfolgt einen in dieser Region der Erde ja auf Schritt und Tritt…

16.40 Uhr

An der Laguna blanca

Die letzte Lagune auf unserer Reise und ein letztes Mal der Anblick meiner heißgeliebten Flamingos. Hier stehen sie wieder zu Hunderten im Wasser, dessen milchiger Weißton vor allem dem Mineral Bor zu verdanken ist. Einfach nur schön!

Am liebsten würde ich noch hierbleiben. Also, nicht direkt jetzt hier an dieser Stelle, aber in dieser Gegend. Noch mal einen ganzen Tag lang hier umherfahren und die Wunder unserer Erde bestaunen.

Aber nun geht es weiter. Nicht nur zurück in die Zivilisation, sondern auch noch in ein anderes Land – wir werden heute Abend wieder in Chile sein.

17.00 Uhr

Irgendwo im Nirgendwo

Bevor wir das Land wechseln können, müssen wir erst mal das Fahrzeug wechseln. Adios Jeep, bienvenido Bus. Oder auch: Adios, ihr freundlichen und kompetenten Jeepfahrer, bienvenido, du miesest gelaunter Busfahrer dieser ganzen Reise. Wir haben es mal wieder mit jemandem zu tun, der sich bitterlich über unser Gepäck beschwert (meine Güte, wie lange ist das her, dass Charly sich über unsere Koffer echauffierte…).

Das Problem ist diesmal der sehr kleine Bus, mit dem wir weiterfahren werden. Er verfügt über gerade mal neun Sitzplätze, hat aber keinen Kofferraum. Unser Gepäck musste also im Innenraum gestapelt werden, und zwar vorne neben dem Fahrer. Etwas beängstigend, denn dadurch sind wir hier hinten jetzt beinahe gefangen. Nur mühselig kann man sich an dem Kofferberg vorbeiquetschen. Im Notfall schnell rausspringen – ausgeschlossen. Aber wird schon gutgehen…

17.10 Uhr

Kurz hinter der bolivianischen Grenze

Das Wort „Grenze“ muss ich allerdings in Anführungsstriche setzen. Mitten in der Pampa stand einfach ein graues kleines Gebäude mit der Aufschrift „Migracion Bolivia“. Eduardo hatte schon vorher unsere Pässe eingesammelt und verschwand mit diesen in der Hand in dem Gebäude. Um gefühlte zwei Minuten später schon wieder rauszukommen – es war bereits alles erledigt, wir konnten weiterfahren.

Allerdings frage ich mich: Sind wir denn jetzt eigentlich schon in Chile? Denn wir sind zwar aus Bolivien ausgereist, aber doch noch gar nicht so richtig nach Chile eingereist. Bei der Einreise von Peru nach Bolivien mussten wir doch auch zu beiden Seiten der Grenze unsere Pässe zeigen und die entsprechenden Ein- und Ausreisestempel bekommen. Hm.

Das Einzige, das für einen Länderwechsel spricht, ist die Änderung der Straßenverhältnisse. Seit wir das Grenzgebäude hinter uns gelassen haben, fahren wir auf einer asphaltierten Straße.

Ich könnte ja Eduardo fragen, ob es das jetzt schon war mit dem Grenzübertritt oder ob noch irgendwas kommt. Aber ich kann es auch einfach auf mich zukommen lassen. Und mal kurz die Augen schließen…

18.35 Uhr

San Pedro de Atacama. Im Bus

Die Antwort auf meine nicht-gestellte Frage hätte gelautet: „Ja, da kommt noch was." Nämlich die bisher strengste Grenzkontrolle!

Nach einer Fahrt von ungefähr vierzig Kilometern (ich war eingenickt, deshalb kann ich es nicht genauer sagen) kamen wir an die chilenische Einreisestelle. Als erstes musste unser so schön gestapeltes Gepäck ausgeladen werden – den Gesichtsausdruck des Busfahrers möchte ich lieber nicht beschreiben…

Dann musste jeder seinen Koffer nehmen und mit diesem zusammen in das Gebäude gehen. Dort wurden wir alle einzeln nacheinander in einem Raum kontrolliert. Zuerst der Pass. Ganz gründlich wurden alle Seiten durchgeblättert und alle vorhergehenden Stempel betrachtet und mit finsterster Miene das Foto mit dem Gesicht verglichen.

Und dann ging es an die Gepäckkontrolle. Ich hatte Glück, wie ich hinterher von den anderen erfuhr – bei mir wurde nur in den Rucksack gesehen, der Koffer durfte geschlossen bleiben. Aber Magda, Jakob und Bettina mussten ihre Koffer öffnen und es wurde misstrauisch darin herumgewühlt. Die drei waren ziemlich erbost, weil ihnen nicht klar war, wonach die grimmigen Grenzbeamten eigentlich suchten. Drogen? Ausgerechnet bei Jakob und Magda? Selbst Bettina hatte sich angesichts der finsteren Atmosphäre nicht getraut, zu fragen, um was es eigentlich geht.

Erst als wir wieder draußen waren, löste Eduardo das Rätsel: Die Männer hatten nach Lebensmitteln gesucht. Man darf nach Chile keine frischen Produkte einführen, kein Obst, Gemüse, Fleisch oder Milchprodukte. Warum diesbezüglich die einen von uns verdächtiger erschienen als die anderen – keine Ahnung. Noch rätselhafter ist allerdings, warum Eduardo uns im Vorfeld nicht darauf hingewiesen hat, dass wir keine Lebensmittel dabei haben dürfen. Es hätte doch sein können, dass der eine oder andere von uns tatsächlich irgendetwas dabei hat. Noch heute Mittag beim Essen habe ich nämlich überlegt, einen der Äpfel mitzunehmen, die in einer Schale auf dem Tisch standen – für den Fall, dass ich nach meiner kleinen Portion Suppe später noch Hunger bekommen sollte. Hab ich dann aber doch nicht gemacht – glücklicherweise! Nicht, dass man mich mit meinem Apfel noch erwischt hätte und ich erkennungsdienstlich erfasst und mit einer Geldstrafe belegt worden wäre! Oder was immer die Folge solch einer unerlaubten Einfuhr sein mögen…

22.45 Uhr

San Pedro. Im Hotel

Ein sehr nettes kleines Hotel mit Innenhof, in dem wir dankenswerterweise endlich wieder einmal zwei Tage verbringen werden.

Ansonsten gibt es zu vermelden, dass Eduardo beleidigt ist. Warum genau, das wird wohl sein Geheimnis bleiben. Auslöser war seine Frage, an welchem unserer beiden Abende hier wir das Planetarium besuchen wollten. Wir waren uns schnell einig: Der heutige Abend wäre besser. Morgen, an unserem letzten Tag, stünde ja das Abschiedsessen auf dem Programm, außerdem würden wir sicher schon in Aufbruchstimmung sein und die Koffer packen wollen, denn übermorgen geht es wieder einmal in aller Herrgottsfrühe los zum Flughafen.

Aus unerfindlichem Grund passte Eduardo unsere Entscheidung nicht, aber trotzdem stiefelte er mit mürrischem Gesicht los zur Rezeption, um uns für den heutigen Planetariumsbesuch anzumelden. Kurz darauf kam er schon wieder zurück mit der Information, heute wäre nur noch ein Termin um 23 Uhr frei, und der wäre dann in französischer Sprache. Morgen wäre ebenfalls nur noch der 23-Uhr-Termin zu haben, dann aber auf Englisch. Wieder waren wir uns schnell einig: „Dann verzichten wir ganz darauf."

Daraufhin war Eduardo dann endgültig beleidigt. Man sah ihm wirklich an, dass er sich richtig zusammenreißen musste. Vermutlich wäre er am liebsten einfach in sein Zimmer gegangen. Aber als Reiseleiter kann man seinen Launen und Befindlichkeiten nun einmal nicht einfach nachgeben.

Bei der Gelegenheit frage ich mich, was eigentlich wäre, wenn so ein Reiseleiter während der Reise plötzlich krank wird. Sicher, es wird Ersatz geben, aber wenn man sich an einem abgelegenen Ort irgendwo in der Pampa befindet, so wie wir in den letzten beiden Tagen, dann dauert es ja ewig, bis der Ersatz dort eintreffen kann. Darüber habe ich mir auf meinen bisherigen Reisen auch noch nie Gedanken gemacht…

Auf alle Fälle schaffte Eduardo es, sich zusammenzunehmen – zumindest so lange, bis er uns zur Geldwechselstelle gebracht, anschließend zum Restaurant geführt und uns bei der Essensbestellung geholfen hatte. Danach sagte er, er müsse jetzt wirklich gehen. Mit seinen Eltern und seiner Freundin telefonieren. Drehte sich um und marschierte raus.

Wir sahen uns alle gegenseitig ratlos an. Keiner konnte sich erklären, was diesen Stimmungsumschwung bei Eduardo ausgelöst hatte. Den ganzen Tag über war er bester Laune gewesen – bis zu der Sache mit dem Planetarium. Ob er vielleicht Ärger bekommt, wenn wir diesen Programmpunkt einfach ausfallen lassen? Ob er vielleicht schuld daran ist, dass nur noch so unattraktive Termine zur Verfügung standen? Hat er vergessen, sich schon frühzeitig um eine Reservierung zu kümmern, und befürchtet er, dass sein Versäumnis nun herauskommt? Aber wahrscheinlich liege ich mit meinen Mutmaßungen total daneben und seine schlechte Laune hat eine komplett andere Ursache. Mal abwarten, wie morgen die Lage ist.

Ansonsten bleibt nur noch anzumerken, dass hier in Chile das Essen deutlich teurer ist als in Bolivien. Wobei „teuer“ wirklich in Anführungsstriche zu setzen ist. Aber für mein Essen – Hähnchenbrust mit Reis und Pommes – habe ich acht Euro bezahlt, die Dose Bier dazu hat noch mal zwei Euro gekostet. Aber lecker war es. Beides. Vielleicht magentechnisch ein bisschen waghalsig, so kurz nach meinem gestrigen Debakel, aber ich hatte wirklich einen derartigen Bärenhunger, dass mir ein Teller Suppe definitiv nicht gereicht hätte. Und ich habe diesbezüglich großes Vertrauen in meinen Körper: Wenn er mir sagt, dass er wieder etwas Reelles braucht, dann glaube ich ihm. Falls er mich aber angeschwindelt haben sollte und es mir nach meinem opulenten Mahl über Nacht doch wieder schlecht geht – dann bleibe ich morgen einfach hier im Hotel.

Aber das wird nicht passieren. Und nun gute Nacht!

San Pedro de Atacama
Oder: Die Täler des Todes und des Mondes

Mittwoch, 21. November

09.30 Uhr

Wieder im Bett

Herrlich! Ausschlafen, ein spätes und sehr gutes Frühstück einnehmen und sich anschließend einfach noch mal ins Bett legen – kann ein Tag besser beginnen?

Wie man merkt: Die Laune ist blendend, der Magen hat gehalten, ich fühle mich richtig gut und ausgeruht. Und auch Eduardo ist wieder ganz er selbst. Dafür haben wir jetzt zwei andere Ausfälle: Martin hat schon wieder Magenkrämpfe und hat zum Frühstück nur einen Tee getrunken, und Jakob ist so schlecht, dass er sogar im Bett geblieben ist. Was ist das nur? Bald hat es ja jeden von uns mal erwischt. Zuerst Martin, dann Ellen, danach Magda und mich, nun wieder Martin und „neu im Team" Jakob.

Aber Mutmaßungen über die Ursache will ich nicht schon wieder anstellen. Vielleicht ist es bei uns allen einfach der Reisestress verbunden mit der ständigen Höhe. Auch jetzt befinden wir uns immer noch auf gut 3.100 Metern.

Heute steht zwar noch einiges auf dem Programm, aber es geht erst nachmittags los. Der Vormittag steht also mal wieder „zur freien Verfügung". Diesmal werde ich aber keinen Alleingang unternehmen, sondern treffe mich nachher mit Bettina für eine kurze Stadterkundung mit anschließendem Mittagessen. Seit ihrem „Höhenkoller“ in La Paz ist sie wieder umgänglich. Ich verbuche ihr Verhalten dort mal als einmalige, höhenbedingte Charakterentgleisung.

Natürlich ist sie nach wie vor sehr dominant und energisch, aber das kann ja auch sein Gutes haben. Auf jeden Fall bin ich ihr sehr dankbar, dass sie in der Salzwüste dafür gesorgt hat, dass man mich (und Magda) in das Hostel gebracht hat. Eduardo war mit der Situation wirklich überfordert. Auch wenn ich an dem Tag so gut wie gar nichts mitbekommen habe, schieben sich doch so nach und nach einige Bilder in mein Bewusstsein – unter anderem von Eduardo, wie er mit den Händen in den Hosentaschen abseits auf und ab geht, während Bettina mit den Jeepfahrern zusammensteht und diskutiert.

Auch wenn ich wieder absolut fit bin und es ja eigentlich ein recht kurzer „Totalausfall“ von insgesamt nur einem Tag war, hat diese ganze Angelegenheit doch Spuren bei mir hinterlassen. Ich bin noch immer schockiert darüber, dass man aus dem Stand so dermaßen krank werden kann. Wenn ich in meinem Notizbuch zurückblättere und lese „Ich will sterben!“, dann kann ich dieses Gefühl noch immer komplett nachfühlen. Ich habe diesen Satz in dem Moment wirklich ernst gemeint. Nicht nur in dem Moment, um genau zu sein, sondern viele Stunden lang. Natürlich hätte mein Verstand mir sagen müssen, dass dieser grauenvolle Zustand vorbeigehen wird – nur war dieser Verstand vollkommen ausgeknipst. Der Körper hatte komplett das Regiment übernommen und jedes vernünftige Denken ausgeschaltet. Vielleicht kann man es mit dem Zustand der Volltrunkenheit vergleichen. Ja, ich glaube, das könnte passen. Bis hin zu dem gewissen Grad an Erinnerungsverlust.

Oh Mann, so viel Zeit zu haben ist gar nicht mal so gut. Das Nachdenken über dieses Debakel bringt ja nichts, denn die Ursache werde ich wohl nie erfahren – und kann so auch keine Lehren für die Zukunft daraus ziehen. Also Schluss jetzt! Außerdem muss ich mich jetzt sowieso schon bald anziehen für unseren „Stadtbummel". Wobei ich nicht sehr viel werde anziehen müssen – es ist brüllend heiß hier in San Pedro!

14.30 Uhr

Wieder im Hotel

Man muss sich schon einige Mühe geben, um in San Pedro so etwas wie eine Sehenswürdigkeit zu finden. Der Hauptzweck dieser scheint darin zu bestehen, Ausgangspunkt für Touren in die Wüste zu sein. Es gibt zahlreiche Tour-Agenturen, Restaurants, Bars und Souvenirläden an der einzigen, sandigen und sehr staubigen Hauptstraße. Und auf dieser Straße wimmelt es von Touristen.

Immerhin haben Bettina und ich ein klein bisschen „Kultur" in unseren Vormittag eingebaut, indem wir zuerst die Kirche und anschließend den Friedhof besucht haben. Dort, auf dem Friedhof, waren die einfachen Holzkreuze auf den Sandhügeln mit buntem Papier geschmückt. Blumen würden auch keinen Sinn machen bei dieser glühenden Hitze.

Anschließend waren wir noch essen, genauer gesagt habe nur ich etwas gegessen, nämlich einen Crepe mit Gemüse. Bettina fand es einfach zu heiß, um irgendetwas zu sich nehmen zu können, und trank nur Wasser. Aber ich hatte tatsächlich schon wieder Hunger – das ist wohl ein gewisses Nachholbedürfnis.

Gleich geht es los zu unserer letzten Tour – das Todestal, das Mondtal und Salzminen stehen auf dem Programm. Einladend klingt das alles ja nicht gerade…

Auf jeden Fall hat Eduardo uns eindringlich gebeten, uns gut zu schützen, mit Sonnencreme, Sonnenbrille und Sonnenhüten. Ausreichend zu trinken sollen wir natürlich auch dabeihaben. Und eine Taschenlampe, weil wir in irgendwelche Tunnel gehen werden…

17.30 Uhr

Im Tal des Todes

Man sollte es ja nicht glauben, aber auch hier gibt es schon wieder verschiedene Theorien – die den Namen betreffen. Warum heißt dieser Ort „Tal des Todes“?

Für Theorie eins muss man wissen, dass „Tal des Todes“ auf Spanisch „Valle de la muerte“ heißt. Die ersten Archäologen sollen diesen Ort ursprünglich aber „Valle de Marte“ genannt haben, also „Mars-Tal“. Weil es hier mit den kargen roten Felsen so aussieht wie auf dem „roten Planeten“ Mars. Da aber die Einheimischen noch nie etwas vom Mars gehört hatten, machten sie aus dem „Marte“ einfach ein „Muerte“.

Theorie zwei erschließt sich einem, wenn man sich hier umsieht: Es scheint tatsächlich kein Leben zu geben.

Nicht mal irgendein zäher Grashalm, gar nichts. Die Atacamawüste ist die trockenste Wüste der Welt, es soll hier tatsächlich so gut wie nie regnen. Wobei ich Bettina während Eduardos Ausführungen vor sich hin murmeln höre, dass der trockenste Ort der Welt aber nicht hier, sondern in der Antarktis liegen würde. Ok, sie musste ihr Spezialistenwissen wohl einfach loswerden, auch wenn es an niemanden direkt gerichtet war.

Eduardo selbst meint – oder hat es so gelernt –, der Name käme daher, dass sich früher immer mal wieder Lamas hierher verirrt und qualvoll verdurstet wären.

Wie auch immer, jedenfalls möchte man selbst sich hier auf keinen Fall verirren oder allein zurückgelassen werden. Obwohl es wirklich spektakulär schön ist mit diesem roten Lehmsand und den bizarren Felsen. Aber eben unerbittlich heiß und hell. Und nach unserem Fußmarsch von einer guten halben Stunde bin ich nicht unglücklich darüber, gleich wieder in den Bus steigen zu dürfen.

18.00 Uhr

Im Mondtal

Hier gibt es keine Theorien über den Ursprung des Namens, denn er ist nicht zu übersehen: Es sieht aus wie auf dem Mond. Mit vielen skurrilen Felsgebilden und weißen Flächen, die man für Schnee halten könnte, aber mal wieder Salz sind.

Eigentlich sollten hier auch die angekündigten Tunnel sein, aber kurz vor der Ankunft murmelte Eduardo irgendetwas von „Sperrung wegen Erdbeben“.

Seltsamerweise waren diese Tunnel auch überhaupt nicht in unserem Programm aufgeführt. Hm.

Für mich ist es in Ordnung, dass dieser Punkt ausfällt, denn so einen leisen Anflug von Klaustrophobie kann ich in dunklen Tunneln und Höhlen durchaus mal verspüren.

Aber Martin ist schwer enttäuscht. Wegen seiner Magenkrämpfe hatte er eigentlich den Tag im Bett verbringen wollen, aber Eduardos Stichworte „Tunnel" und „Taschenlampe" waren für ihn so reizvoll, dass er sich dann doch mit uns auf den Weg gemacht hat. Und nun diese Enttäuschung!

18.50 Uhr

Wieder im Bus

Nach dem Besuch der ehemaligen Salzmine (ehrlich gesagt gab es nicht sehr viel mehr zu sehen als ein großes Loch im Boden) sind wir jetzt schon auf dem Weg zurück zum Hotel.

Ursprünglich war geplant, von einer großen Düne aus den spektakulären Sonnenuntergang in der Atacama zu bewundern – eigentlich als Highlight des heutigen Tages angekündigt.

Aber als Eduardo sagte, dass die Sonne kaum früher als 20 Uhr untergehen wird und wir dementsprechend spät erst essen gehen würden, kam schon leichter Unmut auf.

Und als wir dann noch die Heerscharen von Touristen sahen, die bereits auf diese Düne kletterten, da waren wir uns alle einig: Diesen Programmpunkt lassen wir aus!

22.30 Uhr

Wieder im Hotel

So, nun liegt das Abschiedsessen hinter uns. Auch wenn ich das Gefühl habe, schon seit Wochen unterwegs zu sein, ist es jetzt trotzdem schwer vorzustellen, dass dies wirklich der letzte Abend dieser Reise sein soll. Na ja, so ganz stimmt es ja auch nicht, den wirklich allerletzten Abend und die allerletzte Nacht werden wir im Flugzeug verbringen.

Es war wirklich ein schöner Abend. Wir haben draußen gesessen, unter einem Strohdach, es war direkt romantisch. Auch unsere Magenkranken waren mit dabei – Jakob saß vor einem Teller mit trockenen Kartoffeln, Martin versuchte sein Glück mit einer Hühnersuppe. Ich selber hatte mein inzwischen schon fast zum Standard gewordenes Hühnchen mit Reis. Sehr unspektakulär, aber so ein richtig aufsehenerregendes Essen gab es ja während der gesamten Reise nicht.

Ich hatte das Gefühl, dass wir alle ähnlicher Stimmung waren. Einerseits traurig, dass diese schöne Reise nun zu Ende geht, andererseits auch doch erleichtert, dass diese große Anstrengung bald ein Ende hat. Nicht nur ich bin einfach zutiefst erschöpft von diesem Übermaß an ständig wechselnden Eindrücken, Temperaturen und Unterkünften, von dieser dauerhaften Höhenluft und nicht zuletzt auch von diesem ständigen Zusammensein mit den Mitreisenden – auch wenn ich auf all meinen Reisen noch keine so harmonische Gruppe erlebt habe.

Ich denke, die Zunahme an Erkrankungen in den letzten Tagen ist schon ein Indiz für die

Überanstrengung, die diese Reise mit sich gebracht hat. Als ich einen bewussten Blick über alle Gesichter warf, dachte ich wirklich: „Keiner von uns sieht aus, als wäre er im Urlaub gewesen. Im Gegenteil. Die Hälfte der Belegschaft wirkt eher urlaubsreif!"

Selbst Eduardo sieht mitgenommen aus. Ich denke, er wird froh sein, die Verantwortung für uns ab morgen wieder los zu sein. Und erleichtert, dass nichts Ernsthaftes passiert ist. Genau wie ich darüber mehr als erleichtert bin!

Wobei – ich will es nicht beschreien, noch sitzen wir schließlich nicht wohlbehalten im Flugzeug Richtung Heimat. Wir haben ja noch einen echten „Ritt" vor uns: Zuerst mit dem Bus ungefähr eineinhalb Stunden nach Calama zum dortigen Flughafen, dann ein zweistündiger Flug nach Santiago de Chile, und dort haben wir dann stundenlang Aufenthalt bis zum Rückflug nach Europa.

Bettina hat vorgeschlagen, wir könnten uns doch ein Taxi nehmen und noch mal nach Santiago reinfahren, schließlich würden wir uns dort inzwischen doch gut auskennen. Aber ich weiß ja nicht so recht. Was, wenn wir dort dann die Zeit verbummeln und den Rückflug verpassen? Oder uns sogar verirren… Der Angsthase wackelt bedenklich mit seinen Öhrchen. Soll man das wirklich riskieren? Na, mal sehen…

Ich schweige jetzt erst mal stille, schließe meine Äugelein und lasse mich vertrauensvoll in Morpheus` Arme sinken.

Von San Pedro nach Santiago de Chile
Oder: Es geht wieder retour

Donnerstag, 22. November

10.10 Uhr

Im Flugzeug von Calama nach Santiago de Chile

Bisher ging alles so dermaßen glatt, dass es mir schon unheimlich ist. Die Fahrt hierher dauerte nur eine Stunde, wir konnten sofort einchecken, es gab nicht einmal eine Schlange am Schalter. Und dann konnten wir sogar völlig unerwartet unser Gepäck schon bis Frankfurt durchchecken. Unerwartet deshalb, weil uns die Mitarbeiter von „Reise&Erlebe" in Arequipa etwas ganz anderes erzählt hatten. Wir würden unser Gepäck am Flughafen in Santiago erst wieder an uns nehmen und dort neu einchecken müssen, wurde da behauptet. Deshalb war es gestern noch fraglich, ob Bettinas Idee mit dem Stadtbummel in Santiago zeitlich überhaupt klappen könnte – man konnte ja nicht einschätzen, wie viel Zeit das Gepäckabholen und Neu-Einchecken verschlingen würde. Aber nun haben wir voraussichtlich wirklich sehr viele Stunden, die es zu überbrücken gilt – falls unser Flug von Calama nach Santiago planmäßig abläuft.

Für Bettina steht deshalb jetzt fest: „Wir machen das!". Ich habe mir die Antwort „Ich bin dabei" allerdings bisher verkniffen. Ein bisschen kann ich ja noch überlegen…

Auf jeden Fall blieb uns hier am Flughafen auch noch genügend Zeit für ein ausführliches letztes Kaffeetrinken mit Eduardo. Er fand es ganz unglaublich, dass wir von Santiago aus lediglich sechzehn Stunden benötigen werden, um auf die andere Seite der Welt zu gelangen, während er mit dem Bus nur wieder in sein nahe gelegenes Zuhause zurückfährt – was ebenfalls sechzehn Stunden dauern wird.

Ich bin sehr glücklich, wieder einen Platz am Gang ergattert zu haben und sitze hier jetzt neben einem netten französischen Pärchen. Bettina schüttelte vorhin beim Einchecken verständnislos den Kopf, als sie mitbekam, dass ich ausdrücklich nach einem solchen Platz fragte.

„Wieso willst du denn nicht am Fenster sitzen?", fragte sie, aber ich zuckte nur mit den Achseln und lächelte. Eine wirkliche Antwort schien sie auch gar nicht zu erwarten.

Sie sitzt natürlich wie gewünscht am Fenster, aber so hatte sie sich das wohl nicht vorgestellt: Ihr Platz befindet sich in der allerletzten Reihe, und rechts neben ihr befindet sich schon zum größten Teil die Flugzeugwand. Wenn sie nach draußen sehen will, muss sie sich ganz weit nach vorne lehnen und kann dann durch einen Fensterspalt lugen. Und damit nicht genug: Neben ihr sitzen ausgerechnet Jakob und Magda, von denen Bettina ja sowieso schon die ganze Zeit über latent genervt ist – weil sie nicht aufhörten, sich mit ihren Fragen und Problemen immer an sie statt an Eduardo zu wenden. Und nun hatten die drei in den letzten beiden Tagen auch noch die Zimmer genau nebeneinander! Fünf Mal hätte

Magda gestern bei ihr geklopft, hat Bettina mir vorhin beim Kaffeetrinken leise erzählt. Fragen über Fragen hätte sie gestellt: Wie sie am besten ihren Koffer packen solle, ob sie denn zwischendurch noch mal an das Gepäck rankommen würden, was sie denn ins Handgepäck mitnehmen dürften und so weiter.

„Ich bin ja grundsätzlich wirklich hilfsbereit, aber ich war kurz vorm Platzen!“, raunte Bettina mir zu. „Und ich bin wirklich froh, dass ich oft auf ihre Fragen geantwortet habe, das wüsste ich jetzt auch nicht so ganz genau. Stell dir mal vor, ich hätte behauptet, dass wir unsere Koffer in Santiago ganz sicher noch einmal in die Hände bekommen! Ich war wirklich schon kurz davor, ihr das zu sagen – schließlich sind wir alle ja gestern noch mehr oder weniger davon ausgegangen, dass es so sein wird. Na, da könnte ich mir ja jetzt was anhören. Dass sie irgendwas Lebensnotwendiges in den Koffer gepackt haben und jetzt bis Frankfurt nicht mehr drankommen! Nein, ich muss wirklich sagen, so lieb und nett die beiden auch sind, ich bin heilfroh, wenn ich sie los bin!“

Sagte es noch und sitzt jetzt zweieinhalb Stunden lang auf engstem Raum neben ihnen…

19.40 Uhr

Im Flugzeug Richtung Frankfurt

So, wohlbehalten zurück vom Kurztrip durch Santiago de Chile. Ich hatte zwar bis zuletzt Bedenken, ob das wirklich eine gute Idee ist, aber nachdem alle anderen gesagt hatten, sie würden auch mitfahren, wollte ich auch nicht als Einzige am Flughafen zurückbleiben und dort Stunden des öden Wartens verbringen.

Aufsehenerregendes erlebt haben wir allerdings nicht. Zumindest Bettina und ich nicht. Sie hatte mich schon im Flughafen, nach der Landung, gefragt, ob wir beide die Zeit in Santiago nicht allein verbringen wollten. Die Sache mit dem Taxi würde sie gern organisieren, aber danach noch die Reiseleiterin für alle spielen – nein, danke! Ich sagte Ja. Denn mit acht Leuten herumlaufen und sich dann alle paar Minuten einigen, ob man nun nach rechts oder links abbiegt, ob man Shoppen gehen oder doch lieber Sehenswürdigkeiten betrachten will, ob man etwas essen geht und wenn ja, wann und wo – das ist ja auch nicht mein Fall.

Als wir nach der gemeinsamen Taxifahrt im Großraumtaxi an der wohlbekannten Plaza de Armas standen, verkündete Bettina dann dementsprechend den anderen: „So, ich habe mit dem Taxifahrer vereinbart, dass er uns um fünf Uhr genau an dieser Stelle wieder abholt. Also treffen wir uns alle dann hier wieder. Fünf Uhr! Bis später!“

Die anderen sahen mehr als überrascht aus. Tatsächlich war wohl jeder stillschweigend davon ausgegangen, dass wir zusammenbleiben und Bettina den Trupp anführt. Und wie eigentlich nicht anders zu erwarten gewesen war, setzte Magda auch gleich an.

„Nein, das geht doch nicht, wie sollen wir denn ohne dich…“

Aber zu meiner Überraschung legte Martin ihr seine Hand beruhigend auf die Schulter.

„Ihr kommt mit uns. Ellen kann auch ganz gut Spanisch, wir kommen schon klar."

Wie bitte? Das hatte sie ja die letzten drei Wochen ganz wunderbar für sich behalten. Ich war einen Moment lang fast ein bisschen empört. Aber nach kurzem Nachdenken konnte ich nachvollziehen, warum Ellen ihre Sprachkenntnisse bisher nicht preisgegeben hat. Bettina ist sehr dominant, und wenn es mal irgendwo etwas zu übersetzen gab, ohne dass Eduardo in der Nähe war, übernahm sie das immer sofort und mit großem Selbstbewusstsein und sonnte sich natürlich auch immer ein wenig in der Bewunderung der anderen. Ellen dagegen ist ja ein eher zurückhaltender Mensch und steht nicht gern im Mittelpunkt. Sie wird gedacht haben: „Ach, Bettina macht das immer so gut und gerne. Reicht doch, wenn einer aus der Gruppe das übernimmt."

Dabei wäre Bettina wohl mehr als froh gewesen, wenn sie Jakob und Magda auch mal an Ellen hätte verweisen können. Aber gut, auf den letzten Metern der Reise war das ja nun der Fall, und die vier zogen zusammen los.

Für Birgit und Tomas war Bettinas Verkündung auch kein Problem. Die beiden kommen sowieso immer zurecht. Obwohl sie nicht einmal Englisch sprechen. Aber sie verfügen über ein gesundes Selbstbewusstsein, gepaart mit einer gewissen Unbekümmertheit und absolutem Optimismus. „Ach, det klappt schon irgendwie" könnte ihr Leitspruch sein. Jedenfalls schoben die beiden dann allein ab, genau wie Bettina und ich.

Ein konkretes Ziel hatten wir nicht, wir ließen uns einfach treiben. Zuerst schlenderten wir durch die

Fußgängerzone, dann ging es in eine Shopping-Mall, und dort dann in ein Café. Ich bestellte ein Sandwich mit Lachs und Ricotta, Bettina ein Stück Himbeertorte. Zum Abschied also kein letztes typisch südamerikanisches Essen.

Anschließend gingen wir noch mal in den Central Markt, in der Hoffnung, dort unser Restgeld für ein paar letzte Souvenirs ausgeben zu können. Als wir hier am allerersten Tag unserer Reise gewesen waren, schienen uns die Einkaufsmöglichkeiten schier unendlich. Aber nun, drei Wochen später und gesättigt von all den Souvenirs an all den Orten, fanden wir beide nichts, was uns begeistern konnte. Losgeworden bin ich mein Geld dann zu guter Letzt noch am Flughafen, für ein Holzarmband, das ich schon in Aguas Calientes gesehen, dort aber für zu teuer befunden hatte. Nun habe ich wahrscheinlich sehr viel mehr dafür ausgegeben.

Wie die anderen ihre Zeit in Santiago verbracht haben, kann ich gar nicht sagen. Vermutlich ähnlich wie wir, mit ein bisschen Herumlaufen und etwas essen. Auf jeden Fall machten alle einen zufriedenen und entspannten Eindruck, als wir uns pünktlich am Treffpunkt einfanden. Und auch der Taxifahrer war pünktlich, auf die Minute sogar.

Jetzt sitzen wir wieder getrennt voneinander, über das ganze Flugzeug verstreut. Also, die Paare natürlich jeweils nebeneinander, das ist ja klar. Aber ansonsten weit auseinander. Was mich wie auf dem Hinflug schon erstaunt hat, denn angekündigt war ja eine Reservierung der Plätze, „damit Ihr zusammen sitzen könnt."

Sowieso kann man festhalten, dass reichlich viel von dem, was von „Reise&Erlebe“ angekündigt war, nicht stattgefunden hat. Für mich waren diese Änderungen oder auch Ausfälle im Grunde ok – bis auf die Sache mit dem Maria-Reiche-Museum. Dort nicht gewesen zu sein, ärgert mich bis jetzt, auch wenn ich gar nicht weiß, ob es sich „gelohnt“ hätte.

Glücklicherweise gab es bei all den Änderungen niemanden in unserer Gruppe, der dann immer ausrief: „Im Programm steht aber…“, so wie ich es schon auf anderen Reisen erlebt habe. Überhaupt muss ich sagen, dass diese Gruppe mit Abstand die harmonischste und entspannteste war, mit der ich je gereist bin.

Auch interessant, dass ich schon in der Vergangenheitsform spreche. Im Moment gibt es uns als Gruppe ja noch, auch wenn wir nicht als solche zusammensitzen. Und voneinander verabschiedet haben wir uns auch noch nicht. Der erste Abschied wird in Madrid erfolgen. Dort haben wir wieder eine Zwischenlandung, und dort werden Birgit und Tomas umsteigen in ein Flugzeug direkt nach Berlin. Wir anderen fliegen dann noch gemeinsam nach Frankfurt, und von da aus geht es dann wirklich in fast alle Himmelsrichtungen: für Jakob und Magda ostwärts nach Budapest, für Ellen und Martin westwärts nach Düsseldorf, und für mich wieder zurück in den Norden. Nur Bettina bleibt an Ort und Stelle in Frankfurt.

Tja, nun bleibt mir nichts mehr zu tun als die vielen Flugstunden möglichst entspannt und am besten schlafend zu verbringen. Auch komisch, wenn es nichts mehr gibt, über das ich mir Gedanken oder Sorgen machen könnte. Natürlich, es kann immer noch irgendetwas schief gehen. Ich könnte bei der Zwischenlandung in Madrid aus irgendeinem Grund den Weiterflug verpassen. Oder nach der Landung in Frankfurt einen Schnitzer beim Bahnfahren hinlegen – mal wieder in den falschen Zug einsteigen zum Beispiel… Aber nach meinem Krankheitsdebakel und dieser absoluten Hilfslosigkeit, in der mich dabei befand, muss ich wirklich sagen: Hauptsache, man ist gesund. Der Rest findet sich.

Ankunft in Deutschland
Oder: Nach der Reise ist vor der Reise

Freitag, 23. November

11.50 Uhr

Noch immer im Flugzeug

Ach, habe ich wieder herrlich geschlafen! Ich bin ehrlich glücklich über den Umstand, dass ich im Flugzeug schlafen kann. Wenn ich mir vorstelle, ich würde all die langen Stunden wach dasitzen und die Minuten zählen – vielleicht würde ich diese Art des Reisens sogar sein lassen…

Mit der Uhrzeit „11.50 Uhr" habe ich allerdings ein bisschen geschummelt. Es ist nämlich noch gar nicht kurz vor zwölf Uhr mittags – das heißt, das ist es schon, aber nicht hier, sondern in Deutschland. Da sind wir aber längst noch nicht. Wir haben noch nicht einmal den europäischen Kontinent unter uns, sondern schweben noch immer irgendwo über dem Atlantik. Wie spät es tatsächlich hier an dieser Stelle gerade ist – keine Ahnung. Ich habe meine Uhr nämlich bereits kurz nach dem Abflug umgestellt, in der Hoffnung, meinen Körper auf diese Weise schon mal auf die heimatliche Zeit einzustellen.

Obwohl ich schon ahne, dass dieser Trick nicht viel helfen wird. Aus langjähriger Reiseerfahrung weiß ich, dass ich nach der Rückkehr immer mit Jetlag zu kämpfen habe. Auch wenn mir schon mehrere „Experten"

Vorträge darüber gehalten haben, dass es gar nicht sein könne, „immer“ nach einer Reise-Rückkehr Probleme mit der Zeitverschiebung zu haben – die Frage des Jetlags würde schließlich davon abhängen, in welche Richtung man reise, ob ostwärts oder westwärts. In dem einen Fall hätte man schon am Reiseort Probleme, in dem anderen Fall erst nach der Rückkehr.

Ich weiß dann nie so recht, was ich antworten soll. Mag ja sein, dass es rein wissenschaftlich so ist. Aber ich kann nun mal nicht leugnen, dass mein Körpern sich diesen wissenschaftlichen Erkenntnissen widersetzt. Ich habe während keiner meiner Reisen auch nur einen Hauch von Jetlag verspürt – ob ich nun in China, Vietnam oder in den USA durch die Gegend lief. Wieder zu Hause angekommen dagegen hatte ich jedes Mal ungefähr eine Woche lang Schlafprobleme, Schwindel und tagsüber immer mal wieder Müdigkeitseinbrüche. Ich vermute, das Nicht-Verspüren von Jetlag während der Reisen hat seinen Grund darin, dass es immer direkt nach der Ankunft attackemäßig mit dem Programm losgeht.

Wenn ich nur an den Beginn dieser Reise zurückdenke: Kaum dem Flugzeug in Santiago de Chile entstiegen, hieß es doch sofort: „Auf zur Stadtbesichtigung“. Und was für eine Unmenge an Eindrücken da auf uns einprasselte in den wenigen Stunden! Für Müdigkeit war da einfach gar keine Zeit. Und dann ging es am selben Tag noch weiter nach Lima! Dort angekommen hatte mein Körper einfach gar keine andere Wahl als absolut erschöpft in den Tiefschlaf zu fallen. Und damit war die neue Uhrzeit akzeptiert. Ich hatte nicht eine Sekunde das Gefühl, mich in der „falschen“ Tageszeit zu bewegen.

Umgekehrt ist es dann bei der Rückkehr immer so, dass ich es erst mal langsam angehen lasse. Ich plane von vornherein so, dass in den ersten zwei, drei Tagen nichts Nennenswertes anliegt, und so steht nicht viel mehr auf dem Programm als Kofferauspacken, Wäschewaschen und so weiter. Tja, und bei dieser dann schlagartig verlangsamten Gangart fällt meinem Körper dann auf, dass er nun ja durchaus mal die Gelegenheit hätte, leicht beleidigt auf diese komplett neuen Umstände zu reagieren. Und das ist eben immer so, nach jeder Reise.

Aber wie gesagt, rein wissenschaftlich kann das nicht sein…

14.20 Uhr

Flughafen Madrid

So, und da waren es nur noch sechs. Gerade haben wir uns von Birgit und Tomas verabschiedet, die von hier aus direkt nach Berlin weiterfliegen.

Wenn ich so darüber nachdenke, habe ich über diese beiden am wenigsten geschrieben, und ich könnte mir vorstellen, dass sie die ersten sind, die ich in einigen Jahren vergessen haben werde. Nicht, weil ich sie nicht gemocht hätte. Aber sie sind wohl am meisten von uns allen „für sich“ geblieben. Tomas ist ja ohnehin „mehr so der Ruhige“. Das kann man zwar von Birgit nicht gerade behaupten, sie war aus der Gruppe vielleicht sogar die Lauteste, aber ein Großteil ihrer Wortbeiträge bestand aus Sprüchen und Kommentaren, die sie immer mal „so rausgehauen“ hat – so nach dem Motto: „Wat, schon wieder so früh morgen?! Immer vorm Aufstehen schon losrennen – und det nennt sich Urlaub …“. Oder aus Kommandos an Tomas: „Nu komm doch“ und „Nu mach doch endlich“ und „Hallo! Heute noch!“ oder „Nee, Mensch, so doch nich!“, die aber alle an ihm abprallten. Er trug immer dieselbe stoische Miene und machte in genau dem Tempo weiter wie bisher. Aber ich hatte keine Sekunde den Eindruck, dass die beiden nicht glücklich miteinander wären. Ein eingeschworenes Team der etwas speziellen Art, das am meisten von allen den Eindruck machte, sich selbst zu genügen.

So, jetzt noch ein bisschen die Beine vertreten hier im mal wieder sehr warmen Flughafen, und dann geht es weiter nach Frankfurt.

16.10 Uhr

Im Flugzeug Richtung Frankfurt

Schlafen kann ich nicht mehr, Sorgen machen auch nicht, also Zeit für ein kleines Resümee.

In all den vielen Tagen der Reise kamen mir immer mal wieder Franks Worte in den Sinn: „Du bist doch verrückt! Warum buchst du denn so eine anstrengende Reise!?“

Nun, wo alles so gut wie vorbei ist, kann ich mir diese Frage ja selbst stellen: War es tatsächlich verrückt, diese Reise zu buchen? Oder ich kann ja anders fragen: Würde ich diese Reise noch einmal buchen?

Die Antwort ist: Nein. Zumindest nicht haargenau diese Reise. Es kann natürlich durchaus sein, dass ich die

Sache anders sehe, wenn ich in ein paar Tagen wieder richtig erholt sein werde und sich die positiven Erlebnisse in den Vordergrund meiner Erinnerung schieben. Aber in diesem Moment muss ich einfach sagen: Die Reise war zu anstrengend. Zu vollgestopft. Es gab viel zu wenig Zeit, das Erlebte verarbeiten zu können und Körper und Geist zur Ruhe kommen zu lassen. So gut wie jede Nacht in einem anderen Bett schlafen, so gut wie jeden Morgen den Koffer packen und weiterreisen – das war wirklich nicht gut, um es mal milde auszudrücken.

Gut, die Reise ist ja nicht ganz so verlaufen wie geplant. Ich glaube, meinen schon überreizten Nerven wäre es deutlich besser bekommen, wenn wir wie vorgesehen zwei Nächte in Arequipa verbracht hätten, statt weiterzuhetzen und diesen seltsamen Umweg per Flugzeug nach Juliaca mit anschließender stundenlanger Busfahrt zu machen. Sicher, solche Änderungen im Reiseplan können immer vorkommen, ich gebe da niemandem die Schuld. Aber rein objektiv gesehen war das einfach Mist.

Hätte man vielleicht zugunsten längerer Erholungstage irgendeinen Programmpunkt weglassen können? Aber was? Tatsächlich fällt mir kaum etwas ein, auf das ich im Nachhinein gern verzichtet hätte. Höchstens die Nummer mit den Dinosaurier-Fußabdrücken. Aber das ausfallen zu lassen hätte ja kaum mehr als zwei Stunden zusätzlicher Zeit erbracht.

Nein, es hätte nichts weggelassen werden können. Die Reise hätte einfach zwei Tage länger dauern müssen. Ein ganzer Tag in der Oase Huacachina zum Beispiel wäre sicher Labsal für die Seele gewesen. Ein bisschen Bootfahren, ein bisschen in der Sonne sitzen, vielleicht ein bisschen Sandboarden. Und dann noch ein Tag mehr in Arequipa, das hätte die Sache sicher schon deutlich entschärft. Und wenn man vielleicht sogar noch einen Tag mehr hätte dranhängen können, wäre ich sehr glücklich gewesen, ihn bei den Flamingos zu verbringen.

Als Erkenntnis bleibt mir nur, bei der nächsten Reise mehr auf die Aufenthaltsdauer an den einzelnen Orten zu achten. Hoffentlich merke ich mir diesen Vorsatz! Denn ich weiß jetzt schon, dass im Laufe der nächsten Tagen und Wochen mein Gehirn die Erinnerungen an die Reise verändern wird. Stress, Anstrengung, Erschöpfung – all das wird schnell nach hinten verschoben. Allerdings könnte ich mir vorstellen, dass mein gesundheitlicher Totalausfall sich nicht einfach aus dem Gedächtnis streichen lassen wird. Das war doch zu heftig, um es in Vergessenheit geraten zu lassen. Aber ansonsten werden nur die positiven oder amüsanten Dinge in Erinnerung bleiben: die netten Mitreisenden, der oft verpeilte und fast immer müde Reiseleiter und vor allem natürlich all die Bilder der grandiosen Landschaften. Peru ist einfach ein wunderschönes und wirklich abwechslungsreiches Land.

Auch wenn ich gerade gesagt habe, ich würde diese konkrete Reise wohl nicht wieder buchen – eine Reise generell nach Peru würde ich immer wieder buchen und werde sie auch jedem empfehlen, der mich danach fragt! Nur für mich persönlich müsste es eben etwas geruhsamer zugehen…

19.30 Uhr

Im Zug

Ich glaube, wenn ich nicht auf dieser Reise erlebt hätte, wie pünktlich Züge fahren können, würde ich meine jetzige Situation vielleicht gar nicht erwähnen, weil sie hierzulande ja quasi Normalzustand ist, aber nun muss ich es einfach sagen: Der Zug hatte eine geschlagene halbe Stunde Verspätung. Und das, nachdem ich sowieso schon eine halbe Stunde bis zur regulären Abfahrt warten musste.

Da freut man sich, dass das Flugzeug ganz pünktlich landet, die Koffer erstaunlich schnell auf dem Band angerollt kommen, und man sieht sich schon auf dem heimischen Sofa sitzen – und wird dann kurz vor Toresschluss noch so dermaßen ausgebremst.

Aber gut, nun sitze ich hier ja gut und warm und kann noch kurz vom endgültigen Ende der Reise berichten – oder genauer gesagt vom Ende der Gruppenreise, denn meine eigene Reise ist ja noch nicht ganz beendet, zuhause bin ich schließlich noch nicht.

Unsere Verabschiedung am Flughafen fiel herzlich, aber kurz aus. Jeder strebte seiner Anschlussverbindung zu. Ellen, Martin, Jakob und Magda mussten ihre jeweiligen Flüge bekommen, und ich fuhr in Bettinas Begleitung mit der S-Bahn zum Frankfurter Hauptbahnhof, wo sich dann auch unsere Wege trennten. Ich stieg aus, während sie nur noch drei Stationen bis zu ihrer Wohnung zu fahren hatte.

Bettina gab mir noch mit auf den Weg, dass ich doch mal verstärkt darüber nachdenken sollte, ob nicht wir beide einmal gemeinsam reisen sollten, ganz ohne Gruppe, denn die wäre ihr doch teilweise sehr auf die Nerven gegangen.

Gut, über diesen Vorschlag nachdenken kann ich ja mal, aber ich glaube, das Ergebnis steht schon fest: Lieber nicht. Sicher, wir haben uns den größten Teil der Reise über gut verstanden, aber unsere Energie-Niveaus sind einfach zu unterschiedlich. Sie ist eigentlich immer „full on", während ich mich meist so in der mittleren Energie-Lage bewege, mit gelegentlichen Ausschlägen nach oben, häufiger aber nach unten im Sinne von „Ach, das reicht dann auch für heute". Solange man einander aus dem Weg gehen kann, wenn die Level sich gerade mal wieder auf sehr unterschiedlicher Höhe befinden, ist das ja kein Problem. Aber wenn man nur zu zweit unterwegs ist, schlimmstenfalls auch noch im Doppelzimmer übernachtet, dann besteht die Möglichkeit des gepflegten Rückzugs nun mal nicht.

Nein, nein, das Zu-zweit-Reisen funktioniert nur mit sehr, sehr wenigen Menschen. Ich hatte die perfekte Reisebegleitung ja schon gefunden: Nina, mit der ich zu zweit in Sibirien und Indien war. Aber nachdem ihre Reisekarriere aufgrund zunächst unerwarteten und dann auch noch gleich zweimal nachgelegten Kindersegens erst einmal für unabsehbare Zeit auf Eis gelegt ist, bleibe ich weiter bei meinen Gruppenreisen, erst recht nach der positiven Erfahrung dieser Reise. Sicher, ich weiß ja, dass eine Gruppe ein ausgesprochen anfälliges Konstrukt sein kann – da muss nur ein energiegeladener Querulant dabei sein, und schon kann die entstehende Disharmonie die gesamte Reise überschatten. Aber ich bin eine „pessimistische Optimistin“ (diesen Ausdruck habe ich neulich irgendwo gelesen): Ich rechne immer mit dem Schlimmsten, gehe aber gleichzeitig auch immer auch davon aus, dass es schon gut gehen wird.

Auf jeden Fall bin ich selbst schon gespannt darauf, was mir als nächstes Reiseziel einfallen wird. Es ist ja nie so, dass ich diesbezüglich irgendwelche rationalen Erwägungen anstellen würde, so nach dem Motto „Wo auf diesem Planeten war ich denn noch nicht? An welchen Punkt der Weltkarte müsste ich denn noch ein Fähnchen hinpinnen, damit es beeindruckend aussieht? Wo „muss“ „man“ denn gewesen sein?“

Nein, ich denke gar nichts, lehne mich zurück, und eines Tages macht es plopp, und mein Unterbewusstsein oder wer immer in mir dafür zuständig ist, spuckt einfach einen Ländernamen aus. Und ich denke: „Ach herrje. Aber nun gut.“

Und so bleibt nur abzuwarten, wohin es mich als Nächstes verschlägt. Ich habe keine Ahnung. Es gibt auch nichts, was da schon so ganz leise in meinem Hinterkopf rumort.

Aber einen Wunsch an mein Unterbewusstsein, den habe ich: Bitte schicke mich nicht wieder irgendwohin, wo ich mich tagelang auf über dreitausend Metern Höhe aufhalten muss. Also bitte nicht nach Nepal oder Bhutan!

Und vielleicht, wenn ich es wagen darf, einen klitzekleinen Vorschlag zu machen: Schicke mich doch gerne mal in ein Land, in dem es so richtig fröhlich zugeht, das bunt ist und für Lebensfreude steht.

Italien? Na ja, da war ich ja schon mal. Und dorthin werde ich es auch in späteren Jahren noch schaffen, wenn die Kraft für die ganz weiten Reisen so langsam nachlässt.

Vielleicht Kuba? Das könnte doch was sein. Auch wenn ich bei diesem Wort sofort an Zigarren denken muss, die ich nicht wirklich liebe, um es mal milde auszudrücken. Aber die Musik mag ich! Buena Vista Social Club – da habe ich mir damals sogar die CD gekauft…

Oder wie wäre es denn mit … Brasilien??

Printed in Poland
by Amazon Fulfillment
Poland Sp. z o.o., Wrocław

47192404R00172